I0643832

J’ai essayé de décrire certains traits de ce à quoi ressemble la vie morale, sans rien dire de ce à quoi elle doit ressembler. Nos pratiques sont exploratoires, et c’est en vérité seulement par leur exploration que nous en venons à une vision complète de ce que nous pensions, de ce que nous voulions dire.

Cora Diamond, *L’esprit réaliste*

L’animal humain

DANS LA MÊME COLLECTION

Richard MORAN, *Autorité et aliénation. Essai sur la connaissance de soi*, 2013.

Roberto FREGA, *Les sources sociales de la normativité*, 2013.

Piergiorgio DONATELLI, *Manières d'être humain. Une autre philosophie morale*, 2014.

Estelle FERRARESE, *Éthique et politique de l'espace public. Jürgen Habermas et la discussion*, 2015.

Soumaya MESTIRI, *Décoloniser le féminisme. Une approche transculturelle*, 2016.

Patrick PHARO, *La belle vie dorée sur tranche*, 2017.

Hugo CLÉMOT, *Cinéthique*, 2018.

Gérard BENSUSSAN, *Les deux morales*, 2019.

ANNE LE GOFF

L'animal humain

La vie morale

VRIN

Directrice de collection :
Sandra Laugier

En application du Code de la Propriété Intellectuelle et notamment de ses articles L. 122-4, L. 122-5 et L. 335-2, toute représentation ou reproduction intégrale ou partielle faite sans le consentement de l'auteur ou de ses ayants droit ou ayants cause est illicite. Une telle représentation ou reproduction constituerait un délit de contrefaçon, puni de deux ans d'emprisonnement et de 150 000 euros d'amende. Ne sont autorisées que les copies ou reproductions strictement réservées à l'usage privé du copiste et non destinées à une utilisation collective, ainsi que les analyses et courtes citations, sous réserve que soient indiqués clairement le nom de l'auteur et la source.

© Librairie Philosophique J. VRIN, 2020

Imprimé en France
ISSN 2272-3781
ISBN 978-2-7116-2946-6
www.vrin.fr

À mes parents

INTRODUCTION

LES PARADOXES DU DUALISME ENTRE NATURE ET RAISON

En 1370, alors qu'il traduit l'*Éthique* d'Aristote depuis le latin en un français encore en train de s'établir, Nicole Oresme fait état de la difficulté suivante de traduction :

> Et comme il soit ainsi que latin est à present plus parfait et plus habondant langaige que françois, par plus forte raison l'en ne pourroit translater proprement tout latin en françois. Si comme entre innombrables exemples peult apparoir de ceste très commune proposition : homo est animal ; car [...] ceste proposition est vraye : homo est animal, et ceste est false : « homme est beste »[1].

Cette remarque d'Oresme témoigne du changement conceptuel intervenu entre le moment où Aristote écrivait et était traduit en latin et celui où Oresme s'efforce de le traduire en français. Car le problème n'est pas tant une difficulté lexicale qu'une difficulté tenant à l'évolution des concepts. Selon la manière dont on la traduit en français, la proposition *homo est animal* peut être vraie ou fausse. Deux termes sont possibles pour traduire le latin *animal* : « animal » ou « bête ». « Animal » s'applique aux vivants qui possèdent une *anima*, un souffle de vie et inclut l'être humain. « Bête » réunit presque tous les animaux excepté l'homme – et certains animaux comme le cochon, l'ours et le chien, montrant que la frontière, au Moyen Âge, est encore mouvante. Si l'on interprète « animal » au sens de « bête », la proposition selon laquelle l'homme est un

1. E. Barale, « Le "Prologue du translateur" des Éthiques et des Politiques d'Aristote par Nicole Oresme (1370-1374). Une illustration "nécessaire" des possibilités du vulgaire », *Corpus Eve. Émergence du Vernaculaire en Europe*, 2013, p. 6. *Cf.* la thèse de doctorat de P.-O. Dittmar, *Naissance de la bestialité. Une anthropologie du rapport homme-animal dans les années 1300*, INHA, 2010.

animal est fausse. Apparaît donc une distinction entre deux types d'animalité, l'une incluant les humains et l'autre les excluant. Or, ce qui est pour Oresme un problème n'en était apparemment pas un pour Aristote ni pour la langue latine en laquelle ses œuvres ont été traduites. Si le latin possède les termes d'« *animal* » et « *bestia* », *bestia* désigne une catégorie bien précise d'êtres vivants, les animaux sauvages, et la question de savoir si l'être humain pourrait être conçu comme *bestia* ne peut pas même se poser.

Cette disjonction relevée par Oresme entre deux types d'animalité, l'animalité humaine et celle des autres animaux, si elle reste flottante au Moyen Âge, s'est creusée et confirmée avec les siècles. Avec la modernité, la différence anthropologique s'est, dans le monde occidental, consolidée en un dualisme. Le dualisme entre humains et animaux recoupe les dualismes entre raison et nature ou entre sujet et objet. L'être humain est le vivant qui n'est plus un animal, qui se distingue du reste du vivant par sa capacité à s'affranchir de l'emprise de la nature, pour la connaître et la maîtriser. Et pourtant le concept même de cette différence n'a cessé de poser problème car l'être humain, bien évidemment, n'en reste pas moins vivant. Comment penser qu'il appartient bien à la nature, qu'il est par son corps un animal, et qu'il se distingue pourtant fondamentalement du reste du vivant ? C'est, pour reprendre une expression de Philippe Descola, le « vieil oxymore de l'Occident : la nature humaine » [1]. L'être humain se définit par opposition à la nature dont il doit pourtant faire partie.

Cet oxymore connaît aujourd'hui un regain de tension, dans un contexte où le dualisme a perdu de son évidence. La biologie évolutionnaire replace l'humain au sein de l'évolution. La génétique et la post-génomique montrent que le corps humain obéit aux mêmes processus moléculaires que le reste du vivant, des bactéries aux mammifères. Les neurosciences commencent de rendre compte du fonctionnement du cerveau. Ces avancées apparaissent comme

1. P. Descola, *Par-delà nature et culture*, Paris, Gallimard, 2005, p. 249.

autant de voies d'approche pour penser en termes scientifiques ce qui semblait échapper à l'ordre des régularités naturelles. En outre, les recherches sur les animaux non humains montrent de plus en plus la complexité de leurs vies et sapent les fondements de la différence anthropologique. Ainsi se pose la question de la naturalisation : peut-on et doit-on naturaliser les phénomènes culturels humains par l'évolution, l'intelligence ou le sens moral par les gènes, la pensée par les processus neurologiques ? Bien que ce débat ne soit pas nouveau, la vivacité et la fécondité de la science contemporaine appliquée à l'humain et à la pensée sont telles qu'elles confèrent au projet de naturalisation une nouvelle plausibilité. Il ne suffira pas, pour les sciences humaines et sociales, d'ignorer cette voie en réaffirmant que la réduction des entités normatives à des entités biologiques ou physiques est inacceptable. Il leur faut entrer dans le débat réactivé par le naturalisme contemporain et s'engager dans une recherche sur la nature. Pour répondre au défi lancé par les nouvelles sciences naturelles de l'humain, il faut penser l'animalité humaine, et même, entendons-nous montrer, revendiquer en philosophie les concepts de nature, d'animal et de vie. Il nous appartient de montrer que ces concepts ne sont pas seulement scientifiques mais également philosophiques.

Sur le plan ontologique, cela signifie rendre compte de l'animalité humaine, dans ses points communs et ses différences avec l'animalité des autres animaux. Sur le plan épistémique, cela implique de se donner les moyens de penser l'articulation de la philosophie, et plus largement des sciences humaines et sociales, avec les sciences de la nature. La réflexion sur la nature a, enfin, des ramifications éthiques et politiques qui prennent aujourd'hui une urgence toute particulière. Le dualisme a autorisé l'usage voire l'exploitation de la nature et des êtres qui la peuplent – les animaux non humains, les végétaux et l'environnement en général. Il a aussi servi de stratégie pour justifier la domination et l'exploitation de certains humains, notamment celles des peuples colonisés et des femmes par leur assimilation à une nature faite pour être maîtrisée.

Penser notre place au sein de la nature en tant qu'humains engage une certaine conception de l'environnement et des animaux non humains et de nos obligations ou responsabilités à l'égard des uns et des autres.

Dans ce livre, nous voulons penser l'être humain comme un animal. Par cela, nous n'entendons pas naturaliser l'humain et ses facultés au sens où cela reviendrait à les réduire aux processus biologiques causaux décrits par les sciences de la vie. Au contraire, nous voulons montrer que naturalité et normativité ne sont pas mutuellement exclusives et qu'une autre forme de naturalisme est possible. Dans les termes fixés par le dualisme, qui sont les nôtres au moins depuis la modernité, une telle possibilité n'existe pas. Les tenants du rationalisme tout autant que ceux du naturalisme scientifique sont prisonniers de cette alternative : soit l'être humain accède à la normativité, soit il appartient au vivant. Nous nous efforçons, dans ce travail, de remettre en cause cette dichotomie pour dégager l'espace où penser un animal de raison et de langage. Penser l'être humain comme un animal, c'est le penser comme une créature vivante dotée de subjectivité et capable d'accéder à la signification. À partir d'un concept renouvelé d'animal, il deviendra possible de concevoir qu'une espèce, l'espèce humaine, accède à la normativité.

Cette recherche s'inscrit dans un champ de réflexion contemporain sur le naturalisme. Nous défendrons ici un naturalisme que l'on peut dire alternatif, ouvert ou pluraliste, par distinction avec le naturalisme scientifique dominant. Être naturaliste, au sens le plus large, c'est soutenir que tout ce qui existe appartient à la nature. Cette position s'oppose à l'idée qu'existent dans notre monde des entités surnaturelles, dont la réalité serait métaphysique ou divine. Ainsi présenté, le naturalisme n'est pas une thèse qui ferait l'objet de débats philosophiques contemporains mais apparaît plutôt comme l'expression d'une quasi trivialité. Si être naturaliste, c'est partager la vision du monde qui, dans ses grands traits, est celle proposée par les sciences de la nature, par opposition à une vision théiste ou magique, alors cela semble tout simplement être une condition d'entrée dans le débat scientifique et intellectuel. En revanche, le naturalisme devient une thèse dès lors qu'il attribue une certaine valeur épistémique et/ou ontologique à la nature. Nous allons maintenant tracer un rapide aperçu des positions naturalistes contemporaines selon le rapport qu'elles posent entre nature et normativité. Dans sa forme dominante, le naturalisme, que l'on dira scientifique, confère un rôle prépondérant ou exclusif aux sciences de la nature dans la connaissance du réel. S'y oppose une forme émergente mais vivace de naturalisme, à laquelle ce livre entend contribuer, qui reconnaît un mode d'intelligibilité en propre à ce qui relève de la normativité. Parmi les diverses voix qui ont contribué dans les deux dernières décennies à établir cette autre forme de naturalisme, nous prendrons comme point de départ celle de John McDowell. Son naturalisme de la seconde nature constitue en effet l'une des propositions les plus abouties pour penser la naturalité de l'être humain rationnel. Sa conception, cependant, ne constitue pas le dernier mot. Elle encore reste prisonnière du dualisme qu'elle prétend dépasser, nous invitant à aller plus loin dans la réflexion sur la nature.

Les sciences naturelles de l'humain

Pour le naturalisme scientifique, la nature est le domaine des sciences naturelles et connaître, c'est connaître par les méthodes des sciences naturelles [1]. Ce naturalisme s'attache donc à appliquer la méthode empirique des sciences naturelles aux phénomènes traditionnellement réputés y échapper. La connaissance de l'humain, du fonctionnement de son corps mais aussi de la pensée ou de la moralité, passe par la constitution de « sciences naturelles de l'humain » [2]. Cette thèse s'appuie sur la constatation, en soi incontestable, du succès de la science moderne à expliquer et à prédire les phénomènes naturels. Ce succès s'étend aux êtres

1. Pour une présentation détaillée du naturalisme scientifique, *cf.* D. Andler, *La silhouette de l'humain : Quelle place pour le naturalisme dans le monde d'aujourd'hui ?*, Paris, Gallimard, 2016.

2. *Ibid.*, p. 14.

humains dans la mesure où ils relèvent en tant qu'espèce vivante de la biologie. En effet, dans les cent cinquante dernières années, la biologie a permis de comprendre le fonctionnement du corps humain et a transformé la médecine en l'ancrant dans l'expérimentation. En outre, de nouveaux aspects de la vie humaine qui semblaient échapper aux sciences s'y trouvent sans cesse intégrés. Ainsi, le développement de l'imagerie cérébrale a permis aux neurosciences de relier les processus mentaux tels que la cognition, le langage ou les émotions à des états du cerveau. L'épigénétique environnementale met en lumière le lien de causalité entre des facteurs sociaux et les mécanismes intracellulaires qui régulent l'expression de l'ADN, permettant de prendre la mesure de l'impact biologique du stress ou du bonheur. La découverte de ces points de corrélation entre des phénomènes mentaux ou sociaux, d'une part, et biologiques, d'autre part, suggère que l'irréductibilité des premiers à la méthode scientifique n'est pas de droit mais de fait. Celle-ci ne tiendrait qu'à l'état encore trop limité de nos connaissances et de notre technologie, et serait vouée à s'effacer avec le progrès des sciences.

C'est dans cette voie que s'engage le naturalisme dominant en philosophie contemporaine. Il ne se contente pas d'examiner le progrès actuel et réel des sciences [1]. Il fait un pas supplémentaire : du *fait* du succès des sciences, il infère leur capacité à expliquer la totalité du réel, et en particulier les domaines humains qui semblaient leur échapper – ou du moins, dans une version plus modeste, il affirme que c'est la seule méthode qui soit non problématique et donc celle que l'on doit adopter pour les connaître [2]. L'idée est que, même si l'on ne sait pas maintenant comment rendre compte de l'esprit par des méthodes scientifiques, on le saura un jour, grâce à l'avancement prétendument inévitable et illimité de la connaissance scientifique et de la technique. (Notons que cet argument est

1. C'est au contraire ce que se propose de faire le « naturalisme critique » défendu par Andler. Cf. *La silhouette de l'humain*, *op. cit.*, chap. 1 et 5.

2. *Cf.* M. De Caro et D. Macarthur (eds.), *Naturalism in Question*, Cambridge (Mass.), Harvard University Press, 2004, p. 4. Lorsqu'aucune traduction n'est indiquée pour les textes de langue étrangère, c'est nous qui traduisons.

philosophique et non scientifique : l'idée de complétude future de la science n'est pas inhérente à la pratique scientifique elle-même.)

La naturalisation constituerait certes un précieux gain épistémique. En effet, elle vise à conférer à la connaissance des objets concernés la rigueur et la fiabilité de la méthode scientifique expérimentale, contre ce qui apparaît comme une spéculation vide à partir d'une simple introspection. Elle réaliserait l'unification des méthodes et des formes de savoir sur l'humain. Sur le plan ontologique, elle permettrait de penser l'unité des aspects du réel, et en particulier, l'unité du mental et du biologique. Dans cette perspective, l'idée d'animal rationnel ne pose plus de problème : animal, l'être humain l'est au même sens que les autres, dès lors que ses capacités langagières et conceptuelles peuvent être conçues en dépendance par rapport aux processus physiques ou biologiques qui constituent son corps, soit qu'elles s'y réduisent soit qu'elles soient émergentes par rapport à eux. Les capacités prétendument spéciales des êtres humains peuvent ainsi être comprises en continuité avec celles du reste du vivant, dans le cadre de la biologie évolutive. David Papineau voit ainsi dans le rejet du dualisme métaphysique l'argument central en faveur du naturalisme scientifique[1]. Contre l'idée qu'il pourrait y avoir deux plans d'existence, l'un au sein de la nature et l'autre en dehors, le naturalisme rapatrie toute la réalité au sein de la nature, conçue comme l'ensemble des phénomènes observables.

Nous ne pouvons ici faire droit à la variété et à la subtilité des thèses rassemblées sous l'étiquette de naturalisme scientifique. Ce qui nous intéresse est le présupposé philosophique qu'elles partagent, présupposé selon lequel la réalité naturelle s'identifie avec la nature telle qu'elle est définie et connue par les sciences naturelles. Le naturalisme scientifique soutient que les pensées,

1. D. Papineau, *Philosophical Naturalism*, Oxford, Blackwell, 1993. Comme le remarque Andler, le naturalisme apparaît à chaque fois en opposition à certaines théories contre lesquelles il en appelle à la modestie, voir *La silhouette de l'humain*, *op. cit.*, p. 32 *sq*.

les valeurs ou, de manière générale, les normes, ne possèdent pas la même réalité que ce qui est matériel. Il nie que les entités et propriétés normatives fassent vraiment partie du monde et qu'elles puissent être des causes. Au mieux, elles n'existent que rapportées aux propriétés physiques ou biologiques dont elles sont l'émanation ; au pire, elles ne sont que des illusions. L'unification du domaine du réel sous l'égide du naturalisme scientifique se fait donc à un fort coût, au prix de l'autonomie des entités normatives. Au-delà même d'un rejet du langage ordinaire, cela implique une révision radicale de nos concepts. Malgré sa simplicité apparente, le naturalisme scientifique se fonde sur des présupposés contestables.

Historicité du concept de nature

Le premier présupposé est que la nature s'identifie avec le domaine des sciences naturelles, au moins en un sens épistémique : tout ce qui peut être connu peut l'être par les moyens des sciences naturelles. Or, s'il y a un sens pour la pratique scientifique à faire cette équation, il est contestable qu'elle vaille en un sens absolu, pour le concept de nature en général. Avec l'élaboration d'une physique mathématique, au XVIIe siècle, la nature cesse d'être une entité ou une puissance mystérieuse, dotée en elle-même de signification, pour devenir un ensemble de phénomènes étendus, appréhendables par les mathématiques. « Par la Nature », écrit Descartes dans le *Traité du monde*, « je n'entends point ici quelque déesse ou quelque autre sorte de puissance imaginaire, mais je me sers de ce mot pour signifier la matière même »[1]. Ainsi conceptualisée, la nature devient le lieu d'une nouvelle objectivité. Mais cette reconfiguration qui permet d'accéder à l'objectivité de la mesure et à la connaissance scientifique implique de faire abstraction de multiples dimensions de la réalité. Les sciences constituent leur objet en ne retenant du réel que les dimensions qui sont pour elles pertinentes. Comme l'a

1. R. Descartes, *Le monde*, dans *Œuvres complètes*, éd. par C. Adam et P. Tannery, Paris, Vrin, 1986, vol. XI, p. 36.

notamment retracé Husserl dans la *Krisis*[1], l'établissement de la physique mathématique moderne se fonde sur une distanciation à l'égard de l'attitude *naturelle* – naturelle en un autre sens, c'est-à-dire naïve ou ordinaire – et du monde de la vie. Seules les grandeurs mathématisables sont retenues pour définir les contours de ce monde explicable par les sciences.

Cette procédure n'est en soi nullement contestable. La définition d'un domaine à partir de concepts fondamentaux et de la sélection de certaines grandeurs pertinentes est constitutive de chacune des nouvelles sciences. Cependant, il serait naïf de croire que ce découpage nous donne le réel dans son intégralité, qu'il en est la mesure. Or, c'est précisément ce que fait le naturalisme scientifique en identifiant la réalité dans sa totalité au domaine des sciences de la nature. Il fait comme si les sciences *trouvaient* leur objet alors qu'elles le *constituent* comme objet. Le sophisme qui est à la racine du naturalisme scientifique consiste à faire comme si l'opération d'abstraction et de constitution n'avait pas eu lieu, et à tirer d'une décision méthodologique des sciences de la nature un prétendu savoir métaphysique sur la nature en tant que telle. Ce n'est que parce que cette restriction a été effectuée que les entités qui ne peuvent être mises en forme comme des régularités naturelles apparaissent comme surnaturelles ou du moins problématiques et donc comme quelque chose qui doit être naturalisé, enrégimenté dans les formes qui sont connues par les sciences. Soulignons que le pas supplémentaire visant à assimiler la réalité au domaine des sciences naturelles est une posture *philosophique* sur la nature ou la connaissance du réel et non un élément de la pratique scientifique elle-même. Rejeter le naturalisme scientifique ne revient donc nullement à remettre en cause l'un ou l'autre des résultats obtenus par la science moderne. On peut parfaitement reconnaître, par exemple, les connaissances produites par la biologie, la médecine

1. E. Husserl, *Die Krisis der europäischen Wissenschaften und die transzendentale Phänomenologie : eine Einleitung in die phänomenologische Philosophie*, Hamburg, F. Meiner, 1977 ; trad. fr. G. Granel, *La crise des sciences européennes et la phénoménologie transcendantale*, Paris, Gallimard, 1989.

et les neurosciences sur l'être humain, sans pour autant accepter que les méthodes de ces sciences puissent atteindre la totalité de ce qu'est un être humain. On peut même reconnaître que les sciences s'étendent sans cesse à de nouveaux objets, comme le cerveau ou les émotions, sans admettre pour autant que ce qui leur échappe tombe par définition dans l'inintelligible. Ainsi, on peut conserver à la science moderne sa validité sans pour autant accepter la réduction concomitante de la notion de nature. Or, il y a de bonnes raisons de refuser cette restriction dès lors qu'elle rend impossible de penser l'inscription de certaines entités dans la nature.

Rappeler l'historicité du concept de nature ouvre donc la possibilité que la nature contienne d'autres types d'entités comme les normes et donc de penser la spécificité de la normativité sans le dualisme. Cependant, cela ne confère pas un avantage décisif contre le naturalisme scientifique. En effet, ses défenseurs auront beau jeu de retourner contre leurs adversaires l'objection portant sur l'inférence du passé au futur : le fait que la science passée ou présente ne s'étend pas à la totalité du réel ne permet pas d'inférer qu'elle ne le pourra à un moment futur, même lointain. En outre, ils pourront soutenir que l'inclusion de tous les champs du réel dans le domaine des sciences, même si ce n'est qu'une décision méthodologique, est ce qui permet le progrès des sciences. Reconnaître un statut différent à certaines entités reviendrait à les soustraire par avance à la recherche scientifique et donc à empêcher la tentative même d'en produire la connaissance.

L'irréductibilité des normes

Il nous faut donc passer à l'objection la plus fondamentale et qui porte sur le cœur du projet de naturalisation scientifique. Suivant cette objection, certaines entités, les normes, résistent *de droit* à la naturalisation. La remarque suivante de Wilfrid Sellars met en lumière cette irréductibilité :

> En caractérisant comme connaissance [*knowing*] un épisode ou un état, nous n'offrons pas une description empirique de cet épisode ou

> de cet état, mais nous le situons dans l'espace logique des raisons, des justifications et des aptitudes à justifier ce que l'on affirme [1].

Donner une explication causale d'un épisode mental par exemple, c'est le situer dans une certaine chaîne causale qui va du stimulus à la production de cet épisode par des processus identifiés. Ainsi les neurosciences s'attachent à expliquer la production d'un épisode mental par l'activation de certaines zones du cerveau ; et pour rendre compte de celles-ci, il faut entre autres rendre compte du fonctionnement biochimique des synapses. Cette explication complexe permet d'expliquer comment se forment ces épisodes mentaux au sein de l'organisme humain. Mais elle ne permet pas de les caractériser comme connaissances ou pensées, car cela impliquerait de rendre compte de leur dimension normative. Sellars met en lumière cette dimension normative à l'aide de la métaphore de l'espace logique des raisons : une connaissance, une pensée ou un jugement possèdent un contenu normatif : ils ont prétention à satisfaire une certaine norme logique. Dans le cas d'un acte normatif, l'expliquer voudra dire le justifier, c'est-à-dire donner une raison. Considérons un exemple : Sarah énonce « Il va pleuvoir cet après-midi » et Pierre lui demande « Pourquoi dis-tu cela ? ». Si Sarah, par ailleurs étudiante en biologie, lui répond en décrivant la chaîne de processus neurologiques et cognitifs par lesquels l'information a été transmise dans son corps et traduite en cette expression orale, Pierre rira ou s'agacera qu'elle se moque de lui. Car ce n'est pas *cela* qu'il lui a demandé. Ce qu'il lui a demandé, c'est de lui donner *ses raisons* pour affirmer ce qu'elle affirme, là où ces raisons ne sont pas évidentes – par exemple parce qu'il fait pour le moment soleil ou parce qu'il ne connaissait pas à Sarah

1. W. Sellars, *Empiricism and the Philosophy of Mind*, Cambridge (Mass.), Harvard University Press, 1997 [1956] ; trad. fr. F. Cayla, *Empirisme et philosophie de l'esprit*, Combas, L'Éclat, 1992, p. 80. C'est à l'aide de la métaphore d'espace logique des raisons que McDowell élabore sa propre position. Mais contrairement à ce qu'il suggère, ce qu'il en fait diffère de ce qu'en fait Sellars. *Cf.* A. Le Goff, « Aller au bout de la critique du mythe du donné : McDowell avec et contre Sellars », *Les Études philosophiques*, vol. 103, n°4, 2012, p. 493-514.

d'expertise météorologique. Il attend d'elle qu'elle se justifie en tant que locutrice, non qu'elle retrace le trajet de l'information en elle comme système cognitif. L'explication causale constitue donc un régime explicatif qui ne convient pas aux actions et pensées. En d'autres termes, elle explique les actions et pensées comme des événements dans le monde du même genre que la chute d'eau dans une cascade ou l'action concertée des fourmis pour bâtir une fourmilière ; elle n'atteint pas ce qui fait d'une action une action ou d'une pensée une pensée, c'est-à-dire leur valeur normative. Les deux régimes d'explication, causal et normatif, ne s'excluent pas l'un l'autre mais peuvent au contraire se compléter et mettre en lumière des aspects différents du même événement. Mais l'un ne peut se substituer à l'autre car ils ne produisent pas le même type de connaissance. Ainsi, ce qui est en question dans cette objection contre le naturalisme scientifique, ce n'est pas que son traitement du normatif n'est pas assez fin ou perfectionné. L'objection récuse le projet même de naturalisation, fondé sur la distorsion et l'abandon du normatif en tant que tel.

Cependant, affirmer que les normes sont irréductibles aux phénomènes naturels apparaît comme une autre impasse. On en revient au problème du dualisme. Affirmer la réalité des entités normatives ainsi conçues semble inévitablement déboucher sur une forme de « platonisme », pour reprendre l'étiquette utilisée en philosophie anglophone, c'est-à-dire une conception qui confère aux normes une réalité métaphysique indépendante du monde physique. Dans une telle perspective, les normes relèvent du surnaturel ou de l'impensable. L'être humain, relevant des deux domaines, est pris dans un « éclatement métaphysique »[1]. L'interaction du domaine normatif et du domaine de la causalité naturelle semble impossible à concevoir, de sorte que tant la pensée que l'action deviennent problématiques.

1. J. McDowell, *Mind and World*, Cambridge (Mass.), Harvard University Press, 1994, éd. aug. 1996 ; trad. fr. C. Al-Saleh, *L'Esprit et le monde*, Paris, Vrin, 2007 (désormais *EM*), p. 146.

Un naturalisme « pluraliste »[1] ou « ouvert »[2] propose une troisième voie : les normes doivent être conçues comme irréductibles à toute forme de régularité naturelle *et* appartenant à la nature. Cela revient à soutenir un naturalisme sans monisme, un naturalisme qui suppose la pluralité des types d'étants naturels. Un naturalisme pluraliste part, en effet, de la prémisse selon laquelle le concept de nature n'est pas nécessairement congruent avec le domaine des sciences de la nature ou d'une science de la nature en particulier et qu'il est donc possible de penser l'accès aux normes comme quelque chose de naturel. Ainsi conçu, le naturalisme ne consiste pas à *réduire* la signification et la normativité en général à des processus physiques ou biologiques mais, à l'inverse, à *étendre* le concept de nature au-delà des limites qui lui ont été fixées dans le contexte de la science moderne. Il postule par ailleurs que l'articulation entre les sciences humaines et sociales, d'une part, et les sciences de la nature, d'autre part, peut prendre la forme d'une collaboration des savoirs plutôt que d'une réduction à un seul type de savoirs. Tout comme le naturalisme scientifique, ce naturalisme alternatif constitue un faisceau de thèses dont le socle commun tient dans un double présupposé quant à l'irréductibilité de la normativité et à la nécessité de se placer dans un cadre naturel[3]. La force de cette proposition d'un naturalisme alternatif, par rapport à d'autres conceptions de la normativité, tient à sa reconnaissance de la validité de l'exigence naturaliste : tout ce qui est réel est contenu dans la nature, et les normes doivent également être pensées dans ce cadre.

Nous avons donc montré qu'un naturalisme ne prenait pas nécessairement la forme du naturalisme scientifique et que le naturalisme était en droit compatible avec l'autonomie de la normativité

1. J. Dupré, « The Miracle of Monism », *in* M. De Caro, D. Macarthur (eds.), *Naturalism in Question*, *op. cit.*, 2004, p. 36-58.

2. Nous traduisons ainsi l'expression « liberal naturalism », proposée par McDowell. Il est difficile de trouver un qualificatif qui n'enferme pas ce naturalisme dans son opposition au naturalisme scientifique dont, précisément, il rejette les termes.

3. Pour un aperçu de différentes positions, voir M. De Caro, D. Macarthur (eds.), *Naturalism in Question*, *op. cit.*

à l'égard des régularités naturelles. Mais nous n'avons pas donné d'argument définitif susceptible de convaincre de sa fausseté le lecteur convaincu par le naturalisme scientifique, pas plus que le tenant du naturalisme ouvert ne sera convaincu par ce dernier. C'est que chacun des deux camps ne part pas des mêmes prémisses – l'un rejetant et l'autre affirmant l'irréductibilité des normes. Ce point n'est pas une thèse susceptible d'être prouvée empiriquement. Il conditionne la forme prise par la recherche, de sorte qu'il n'existe pas de terrain commun sur lequel les deux formes de naturalisme peuvent se répondre point par point. Nous partirons de l'idée que le naturalisme scientifique ne constitue pas la position par défaut parce qu'il rend problématique une partie essentielle de nos vies et de notre monde, à savoir ce qui relève du normatif. Si l'on parvient à formuler un naturalisme ouvert qui permet de penser l'existence de différentes sortes d'entités au sein de la nature, alors on n'aura pas besoin pour éviter le dualisme d'en venir au cadre extrême proposé par le naturalisme scientifique. C'est une telle voie que nous allons essayer de dégager dans le reste de ce livre, en partant de la proposition de McDowell de concevoir la rationalité comme une seconde nature.

L'idée de seconde nature

Le philosophe américain John McDowell offre l'une des plus propositions les plus ambitieuses et stimulantes pour un naturalisme alternatif. Il nous invite à repenser le *topos* philosophique de l'animal rationnel. Dans les termes du dualisme moderne, le *zoon logon echon* aristotélicien est inconcevable puisqu'un être rationnel, par définition, n'est plus animal. Pourtant, remarque McDowell, les capacités langagières et rationnelles possédées par les êtres humains sont bien naturelles en un sens : elles appartiennent à une vie humaine. Naturelles, ces capacités ne le sont pas au sens où elles seraient une possession innée : « la supposition qu'une créature puisse être née chez soi dans l'espace des raisons [c'est-à-dire dans un domaine intrinsèquement normatif] n'est même pas clairement compréhensible »[1]. Une telle supposition reviendrait en effet à infuser la rationalité comme un don magique dans le mammifère qu'est l'être humain. En revanche, on peut concevoir qu'un être humain l'acquière au cours de son développement dans un monde humain. Ainsi, il faut penser la rationalité possédée par les êtres humains comme une *seconde* nature. L'être humain, comme tout animal, appartient en naissant à la première nature, puis acquiert une « seconde nature » rationnelle. La raison est une propriété naturelle de l'être humain au sens où l'acquérir fait partie de son développement normal. McDowell désigne cette éducation par le terme allemand de *Bildung*, qui signifie aussi culture, et plus largement formation. « Notre *Bildung* actualise certaines des potentialités que nous avons eues en naissant. [...] La signification n'est pas un don mystérieux venu du dehors de la nature. »[2] Notre éducation à la raison est ce qui explique comment nous devenons rationnels. Dès lors, la raison n'est pas quelque chose qui s'opposerait à la vie, mais au contraire elle fait partie d'une vie humaine : « Les exercices de la spontanéité relèvent de notre mode d'existence »[3]. Ce qui est incompréhensible dans le dualisme, c'est l'idée qu'existent réellement des normes en dehors de la nature, et qu'on puisse leur accéder. L'idée de seconde nature affirme que l'espace logique des raisons est à la fois autonome par rapport au domaine des relations causales et accessible. Il n'y a pas besoin de naturaliser les normes, parce qu'elles sont déjà naturelles.

En pensant la rationalité comme une *seconde nature*, McDowell s'inscrit dans la tradition occidentale classique qui accorde à l'être humain une spécificité au sein du monde naturel, et définit la vie humaine, caractérisée par la liberté et le langage, par opposition au règne animal. Pour autant – c'est là l'originalité et la force de sa position – il reconnaît la validité de l'exigence naturaliste et s'attache à montrer que l'accès à la normativité ne constitue pas une

1. *EM*, p. 163.
2. *EM*, p. 122.
3. *EM*, p. 111.

sortie hors de la nature, mais le développement d'une autre forme de nature. Ainsi, sa solution est à la fois modeste et ambitieuse. Elle est modeste parce qu'elle se contente de renvoyer à une réalité ordinaire, celle de notre éducation, pour répondre au problème du dualisme. C'est tout simplement parce que nous apprenons à parler et à raisonner que nous sommes capables de le faire, il n'y a là rien de mystérieux. En appeler à la seconde nature, c'est nous mettre sous les yeux une évidence que le dualisme nous empêche de voir. Mais en même temps, le travail conceptuel porté par le concept de seconde nature est considérable, puisqu'il implique une extension du concept de nature au-delà du domaine des sciences naturelles. En effet, d'après McDowell, la seconde nature langagière et normative fait partie de la nature au même titre que les phénomènes physiques ou biologiques, bien qu'elle relève d'un genre d'intelligibilité différent. C'est ainsi un double renouvellement qui est visé, tant du concept de rationalité que de celui de nature. Pour justifier cette évolution conceptuelle, il va falloir montrer en quoi le développement par lequel les êtres humains deviennent rationnels est bien *naturel*.

Ce naturalisme se fonde sur une autre entente de la notion de nature que celle utilisée par le naturalisme scientifique : sur l'idée que notre nature est biologique mais aussi sociale et langagière. Comme le suggère Sandra Laugier, c'est « ce qui fait par exemple qu'on parle de *langage naturel*, [quand] Wittgenstein citant Augustin parle du “langage naturel de tous les peuples” (*verbis naturalibus omnium gentium*) » [1]. La notion de langage naturel est un bon révélateur. Le langage comme lieu de la signification s'oppose à une conception de la nature comme lieu de la pure causalité, d'où est évacuée la signification. Il y a bien un sens à dire qu'un langage est naturel, sans que cela signifie qu'il soit inné. Naturel s'oppose ici à artificiel : c'est le langage que les peuples possèdent sans que quiconque l'ait inventé, et que les individus naissant au sein de ces

1. S. Laugier, « Deux ou trois naturalismes », *Revue de métaphysique et de morale*, vol. 38, n°2, 2003, p. 117-125, ici p. 119.

peuples acquièrent sans que cela fasse l'objet d'un apprentissage spécial. La notion de naturel qui apparaît dans cet exemple comprend le caractère socio-historique et chargé de sens propre à la vie humaine. Reste cependant à comprendre en quel sens le langage, en tant que phénomène normatif, est aussi un phénomène de la vie.

En effet, on pourrait soutenir que, puisque l'idée de seconde nature renvoie à une réalité ordinaire, naturel signifie ici habituel. En un sens courant du terme, « naturel » ne désigne pas l'appartenance de certaines entités à la nature, mais uniquement le fait qu'elles sont le résultat de l'habitude. De fait, c'est bien le sens de l'expression de seconde nature dans le langage courant : un sens métaphorique. On la trouve utilisée en ce sens dès l'Antiquité, le premier emploi rapporté étant celui de Cicéron : « le plaisir, disent [les philosophes du plaisir], c'est seulement au début qu'il est recherché; ensuite, l'habitude crée comme une seconde nature, qui pousse à accomplir nombre d'actes où la recherche du plaisir n'entre pour rien »[1]. Comme dans les emplois subséquents qui en seront faits[2], cet usage philosophique de l'expression de seconde nature sert à qualifier l'habitude. Mais la métaphore implique justement que l'habitude *n'*est *pas* nature. Elle *ressemble* à la nature dans la mesure où les tendances qui en sont issues possèdent la force et l'immédiateté de processus innés; mais leurs origines respectives sont différentes. Ainsi Marcel Proust écrit-il : « l'habitude est une seconde nature, elle nous empêche de connaître la première dont elle n'a ni les cruautés, ni les enchantements »[3]. Le concept de seconde nature dans son usage courant (y compris en philosophie) ne vise pas

1. Cicéron, *De Finibus bonorum and malorum*, V, XXV, 74; trad. fr. J. Martha, *Des termes extrêmes des biens et des maux*, Paris, Les Belles Lettres, 1989, t. 2, II, p. 154.

2. *Cf.* Augustin : « l'habitude est une seconde nature » (*Contre Julien*), Montaigne : « L'accoutumance est une seconde nature, et non moins puissante » (*Essais*, III, 35), Pascal : « La coutume est une seconde nature qui détruit la première » (*Pensées*, Éditions de Port-Royal, XXV).

3. M. Proust, *Sodome et Gomorrhe, À la recherche du temps perdu*, t. III, « Bibliothèque de la Pléiade », Paris, Gallimard, 1983, p. 174.

à étendre le concept de nature, mais à souligner la ressemblance de l'habitude avec la nature, dans son immédiateté et la force contraignante qu'elle exerce sur le sujet. La ressemblance, loin de remettre en cause la dualité nature-raison, la présuppose.

Or, ce n'est pas en ce sens métaphorique que McDowell entend l'expression. Quand il soutient que les capacités rationnelles sont une seconde nature pour l'être humain, il n'entend pas dire qu'elles sont simplement *analogues* aux capacités innées, biologiques. Il affirme qu'elles sont tout aussi constitutives de la nature de l'être humain que ses capacités biologiques, quoiqu'en un sens différent. Si la rationalité est qualifiée de seconde nature, c'est parce qu'elle apparaît dans un second temps dans le développement de l'individu. Pour justifier un élargissement du concept de nature au-delà de celui des sciences de la nature et donner un sens à l'idée de rationalité comme seconde nature, il faut montrer *en quel sens* pertinent la raison peut être dite naturelle, puisque ce n'est pas en un sens réductionniste.

De la seconde nature à la nature : un naturalisme pluraliste

Avec l'expression de « seconde nature », McDowell entend désigner une réalité ordinaire évidente : le fait que, par le biais de l'éducation que nous recevons, nous acquérons le langage et développons une pensée rationnelle. Or, il suffirait, selon lui, de « rappeler » cette réalité ordinaire et vécue (il ne parle d'ailleurs pas même de *concept* mais d'idée ou de notion de seconde nature) pour dissoudre les difficultés liées au dualisme entre nature et raison. Le fait qu'« un répertoire de capacités conceptuelles relève de la nature acquise de l'être humain mature »[1] est quelque chose que nous pouvons constater. Après avoir rappelé le fait historique selon lequel le concept de nature n'est pas équivalent au domaine des sciences naturelles, il suffirait selon McDowell de rappeler cette évidence

1. *Cf.* par ex. J. McDowell, « Comment on Hans-Peter Krüger's paper », *Philosophical Explorations*, vol. 1, n°2, 1998, p. 123.

pour dissoudre les difficultés liées à la signification [1]. Ce parti-pris argumentatif – ou plutôt ce que la plupart de ses lecteurs a perçu comme absence d'argumentation – n'a laissé d'engendrer chez les lecteurs de *L'Esprit et le monde* perplexité et frustration. Il ne faut pas pour autant en conclure, comme l'ont fait certains d'entre eux, que cette notion est d'un intérêt superficiel. Au contraire, ce concept est la clé de la réponse de McDowell au dualisme. Comme nous allons nous attacher à le montrer, en attirant notre attention sur cette réalité ordinaire qu'il nomme seconde nature, il ouvre la voie à une conception non dualiste de la vie humaine. Il n'en reste pas moins que l'idée de seconde nature pose certaines difficultés auxquelles il faut répondre et que McDowell lui-même ne prend pas toujours au sérieux. En effet, on peut douter de ce que le simple rappel de cette réalité oubliée soit, comme il le prétend, suffisant pour désarmer les difficultés posées par le cadre théorique dualiste.

Tout d'abord, il semble que, pour imposer le naturalisme de la seconde nature face au naturalisme scientifique, il faille démontrer la fausseté de ce dernier. Or, McDowell ne tente pas de proposer de réfutation en bonne et due forme de thèses naturalistes. Cela lui est par exemple reproché par Hilary Putnam : « cela me semble être ou bien un grave oubli ou bien, si l'omission est intentionnelle, une erreur tactique » [2]. L'omission est intentionnelle. Elle est justifiée par McDowell par le fait qu'il suffit, pour se libérer de la pression exercée par le naturalisme qu'il qualifie de « brut », de montrer qu'une meilleure solution est disponible, une solution qui ne nous oblige pas à renoncer à la spécificité du normatif. Ce point nous semble en effet valide : l'objectif n'est pas de montrer que le naturalisme scientifique est faux mais qu'une alternative existe qui évite que l'on s'y engage. Une telle approche est justifiée dans la mesure où le naturalisme scientifique n'a pas démontré que la charge de la preuve tombait du côté de son adversaire – qu'il constitue actuellement la position dominante n'est pas un argument suffisant.

1. *EM*, p. 103 *sq*.

2. H. Putnam, « McDowell's Mind and McDowell's World », *in* N.H. Smith (ed.), *Reading McDowell : on « Mind and World »*, London, Routledge, 2002, p. 186.

D'autres critiques visent l'absence d'élaboration de la notion même de seconde nature par McDowell, qui se contente largement de renvoyer à des théories (celles d'Aristote et de Wittgenstein ou à des concepts philosophiques (celui de *Bildung*), pour expliciter la notion. Crispin Wright ironise : on ne voit pas comment le fait « garder ouverts les textes aristotéliciens et allemands adéquats » pourrait nous être de quelque secours. « Ce dont a besoin McDowell, c'est d'une manière de détourner la pression philosophique engendrée par le naturalisme moderne : la détourner de son obsession pour l'objet des discours normatifs et la diriger à la place vers l'apprentissage et la pratique qu'on fait de ces discours. » [1] Étonnamment, McDowell aurait pu décrire son projet en ces termes précis. Le point d'insatisfaction de Wright est que McDowell se contente de rappeler l'idée de seconde nature sans montrer comment l'apprentissage et la pratique *déterminent* et *justifient* la signification. Nous verrons au chapitre III que l'un des enjeux de l'idée de seconde nature est de comprendre en quoi la signification n'a pas besoin d'être fondée.

Enfin, le concept de seconde nature présente une difficulté qui traduit une tension interne au concept et qui constitue, selon nous, sa difficulté fondamentale. C'est seulement si l'union de ses deux dimensions – rationnelle et naturelle – était évidente que la notion de seconde nature ne poserait pas de problème philosophique. Or, tout le problème – la raison même que l'on a de mobiliser ce concept – est que cette union est en elle-même impensable dans le contexte du dualisme de la pensée occidentale moderne. Nous ne pouvons lui donner sens dans le cadre théorique qui est le nôtre, celui du dualisme. Dès lors, pointer la seconde nature comme lieu de la réconciliation entre nature et raison ne suffit pas à faire comprendre *comment* cette union de la naturalité et de la rationalité est *pensable*. À partir du moment où on la prend au sérieux et non comme une simple métaphore, la difficulté de l'idée de seconde nature n'est pas superficielle mais intrinsèque : elle vient de son caractère

1. C. Wright, « Human Nature ? », *in* N.H. Smith (ed.), *Reading McDowell*, *op. cit.*, p. 155-156.

médiateur. Le concept de seconde nature, comme on le verra dans le premier chapitre, est notamment issu du concept aristotélicien d'*hexis*, c'est-à-dire « un état habituel qui constitue à la fois une disposition acquise et [...] une inclination » [1]. Un tel concept permet de penser le passage, au sein du même, de la passivité à l'activité, d'assurer une fonction médiatrice entre des termes apparemment inconciliables. Mais comme le souligne François Héran à propos du concept bourdieusien d'habitus, qui constitue une autre interprétation de l'*hexis* aristotélicienne par l'entremise de Thomas d'Aquin, le moment crucial du passage tend à rester obscur. Le concept médiateur est censé permettre de penser la transformation de l'inférieur en supérieur, de dispositions passives en capacités actives. Mais cette transformation est évoquée par Bourdieu « sans que l'on voie très bien comment s'effectue le retournement ni comment il se constitue génétiquement » [2]. Il en va exactement de même chez McDowell : il nie devoir expliquer le détail du processus de constitution de la raison comme seconde nature. Alors même qu'il renvoie à une réalité empirique – le fait que nous acquérons une seconde nature au cours de notre éducation – il ne s'appuie sur aucun élément empirique pour étoffer l'idée de seconde nature, sans jamais entreprendre d'expliquer ce qui se passe quand un individu est éduqué ou ce que c'est que d'apprendre. Il aurait pourtant pu le faire, en s'appuyant sur des travaux psychologiques, sociologiques ou anthropologiques portant sur le développement de l'enfant. Il répondrait sans doute que son analyse ne se situe pas sur le plan de la description empirique. Nous soutiendrons, à rebours, que l'attention portée à une telle description est cruciale pour rendre compte du processus, dès lors que, dans le contexte théorique présent, ce processus lui-même n'est pas pensable. Pour que la notion de seconde nature ne soit pas seulement métaphorique, il

1. P.-M. Morel, « Vertu éthique et rationalité pratique chez Aristote. Note sur la notion d'*hexis proairetikê* », *Philonsorbonne*, vol. 11, 2017, p. 141-153, p. 141.

2. F. Héran, « La seconde nature de l'habitus : Tradition philosophique et sens commun dans le langage sociologique », *Revue française de sociologie*, vol. 28, n°3, 1987, p. 393.

faut montrer comment l'éducation permet l'émergence de capacités authentiquement rationnelles dans un individu naturel – autrement dit, l'émergence de capacités normatives qui sont aussi naturelles. Or, cela, par définition, constitue ce qui est difficile à penser.

Sous ses allures minimalistes, le projet mcdowellien de penser l'être humain comme un animal rationnel ou un animal doté d'une seconde nature est donc très ambitieux. Car si ces idées sont en un sens bien connues, les *penser* à proprement parler, c'est-à-dire penser ensemble les deux dimensions d'animalité et de rationalité est loin d'aller de soi. La révision proposée du concept de nature entraîne immédiatement le problème de la continuité entre deux formes de nature qui sont par définition hétérogènes. Or, le problème ne se pose pas aux naturalismes scientifiques contemporains ni au naturalisme humien qui constitue la forme originaire du naturalisme moderne. Chez Hume, l'état social est une seconde nature parce que l'artifice par lequel il est constitué n'est « que *le prolongement de la nature* et forme pour ainsi dire une *seconde nature* qui s'intègre à la précédente sans rupture »[1], comme le souligne Jocelyn Benoist. Et la pensée est naturelle parce que l'habitude dont elle dépend « n'est que l'un des principes de la nature »[2]. Il y a une totale continuité entre ces différentes formes de nature. En revanche, dès lors que l'on pense la raison comme irréductible à des processus physiques ou biologiques, il faut rendre compte de la continuité entre les deux. Comment une seconde nature, lieu de la signification, peut-elle émerger d'une première nature qui en est dépourvue ? Comment première et seconde natures peuvent-elles coexister en un même être ? Dans l'expression d'animal rationnel comme dans celle de seconde nature, il n'est pas sûr que l'on puisse éviter que l'une des deux parties de l'expression prenne toujours le pas sur l'autre. La qualité de rationalité ne s'ajoute pas seulement à l'animalité, mais la modifie. Un animal rationnel est-il un animal au même sens que les autres animaux ? C'est cette question que nous allons examiner ici.

1. J. Benoist, « Le naturalisme, avec ou sans le scepticisme ? Après Hume », *Revue de métaphysique et de morale*, vol. 38, n°2, 2003, p. 134. Souligné par l'auteur.

2. *Ibid.*, p. 131.

Le dialogue avec l'œuvre de McDowell est stimulant à plus d'un égard[1]. Le naturalisme qu'il propose, s'il se présente comme une réponse au naturalisme scientifique contemporain, inscrit le débat dans une réflexion historique de plus grande ampleur. Il met en lumière l'importance de la question de la nature en philosophie en montrant son lien à de multiples problématiques, de l'intentionnalité à l'action. Du point de vue des méthodes, son approche est originale parce qu'elle se situe à la confluence de plusieurs traditions et peut ainsi constituer un pont pour des conversations transatlantiques. Philosophe analytique, McDowell a pour figures tutélaires Frege, Davidson, Strawson et Wittgenstein. Mais il trouve également des sources de renouvellement de sa réflexion dans l'histoire de la philosophie – sans surprise, Kant, mais aussi Aristote, et même Gadamer et Hegel. Il est avec ces sources moins dans un rapport d'exégèse que de réappropriation. L'approche pourra surprendre des lecteurs formés à l'histoire de la philosophie ; elle est féconde de son propre droit, instaurant une circulation vertueuse entre les concepts de tel ou tel auteur et les problèmes philosophiques contemporains. Nous emprunterons la même méthode, privilégiant l'étude de certains concepts à la restitution complète des riches débats d'interprétation que ces œuvres ont pu susciter. Cet usage des œuvres ne nous empêchera pas néanmoins de rester attentive à la lettre et au mouvement propre des textes utilisés.

Plan de l'ouvrage

Notre point de départ est en un sens celui où McDowell s'arrête : tandis qu'il présente l'idée de seconde nature comme une solution au problème du dualisme entre nature et raison au sein de l'être humain, nous soutenons que l'idée de seconde nature ouvre un *problème* qu'il faut examiner de près. Qu'un animal humain, par

1. Nous nous appuierons ici sur son ouvrage principal, *L'Esprit et le monde*, et sur nombre d'articles. Sur l'influence de McDowell sur la formulation d'un naturalisme alternatif, *cf.* M. De Caro, D. Macarthur (eds.), *Naturalism and Normativity*, New York, Columbia University Press, 2010, Introduction.

le simple moyen de l'éducation qu'il reçoit au sein d'un monde humain acquière le langage et la raison est parfaitement évident et pourtant incompréhensible avec les concepts qui sont les nôtres. Pour parvenir à penser cette évidence, il va nous falloir approfondir les différentes facettes du concept de nature et analyser de plus près le processus de l'éducation au langage et de la vie dans le langage. Pour ce faire, nous allons souvent revenir à Wittgenstein. S'il est l'une des inspirations de McDowell pour l'idée de seconde nature, celui-ci ne reprend pas sa méthode. Alors que Wittgenstein progresse par l'examen direct de nos usages ordinaires du langage (il affirme que, par distinction avec « les philosophes », « *nous* reconduisons les mots de leur usage métaphysique à leur usage quotidien »[1]), la recherche de McDowell s'installe dans une problématique caractéristique de la philosophie traditionnelle, celle du dualisme entre nature et raison. Pourtant, renvoyer au fait de la seconde nature humaine, c'est nous inviter à changer le centre de notre attention : à le déplacer de la question théorique du dualisme vers ce que c'est, concrètement et ordinairement, pour un être humain que d'entrer dans l'ordre du langage et des raisons. C'est dans cette question ouverte par l'idée de seconde nature que nous nous engageons ici.

La première difficulté, dans cette enquête sur l'animalité humaine, est que nous opérons à partir de concepts dualistes, qui, par définition, éliminent la possibilité de penser une naturalité de la raison ou une normativité de la nature. Pour dégager l'espace conceptuel d'une telle possibilité – la possibilité que le concept de nature s'étende au-delà du domaine des sciences jusqu'à s'appliquer à des processus normatifs – McDowell suggère de se rapporter à l'éthique aristotélicienne et à la seconde philosophie de Wittgenstein. Très tôt dans son travail, il a lié les deux auteurs dans une lecture conjointe

1. L. Wittgenstein, *Philosophische Untersuchungen / Philosophical Investigations*, transl. G.E.M. Anscombe, Oxford, Blackwell, 1953 ; trad. fr. F. Dastur, M. Élie, J.-L. Gautero, D. Janicaud et É. Rigal, *Recherches philosophiques*, Paris, Gallimard, 2005 (désormais *RP*), § 116.

féconde[1]. On trouve chez Aristote comme chez Wittgenstein une réflexion sur le *devenir humain*. Leur enquête porte sur l'entrée dans une forme de vie humaine qui n'est pas seulement biologique mais celle de la moralité, du sens et du langage. Les deux premiers chapitres s'attachent respectivement à la lecture de chacun de ces auteurs. La question qui nous guide est de montrer en quoi le processus par lequel un être humain acquiert le langage et la raison est un développement *naturel*. Tout l'enjeu, dans ces premiers chapitres mais aussi dans le reste de l'ouvrage, sera de comprendre ce que signifie naturel. La vertu, montre Aristote, est une capacité normative de l'agent moral naturellement acquise. Les réflexions de Wittgenstein sur l'« histoire naturelle »[2] de l'être humain étendent ce point au langage et à la rationalité en général. L'affirmation d'une formation naturelle des capacités normatives engendre, dans les deux cas, le soupçon de conditionnement. Comme on le verra, l'extension du concept de nature au-delà du biologique va de pair avec une conception renouvelée de la rationalité.

Une fois que l'on a montré que le concept de nature pouvait à bon droit s'étendre jusqu'à inclure l'acquisition du langage et de la raison au sein d'une vie humaine, se pose le problème de l'unification des différents sens de nature. Si elle n'est pas faite de processus biologiques ou physiques, comment la nature qui constitue la « seconde » nature se relie-t-elle au reste de la nature? C'est la question que nous posons, dans les chapitres III et IV, au concept de seconde nature de McDowell. McDowell soutient que le domaine normatif est bien naturel, mais d'un autre ordre que la nature comprise comme domaine des sciences. Cela engendre une double difficulté. L'être humain qui possède une seconde nature rationnelle semble alors déchiré entre deux formes de nature (chap. III). Il apparaît que la seule manière cohérente pour McDowell de résoudre cette difficulté est de soutenir une conception dialectique de la

1. J. McDowell, « Virtue and Reason », in *Mind, Value, and Reality*, Cambridge (Mass.), Harvard University Press, 1998, p. 50-73.

2. *Cf.* notamment *RP*, § 25; II, XII.

seconde nature : la seconde nature est la seule nature de l'être devenu rationnel. Cette thèse, toutefois, prête le flanc à la seconde critique : comment, dès lors, rendre compte de la continuité nécessaire, entre animaux humains et non humains, pour penser l'émergence d'un être rationnel au sein de la nature, tant au niveau individuel qu'au niveau évolutionnaire (chap. IV) ? Le concept de seconde nature échoue à résoudre ces contradictions internes. Il apparaît en définitive comme un nouvel avatar du dualisme. En effet, en s'inscrivant dans la problématique dualiste, McDowell en reprend les concepts. Alors qu'il renouvelle le concept de raison, il reprend sans interroger celui de nature. Cela semble pourtant être rendu nécessaire par l'idée même de seconde nature, dès lors qu'on ne l'entend pas en un sens purement métaphorique.

Pour pouvoir penser le développement d'un animal de langage, il nous faut donc aller plus loin dans la rénovation des concepts de nature et d'animalité. Pour cela, nous revenons dans le cinquième et dernier chapitre à l'attention que Wittgenstein nous invite à porter au devenir humain ordinaire. Comprendre quel genre de *vie* est la vie humaine implique encore une comparaison avec les animaux. Nous trouverons en éthologie des indications sur la manière dont vivent les animaux, en l'occurrence des chimpanzés. La comparaison, cependant, ne vise pas à dégager un propre de l'homme mais à mettre en lumière des traits de la forme de vie humaine. Nous montrerons en quel sens on peut penser le langage et la rationalité comme faisant partie d'une vie, ou comme forme de vie, et non comme dépassement de la vie. Si le langage est le point par où passe la différence humaine, cette différence ne doit pas être pensée comme le lieu d'une rupture radicale.

CHAPITRE PREMIER

NATURALITÉ DE LA VERTU : LE MODÈLE DE L'ÉTHIQUE ARISTOTÉLICIENNE

Au début de l'*Éthique à Nicomaque*, Aristote écrit que, des trois parties de l'âme, deux participent à l'« activité de l'âme » [1] qu'est la vertu : la partie appétitive et la partie proprement rationnelle. La partie appétitive, quoiqu'irrationnelle de même que la partie végétative, « participe toutefois de la raison par un côté » [2]. Chez l'incontinent, cette partie s'oppose à la raison, tandis qu'elle est « aux ordres de la raison chez le continent » [3]. À ces deux parties, rationnelle et appétitive, correspondent deux formes de vertu ou d'excellence, la vertu intellectuelle et la vertu morale ou de caractère. Ou plutôt, il s'agit de deux composantes de la vertu, car il est crucial de comprendre que ces deux composantes ne sont pas exclusives l'une de l'autre ni même opposées. Non seulement elles sont indispensables l'une à l'autre, mais encore elles sont toutes deux rationnelles en un sens. En effet, Aristote va jusqu'à écrire : « il y aura dès lors deux parties rationnelles : l'une, au sens fort, qui possède la raison en elle-même, et l'autre qui est susceptible de l'écouter d'une certaine façon, comme on écoute son père » [4]. À la suite de McDowell [5], nous allons montrer que la vertu, telle qu'elle est définie par Aristote, fournit le modèle d'une activité humaine à la fois authentiquement rationnelle et naturelle.

Mais faut-il vraiment invoquer le concept de nature, là où Aristote ne le thématise pas ? S'il n'est pas thématisé dans son analyse de la

1. Aristote, *Éthique à Nicomaque*, trad. fr. R. Bodéüs, Paris, Flammarion, 2004 (désormais *EN*), II, 1102a17.

2. *EN*, II, 1102b13.

3. *EN*, II, 1102b26.

4. *EN*, II, 1103a2-3.

5. J. McDowell, « Virtue and Reason », *op. cit.*; *EM*, p. 112 *sq.*

vertu, ce n'est pas parce qu'il en est absent, mais parce qu'il n'est pas problématique. L'être humain rationnel et politique est pour Aristote un *zoon*, sans qu'il y ait de contradiction dans les termes. La rupture entre nature et raison est inhérente au paradigme dualiste de la pensée moderne et anachronique par rapport à Aristote. C'est précisément pour cela qu'il est précieux de nous rapporter à son éthique : l'action vertueuse est en même temps un acte de la raison et l'expression d'un caractère éthique, exemple d'une vie humaine où raison et nature sont liées sans s'opposer. L'analyse aristotélicienne de la vertu offre ainsi un modèle pour l'élargissement de notre concept de nature au-delà du domaine des sciences naturelles. Mais encore faut-il, pour en tirer ce résultat, être capable de *lire* Aristote sans projeter sur lui les catégories de la pensée moderne. Or, pour la même raison qu'il est précieux de nous rapporter à son éthique, son sens est difficilement accessible depuis notre perspective moderne : le dualisme entre raison et nature est tellement fondamental à la structure de notre pensée que tous nos concepts en sont grevés.

Comme on sait, l'interprétation moderne d'Aristote s'est divisée selon des lignes rationalistes et empiristes [1]. Or, ces deux approches, qui se nourrissent du rejet l'une de l'autre, partagent les mêmes prémisses. Elles centrent leur examen sur la source du savoir éthique. Il nous faut, au contraire, comme l'a montré Pierre Aubenque, partir de ce qui fait l'objet de l'analyse d'Aristote, à savoir « la structure de l'action humaine en général » [2]. Ensuite, interprétations rationalistes et empiristes partagent la certitude que les termes de raison et de nature sont mutuellement exclusifs. Nous soutiendrons que ce présupposé, en plus d'être anachronique, les conduit à manquer le sens de l'analyse. Nous allons ainsi nous attacher à montrer qu'on peut comprendre avec Aristote que la rationalité éthique fait partie de notre nature. La vertu fait partie de la vie de l'agent vertueux en un sens qui n'est pas trivial et qui n'exclut pas la raison. On entrevoit ainsi une alternative à la naturalisation telle qu'elle est

1. Voir notamment M. Crubellier et P. Pellegrin, *Aristote : le philosophe et les savoirs*, Paris, Seuil, 2002.

2. P. Aubenque, *La prudence chez Aristote*, Paris, P.U.F., 1963, p. 30.

proposée par le naturalisme scientifique contemporain : la morale n'a pas besoin d'être naturalisée en un sens réducteur parce qu'elle est déjà une possession naturelle de l'agent vertueux.

Après avoir introduit aux termes de l'analyse aristotélicienne et au problème de la relation entre sagacité et vertu morale, nous montrerons que la délibération morale, contrairement à ce que soutient l'interprétation rationaliste ou intellectualiste, doit être conçue comme une forme de perception. La rationalité éthique est ancrée dans le particulier et dans la vie de l'agent. Mais contrairement à ce que propose une lecture empiriste ou naturalisante en un sens réducteur, si la vertu est naturelle, ce n'est pas au sens où elle serait une caractéristique biologique. Elle est naturelle en un sens qui allie rationalité et caractère. Nous montrerons enfin que cette conception de la vertu ne conduit pas au relativisme mais offre le modèle d'une rationalité véritable.

Les deux espèces de vertu

Dans l'*Éthique à Nicomaque*, Aristote ouvre son analyse de la vertu par la distinction suivante : « la vertu a deux formes : elle est intellectuelle d'un côté, et de l'autre, morale ». Les deux espèces de la vertu diffèrent d'abord quant à leur acquisition : « Si elle est intellectuelle, c'est en grosse partie à l'enseignement que [la vertu] doit de naître et de croître. C'est précisément pourquoi elle a besoin d'expérience et de temps. Mais si elle est morale, elle est le fruit de l'habitude ». Ainsi, la vertu, en tant qu'excellence de la pensée s'acquiert par un apprentissage. En revanche, en tant qu'excellence du caractère, la vertu – comme le courage, la générosité ou la tempérance – ne s'apprend pas théoriquement mais s'acquiert par habitude. En ce sens, les vertus morales sont analogues aux techniques. En effet :

> Ce qu'on doit apprendre à faire, c'est en le faisant que nous l'apprenons. Ainsi, c'est en bâtissant qu'on devient bâtisseur et en jouant de la cithare qu'on devient cithariste. De la même façon, c'est donc aussi en exécutant des actes justes que nous devenons

justes, des actes tempérants qu'on devient tempérant, des actes courageux qu'on devient courageux [1].

Acquérir une vertu morale, c'est apprendre à *faire* quelque chose. Et de même qu'il ne suffit pas à l'apprenti cithariste de savoir lire la musique ni de savoir comment fonctionne son instrument et où poser les mains pour savoir jouer, de même il ne suffit pas de savoir en quoi consiste le courage pour être courageux. Le courage dans la situation difficile est avant tout affaire d'entraînement. Car la répétition habituelle de certains actes, loin d'être neutre, crée une propension à faire ces actes, de sorte qu'à force de faire des actes justes, on devient juste. À partir d'un certain point, cette propension devient une manière d'agir consubstantielle à l'individu, un trait de son caractère. Ainsi, la vertu morale n'est pas affaire de raisonnement, c'est une manière d'être développée par l'éducation que l'on a reçue, acquise par entraînement, devenue en définitive, si l'on est vraiment vertueux, le caractère d'une personne.

Le deuxième versant de la vertu est intellectuel. L'action vertueuse est bien, par un autre côté, l'exercice de la raison et non le simple produit de l'habitude. En effet, l'action vertueuse en général consiste à « viser le milieu dans les affections et les actions » [2] ; or « le milieu est comme la raison, si elle est droite, le proclame » [3]. La détermination du juste milieu est un acte de la pensée qui implique la mise en œuvre d'une excellence intellectuelle, en l'occurrence de la sagacité (*phronêsis*) [4]. La délibération morale ne relève pas de la science, puisqu'elle porte sur le champ pratique, c'est-à-dire sur les choses humaines, contingentes, et non sur les choses nécessaires. Elle possède néanmoins la généralité du raisonnement scientifique

1. *EN*, II, 1103a11-35.
2. *EN*, II, 1109a20-22.
3. *EN*, VI, 1138b20.
4. Nous suivons la traduction de R. Bodéüs, qui préfère rendre *phronêsis* par « sagacité » plutôt que par « prudence », dont le sens classique s'est perdu, ou que par « sagesse pratique », le terme de « sagesse » devant plutôt être réservé à *sophia*. Voir *EN*, n.d.t. 2, p. 302. La sagacité (*phronêsis*) est l'une des vertus ou excellences intellectuelles, à côté de la connaissance (*epistêmê*), de la compétence technique (*tekhnê*), de la sagesse (*sophia*) et de l'intellection (*noûs*) (*EN*, VI, 1139b15-17).

en ce qu'elle porte sur « la question générale de savoir ce qui permet de vivre bien » [1]. La délibération au sein de la *prâxis* se distingue par là de la masse des délibérations relatives à la *poiêsis*, qui visent à déterminer quels sont les moyens propres à réaliser telle ou telle fin particulière.

Quelle est la relation entre ces deux formes de la vertu, qui se distinguent principiellement, l'une relevant de la raison et l'autre de l'habitude ? Elles pourraient à première vue apparaître comme des forces opposées. Aristote les place cependant dans une relation de complémentarité. « Si l'homme remplit son office, c'est en manifestant la sagacité et la vertu morale. La vertu fait en effet que son but est correct et la sagacité, que sont corrects les actes qu'il juge utiles dans la perspective de ce but » [2]. La sagacité, produite par le développement de la raison, vient compléter les vertus morales acquises par l'éducation. Chacune des deux formes de la vertu a sa tâche spécifique : la vertu morale pourvoit à la connaissance des fins, tandis que la sagacité met en œuvre ces fins dans la situation particulière. Au livre III de l'*Éthique à Nicomaque*, Aristote insiste sur le fait que « nous ne délibérons pas des fins, mais des moyens d'y parvenir » – et ce, pour tous les « actes que [l'homme] peut exécuter lui-même » [3], tant les actes techniques que les actions morales.

Bien que le texte d'Aristote soit d'une parfaite clarté en ce qu'il confère une égale importance à la vertu morale et à la sagacité, les commentateurs modernes et contemporains se sont attachés à privilégier l'une ou l'autre dans l'analyse de l'action morale, résolvant de cette manière la difficulté apparemment inextricable de penser les deux en même temps. Le désaccord d'interprétation porte particulièrement sur le statut à accorder à la vertu morale. Aristote lui confère un rôle essentiel dans la délibération éthique en lui attribuant la connaissance des fins : c'est elle qui « fait que le but est correct ». Pourtant, elle n'est pas en elle-même de l'ordre de la pensée mais de l'ordre du caractère : elle est inculquée à l'agent

1. *EN*, VI, 1140a26-28.
2. *EN*, VI, 1144a6-8.
3. *EN*, II, 1112b33.

par son éducation. La difficulté apparaît jusque dans la manière dont Aristote la définit comme « *hexis proairetikê* » [1]. Comme *hexis*, elle semble être une disposition passive ; mais l'adjectif suggère qu'elle participe déjà de la décision éthique [2]. Les partisans d'une lecture intellectualiste nient l'importance de la vertu morale et voient dans la sagacité la véritable et unique source de la vertu. À l'opposé, les partisans d'une lecture empiriste accordent la primauté à la vertu morale qu'ils interprètent comme une disposition naturelle ou un sentiment, abandonnant l'idée d'une normativité en propre de l'action morale. Bien qu'aucune de ces lectures ne rende compte de la lettre du texte aristotélicien, elles affirment proposer une manière plus charitable de le lire. Nous allons montrer, cependant, que l'incapacité de ces interprétations de rendre compte du texte dans sa lettre ne réside pas dans un défaut du texte lui-même, mais dans leur échec à penser la vertu à la fois comme intellectuelle et empirique, sans subordonner l'un de ces côtés à l'autre. Cela implique tout d'abord de comprendre, contre une lecture intellectualiste, que la vertu n'est pas intellection à partir de principes mais perception du particulier par un agent engagé dans la situation.

La perception morale

La lecture intellectualiste de l'éthique aristotélicienne trouve en celle-ci un défaut majeur qu'elle se donne pour tâche de corriger : l'absence de fondation en raison des principes moraux. Dans les termes de Donald Allan :

> En un sens, c'est une question facile que de savoir comment nous acquérons la connaissance de tels principes. Quant à leur genèse dans l'esprit individuel, Aristote les fait remonter, de manière convaincante, à l'induction et à l'enseignement, accompagnés par le dressage des émotions. [...] Mais cette réponse n'est guère instructive, car elle ne peut que conduire aux questions suivantes :

1. *EN*, II, 1106b36.

2. *Cf.* P.-M. Morel, « Vertu éthique et rationalité pratique chez Aristote », *op. cit.*, p. 142.

> d'où le maître qui dirige le processus d'induction tire-t-il sa propre connaissance des principes ? Comment, lorsque ceux-ci ont été acquis, Aristote suppose-t-il que nous puissions nous assurer de leur autorité et de leur validité ? [1]

En conférant à la vertu morale produite par l'éducation la tâche de connaître les fins de l'action, Aristote ne produit en effet pas de fondement pour ces fins. Il montre comment on apprend la vertu mais non d'où ces prescriptions tirent leur valeur normative. Dès lors, d'après la lecture intellectualiste, il faut soutenir que la sagacité (*phronêsis*) détermine non seulement les moyens mais encore les fins de l'action juste. La vertu morale n'aurait qu'une fonction propédeutique et serait vouée à être dépassée. Le raisonnement éthique prendrait la forme d'un syllogisme pratique parallèle au syllogisme théorique et consistant à subsumer sous une règle générale un cas particulier et dont la conclusion serait l'action [2]. C'est ce que pourrait sembler suggérer un exemple d'Aristote tel que le suivant :

> Mais dans [le cas du syllogisme théorique], la fin est une connaissance théorique (car dès qu'on connaît les deux propositions, on conçoit et on ajoute la conclusion), tandis que dans [celui du syllogisme pratique], la conclusion des deux propositions est l'action accomplie : ainsi, lorsqu'on pense que tout homme doit marcher et que l'on est soi-même homme, on marche sur le champ ; lorsqu'au contraire on considère que les circonstances exigent qu'aucun homme ne marche, et qu'on est soi-même homme, la conséquence immédiate est qu'on reste sans bouger [3].

1. D.J. Allan, « Aristotle's Account of the Origin of Moral Principles », *Proceedings of the XIth International Congress of Philosophy*, 1953, XII, p. 122. Sa position est examinée par D. Wiggins, « Deliberation and Practical Reason », *Proceedings of the Aristotelian Society*, vol. 76, 1975, p. 29-51.

2. *Cf.* par ex. D.J. Allan, « The Practical Syllogism », dans *Autour d'Aristote : recueil d'études de philosophie ancienne et médiévale offert à Monseigneur A. Mansion*, Louvain, Publications Universitaires de Louvain, 1955, p. 326.

3. Aristote, *Marche des animaux; Mouvement des animaux*, trad. fr. P. Louis, Paris, Les Belles Lettres, 1973, p. 60-61.

Et pourtant, Aristote explique clairement que l'absence de principes est un trait de son objet même. Aucun principe n'est disponible en éthique parce que les affaires humaines dont il s'agit sont contingentes. C'est ce qu'il énonce dès le début de l'*Éthique à Nicomaque*, quand il établit quelles sont la méthode et la rigueur exigibles dans ce domaine de recherche.

> Les biens dont se réclament nos actions et les intérêts qu'elles poursuivent n'ont rien de fixe, non plus que les choses saines. Et si telle est l'argumentation de portée universelle, à plus forte raison celle qui porte sur les choses particulières manque-t-elle de rigueur, puisqu'elle ne tombe sous aucune technique de prescription et que les agents doivent toujours eux-mêmes avoir l'œil sur les circonstances opportunes, exactement comme dans le cas de la médecine et du pilotage [1].

On ne saurait requérir de l'enquête sur la pratique la même rigueur que de l'étude de la métaphysique ou des mathématiques. Et la rationalité dans l'action, la *phronêsis*, ne prend pas la même forme que la *sophia* qui porte sur les choses fixes et s'appuie pour cela sur l'intellection des principes. Ainsi, rappelle Aubenque, « la prudence a pour objet [...] le contingent, qui lorsque nous sommes affectés par lui, a pour nom le hasard ; elle est, d'autre part, sagesse de l'homme et pour l'homme. Serait-ce parce que le monde où nous vivons est contingent que la sagesse des dieux y est impuissante ou muette ? » [2] Le bien, qui est l'objet de l'action morale, prend des formes non seulement variées mais encore fluctuantes selon les circonstances. Il est en cela comparable aux choses saines, qui sont un bien pour la santé. Non seulement de nouveaux dangers pour la santé peuvent apparaître, mais encore des circonstances changer d'effet sur le patient (par exemple, quelqu'un peut développer une allergie aux fruits de mer ; ce qui le nourrissait le rend désormais malade) ; en conséquence la définition même de ce qui procure la santé (de ce qui est en ce sens un bien) change. De manière générale,

1. *EN*, II, 1104a1-10.
2. P. Aubenque, *La prudence chez Aristote*, *op. cit.*, p. 30.

toute action porte sur du contingent, qui ne saurait être enrégimenté dans des règles que de manière purement partielle et temporaire. C'est pourquoi la délibération morale part du particulier lui-même, l'agent moral se comportant à la manière du pilote, qui garde un œil sur le temps et l'état de la mer pour manœuvrer son bateau. Le savoir des dieux n'est ici d'aucun secours. De même que le pilote ne peut appliquer une règle générale à la manœuvre de son bateau, de même la délibération morale menée par l'agent ne consiste-t-elle pas à donner sens aux circonstances particulières en leur appliquant un principe général.

Revenons à l'explicitation que donne Aristote de l'exemple de la marche cité plus haut : « lorsqu'au contraire on considère que les circonstances exigent qu'aucun homme ne marche, et qu'on est soi-même homme, la conséquence immédiate est qu'on reste sans bouger ». Dans ce syllogisme moral, la prémisse majeure (« lorsqu'au contraire on considère que les circonstances exigent qu'aucun homme ne marche ») n'est pas un principe général, elle est ancrée dans les circonstances particulières de l'action. Or, ce que « les circonstances exigent » n'est pas donné : c'est le résultat d'une évaluation morale des circonstances présentes de la part de l'agent. Si donc on peut parler de syllogisme moral, il doit être conçu tout à fait différemment du syllogisme théorique. Dans le domaine de l'action, c'est l'étape consistant à sélectionner ce qui constitue dans la situation particulière l'exigence morale pertinente qui est la plus cruciale [1]. La capacité à dégager le particulier dont fait preuve le *phronimos* est une sensibilité, une attention au particulier qui est une forme de perception (*aisthesis*).

> Il est clair que la sagacité n'est pas une science. Elle cherche en effet le particulier ultime, comme on l'a dit, puisque l'exécutable est de cet ordre. […] Elle saisit le particulier ultime dont il n'y a pas science, mais perception sensitive : je ne parle pas des sensibles propres, mais de celle, par exemple, qui nous permet de voir que le particulier ultime qui compte parmi les figures mathématiques

1. *Cf.* Aristote, *De l'âme*, III, 434a16-21.

> est un triangle ; car on doit s'arrêter là aussi. Cette saisie, dira-t-on, est plutôt sensation que sagacité mais c'est une autre forme de perception que celle-là[1].

La délibération morale telle que la comprend l'interprétation intellectualiste revient à concevoir la perception morale uniquement comme une faculté d'enregistrement, « la prise de conscience que certaines conditions […] sont satisfaites »[2]. En réalité, la perception est active et décisive, puisque, dans les matières qui constituent l'objet de l'action, tout se joue au niveau du particulier, qui ne peut être saisi que par une perception. L'analogue adéquat pour penser la perception morale n'est toutefois pas la perception des « sensibles propres », c'est-à-dire les qualités perçues par un sens particulier (p. ex. les couleurs pour la vue), car la perception morale ne met pas en jeu les sens mais bien une forme de pensée. En cela, elle ressemble plutôt à la perception d'une figure géométrique. Cette dernière reste néanmoins un analogue imparfait puisqu'elle est encore une forme de sensation (d'un sensible commun), contrairement à ce que procure la vertu.

La notion de perception, cependant, permet-elle bien de rendre compte du caractère proprement rationnel de la délibération éthique ? En effet, tandis que la délibération est médiate et consiste à mettre en œuvre d'un raisonnement, la perception est immédiate et ne semble laisser le temps de raisonner. Assimiler la délibération morale à une perception nécessairement subjective semble la faire échapper au domaine de l'objectivité. Il semble qu'en cas de désaccord, les agents ne pourront que renvoyer au point d'arrêt de leur perception, le point où l'on ne peut que dire : « "Tu ne peux pas ne pas le voir", avec le concept perceptif marquant un point où les justifications discursives sont épuisées »[3]. L'objection n'est qu'apparente : si la perception est une activité fondamentalement subjective, au sens où elle implique l'engagement du sujet dans une situation particulière,

1. *EN*, VI, 1142a24-31.

2. J. McDowell, « Some Issues », *op. cit.*, p. 28.

3. *Ibid.*, p. 29. Il utilise intentionnellement des termes parallèles à ceux de Wittgenstein (*RP*, § 217). Cf. *infra*, chap. II.

elle n'en est pas moins objective : elle n'est pas une projection du sujet mais nous donne à voir comment « sont réellement les choses dans le coin du monde concerné, ce coin du monde que rend plus ou moins obscurément présent à chacun la conception qu'il se fait de l'excellence » [1]. Certes, dans les cas où elle ne pose pas de difficulté particulière et qu'elle n'est pas contestée par quelqu'un d'autre, la perception est immédiate. Mais cela ne signifie pas qu'elle échappe au domaine de la justification : cela signifie seulement que le sujet percevant n'a pas besoin de s'expliciter à lui-même ni aux autres les justifications de sa perception. Il peut néanmoins le faire si la nécessité s'en fait sentir et convaincre les autres de la justesse de sa perception morale ou bien être convaincu par eux de son erreur.

Que perçoit la personne sagace ? Selon la métaphore proposée par David Wiggins, elle perçoit « le trait saillant du contexte dans lequel elle doit agir » [2]. En effet, le choix moral consiste à déterminer ce qu'est bien faire dans une situation donnée. Or, il est caractéristique d'une situation pratique qu'elle présente plusieurs exigences contradictoires et concurrentes. La métaphore du point saillant permet de rendre compte d'un choix, là où l'on ne dispose pas de principes. Elle exprime le fait que différents aspects de la situation ne se présentent pas à l'agent avec la même acuité. Un détail marquant dans le champ de vision emporte entièrement l'attention, de sorte qu'on ne voit plus le reste. Pour autant, cela ne signifie pas que les autres objets aient cessé d'exister, ni même que je ne puisse pas déplacer vers eux mon attention. McDowell exprime également cette idée à l'aide d'une métaphore auditive : la raison d'agir qui prévaut « réduit au silence » [3] les traits concurrents de la situation.

> Embrasser une conception spécifique de l'*eudaimonia* [bonheur], c'est voir les raisons d'agir pertinentes, dans les occasions où elles coexistent avec des considérations qui, en elles-mêmes,

1. J. McDowell., « The Role of Eudaimonia in Aristotle's Ethics », in *Mind, Value, and Reality*, *op. cit.*, p. 3-22, ici p. 22.
2. D. Wiggins, « Deliberation and Practical Reason », *op. cit.*, p. 45.
3. J. McDowell, « Virtue and Reason », *op. cit.*, p. 56.

> constitueraient des raisons d'agir autrement, non pas comme primant sur ces considérations, mais comme les réduisant au silence – comme manifestant que, *dans ces circonstances, ce ne sont pas des raisons du tout*[1].

Les autres considérations non morales ou morales n'entrent pas du tout en ligne de compte. Elles ne valent pas comme raisons mais sont éclipsées par la raison d'agir. Cela permet de comprendre qu'elles ne constituent pas un obstacle dont il s'agirait, pour la théorie morale, de rendre compte. En même temps, la métaphore du silence permet de penser que ces considérations ne sont pas anéanties pour autant. Ainsi, dans le cas où agir moralement implique de renoncer à un plaisir, il serait exagéré de prétendre que la recherche du plaisir n'a aucune valeur. Mais, pour l'agent vertueux, dans les circonstances présentes, cette valeur s'affadit, l'appel qu'elle lui lance s'assourdit, de sorte que la perspective de ce plaisir ne constitue pas une raison d'agir entrant en concurrence avec la raison de bien agir. En d'autres circonstances, ce désir aurait pu être une raison d'agir. Mais dans les circonstances présentes, l'agent vertueux n'entend pas du tout, pour ainsi dire, son appel. Et c'est là la différence entre la personne vertueuse et celle qui ne l'est pas ou pas encore : pour cette dernière, l'exigence morale ne possède pas cette force imposant le silence à toute autre motivation.

Le caractère moral

Apparaît ici le rôle crucial de la vertu morale. C'est parce qu'il n'y a pas de réponse par des principes universels à la question « comment vivre » que la formulation d'une éthique passe par la figure du *phronimos*[2] : « occasion par occasion, on sait quoi faire, si on le sait, non pas en appliquant des principes universels, mais en étant un certain genre de personne »[3]. Ce que l'on tient pour la vie bonne est ce qui va déterminer ce que nous tenons pour les

1. J. McDowell, « The Role of Eudaimonia… », *op. cit.*, p. 17. Nous soulignons.
2. Cf. *EN*, II, 1107a1-2 ; VI, 1139a29-31 ; VI, 1144a34.
3. J. McDowell, « Virtue and Reason », *op. cit.*, p. 73.

fins à rechercher dans les circonstances présentes. Or, cela dépend de ce que l'on a, depuis l'enfance, appris à aimer. L'éducation reçue est primordiale parce qu'elle pourvoit à la connaissance des fins, du bien de l'être humain en général. Ainsi, l'éducation est une formation d'habitudes chez l'enfant, la formation des *bonnes habitudes*. Elle enseigne à l'enfant à prendre plaisir au noble et à se chagriner du vil. Cet apprentissage est d'abord crucial parce que l'enfant encore incapable de raisonner agit sous l'effet de certaines habitudes. Mais le rôle de la vertu morale n'est pas seulement propédeutique. En effet, il n'y a pas d'autre source de la connaissance du bien par laquelle les connaissances transmises par l'éducation pourraient être remplacées, une fois l'individu parvenu à l'âge de raison. Et comme le principe de l'habitude tend à se renforcer lui-même, les premières habitudes ne vont pas seulement déterminer les actes de l'enfance mais bien toute la vie. C'est pourquoi « l'importance de contracter telle ou telle habitude dès la prime jeunesse n'est pas négligeable, mais tout à fait décisive, ou plutôt, c'est le tout de l'affaire »[1]. Une fois qu'une habitude d'agir est prise et trop bien ancrée, il devient impossible de la contrecarrer par des raisons et de s'en défaire, elle est devenue un caractère. Ainsi, le caractère de l'individu va déterminer sa capacité à faire le bien en déterminant la fin de l'action. Avoir acquis de grandes connaissances ou une grande subtilité de raisonnement n'est pas un bien, si l'on utilise ces capacités à mauvais escient. C'est pourquoi Aristote dit du législateur, qui réalise au niveau de la Cité la même chose que l'éducation au niveau individuel qu'« [il doit] créer, chez [ses] concitoyens, les habitudes qui les rendent bons. [...] Quant à ceux qui échouent à le faire, ils ratent leur but »[2]. De même, il ne s'adresse, dans sa recherche éthique, qu'à des gens qui ont reçu l'éducation appropriée et peuvent reconnaître les actions justes.

La sagacité elle-même est le fruit de l'expérience et donc une certaine compétence du *phronimos*, que l'on ne saurait concevoir

1. *EN*, II, 1103b24-26.
2. *EN*, II, 1103b4-5.

abstraite de l'existence d'un individu concret. Cette compétence rationnelle est le privilège de la maturité, ce qui la distingue par exemple du savoir mathématique :

> [...] des jeunes gens arrivent à maîtriser la géométrie ou les mathématiques et à devenir sages dans les matières de ce genre, alors qu'on n'arrive pas à être sagace à cet âge. Or le motif en est que la sagacité comporte encore aussi une connaissance des choses particulières, lesquelles deviennent familières avec l'expérience, alors qu'une jeune personne n'est pas expérimentée. Il faut en effet beaucoup de temps pour créer l'expérience [1].

La sagacité n'est ni une science ni un calcul mais consiste en une excellence de la pensée qui dépend notamment de l'expérience. La personne d'expérience a appris à comprendre et à reconnaître le particulier, comme par exemple le médecin sait diagnostiquer les symptômes du malade, ou le général élaborer la stratégie victorieuse dans la bataille. En éthique, la personne sagace reconnaît la forme que prend la fin générale – bien faire – dans la situation. Conférer la primeur à la vertu morale semble cependant reléguer la sagacité au rôle de rationalité instrumentale, elle ne ferait qu'appliquer des fins données par les habitudes sans qu'entre dans la délibération une évaluation normative de la situation par la pensée. Mais si la fin de la délibération morale est bien donnée, elle ne l'est pas au même sens que dans la délibération technique [2]. Dans ce dernier cas, la fin est soit posée (la table), soit déterminable au moyen d'une série finie d'inférences (quelque chose qui permette de manger assis, donc une table). Dans le cas de la délibération morale, la fin est donnée également, par la vertu morale : c'est le bien d'un être humain. Mais si l'on connaît cette fin qui constitue le bien de l'homme, on ne connaît pas d'emblée la forme qu'elle doit prendre

1. *EN*, VI, 1142a12-16.

2. Comme le note Wiggins, l'interprétation de la sagacité comme rationalité instrumentale est partiellement due à la traduction de la périphrase « *ton pros to telos* », c'est-à-dire littéralement « ce qui conduit à la fin », par « moyens ». L'usage de ce terme introduit implicitement le modèle « moyens-fin » qui ne se trouve pas dans le texte : D. Wiggins, « Deliberation and Practical Reason », *op. cit.*, p. 33.

dans les circonstances actuelles, c'est-à-dire la fin que doit viser l'action dans la situation présente. C'est ce qui fait l'objet et la difficulté de la délibération morale : « L'agent doit déterminer, parmi les actions qu'il peut immédiatement entreprendre, laquelle (peut-être devrait-on ajouter "s'il y a une action" qui) *reviendrait*, ici et maintenant, dans ces circonstances, à bien faire » [1]. Ainsi, le travail de délibération vise à faire « voir ce qui *compte* réellement comme une spécification adéquate et pratiquement réalisable de ce qui satisferait cette volonté [de la fin] » [2]. La délibération morale ne se réduit pas à un simple calcul, à de l'habileté dans l'application de règles d'usage. Car dans l'action morale, le particulier n'est pas un moyen permettant de réaliser une fin qui lui serait extérieure mais la réalisation de la fin elle-même dans des circonstances particulières. Ainsi, la vertu ne consiste pas en la capacité intellectuelle à appliquer correctement un ensemble de principes : c'est une excellence du caractère et de l'intellect qui trouve à s'exprimer dans les situations particulières. L'analyse aristotélicienne ne laisse donc guère d'ambiguïté sur l'absence de fondement rationnel de la vertu. La part faite au caractère semble cependant ouvrir, dans une interprétation naturalisante cette fois, une voie pour fournir une explication causale à la morale.

Tentatives de biologisation de la vertu

D'une manière opposée à l'interprétation intellectualiste, des lectures naturalisantes tentent de répondre à ce qu'elles tiennent pour une exigence justifiée de fondement. Dans cette perspective, les vertus doivent être ancrées non pas dans des raisons mais dans « des faits indépendants, ratifiés par la nature, et portant sur ce que c'est, pour un homme, de bien vivre » [3]. Si l'on parvient à trouver

1. J. McDowell, « Deliberation and Moral Development in Aristotle's Ethics », in *The Engaged Intellect : Philosophical Essays*, Cambridge (Mass.), Harvard University Press, 2009, p. 41-58, ici p. 42.

2. D. Wiggins, « Deliberation and Practical Reason », *op. cit.*, p. 31.

3. J. McDowell, « Two Sorts of Naturalism », in *Mind, Value, and Reality*, *op. cit.*, p. 167-197, ici p. 167-168.

de tels faits, alors on pourra donner à l'idée de naturel un autre sens que simplement « habituel » et donc nécessairement relatif. Les faits relevant d'une certaine nature humaine permettront de déterminer ce qui constitue objectivement le bien de l'être humain. En termes contemporains, la voie proposée est donc celle d'une naturalisation ou biologisation de la morale au sens du naturalisme scientifique évoqué plus haut. Il est clair que cela ne se trouve pas directement chez Aristote mais cette proposition est conçue comme une amélioration de sa théorie.

La pièce maîtresse de ces lectures est le concept d'*eudaimonia*, bonheur. Le bonheur est « le bien et ce, au titre suprême »[1], c'est la fin que nous recherchons dans toutes nos actions. En effet, certains biens sont poursuivis en raison d'un autre, tandis qu'un bien vraiment final est désiré pour lui-même. « Or ce [second] genre de bien, c'est dans le bonheur surtout qu'il consiste, semble-t-il. Nous le voulons, en effet, toujours en raison de lui-même et jamais en raison d'autre chose. »[2] Certes, la vertu, dans la définition qu'en donne Aristote, fait elle-même partie du bonheur : « le bien humain [est] un acte de l'âme qui traduit la vertu »[3]. Mais le bonheur serait en outre constitué par certains biens indépendants de la vertu et tenant à la nature humaine. Si l'on peut déterminer le contenu du bien humain qui constitue le bonheur, on pourra en déduire le contenu objectif des actes vertueux qui visent le bonheur.

Ces biens indépendants de la vertu doivent être non seulement préalables à la vertu mais également invariants entre les cultures humaines, pour que la vertu ne soit pas relative. Quel meilleur candidat que des caractéristiques biologiques propres à l'espèce humaine ? Ainsi, Bernard Williams, par exemple, suggère que la « téléologie métaphysique » d'Aristote vise le même objectif que la biologie évolutionnaire contemporaine – celui de penser le comportement humain comme une manière de se conformer à la nature. Mais il remarque qu'au titre de théorie scientifique

1. *EN*, I, 1094a21.
2. *EN*, I, 1097a35-b 1.
3. *EN*, I, 1098a17-18.

argumentée, la seconde fournit une « meilleure explication » [1] que la première. Elle doit donc remplacer les conceptions préscientifiques comme celle d'Aristote. La théorie de l'évolution permet de rendre compte scientifiquement du développement de traits particuliers de l'espèce. Dans une perspective de naturalisation de la morale, cela inclut les traits moraux de la vie humaine. Dans cette perspective, on rendra par exemple compte de la coopération et de l'altruisme par l'avantage évolutionnaire qu'ils procurent à l'espèce. Là où Aristote se fondait sur une tradition historique contingente, la biologie évolutive se base sur des faits qui ne sont pas relatifs à un certain groupe mais valent pour tout membre de l'espèce humaine. Avec une telle naturalisation de la vertu, l'universalité de la morale est sauve.

Cette lecture s'appuie notamment sur la notion d'office [*ergon*] de l'homme qu'Aristote introduit pour élucider la nature du bonheur. Pour tout être, ce par quoi il accomplit son office constitue son bien. L'être humain a un office, de la même manière que le menuisier a son office ou que chacun de ses organes en a un. Par exemple, l'office de l'œil est de voir. Selon Aristote, l'office de l'être humain consiste en « une certaine vie active à mettre au compte de ce qu'il a de rationnel » [2]. Or l'action rationnelle est selon la vertu. Par conséquent, le bien de l'être humain consiste à agir vertueusement : « le bien humain [est] un acte de l'âme qui traduit la vertu et, s'il y a plusieurs vertus, l'acte qui traduit la plus parfaite et la plus finale » [3]. En explicitant l'idée d'office de l'homme par analogie avec l'office de l'œil ou du cheval, Aristote semble suggérer que la vertu constitue le bien de l'être humain au même sens que le bien de l'œil est son fonctionnement adéquat permettant la vue, ou que

1. B. Williams, *Ethics and the Limits of Philosophy*, London, Fontana Press, 1985; trad. fr. M.-A. Lescourret, *L'Éthique et les limites de la philosophie*, Paris, Gallimard, 1990, p. 53. Cité par J. McDowell, « Eudaimonism and Realism in Aristotle's Ethics », in *The Engaged Intellect*, *op. cit.*, p. 23-40, ici p. 29; « Two Sorts of Naturalism », *op. cit.*, p. 174.

2. *EN*, I, 1097b3-7.

3. *EN*, I, 1098a17-18.

la santé est le bien du cheval. Cela semble suggérer que la vertu doit être pensée sur un plan biologique, de même que le fonctionnement de l'organe qu'est l'œil et celui de l'organisme du cheval.

Mais cette interprétation est manifestement contredite par la manière dont Aristote définit l'action vertueuse. À de multiples reprises, il indique que les actions vertueuses sont recherchées pour elles-mêmes. Si elles sont bonnes, ce n'est donc pas parce qu'elles permettent de réaliser une fin bonne qui leur serait extérieure et d'ordre biologique. L'analogie entre les différents exemples se situe à un autre niveau : elle porte sur le rapport constitutif du bien à la fin elle-même : l'office de l'œil ou du cheval est la réalisation de leur propre existence dans la santé, de même que l'office de l'être humain est la réalisation de soi dans la vertu. L'action vertueuse est sa propre fin. C'est précisément ce qui distingue l'action véritablement vertueuse d'autres actions qui peuvent être justes dans leur résultat apparent, mais visent un autre résultat que la justice elle-même. Une manière de dire cela est de dire que c'est pour l'amour de ce qui est (moralement) beau (*to kalon*) ou parce qu'elle est belle que l'action vertueuse est accomplie. Par exemple : « c'est parce qu'il est beau de le faire que le courageux prend le parti de faire front, ou parce qu'il est laid de ne pas le faire » [1]. Dire que l'action est belle et dire qu'elle est juste reviennent au même, la dimension de beauté morale ne faisant que mettre en exergue la désirabilité de l'action juste, en elle-même, pour la personne vertueuse.

Le caractère de beauté morale est donc défini de manière circulaire : est beau moralement ce que recherche la personne vertueuse. Il en va de même pour le concept de bonheur, Aristote définit le bonheur (*eudaimonia*) comme la « fin » « que nous souhaitons pour elle-même et pour laquelle nous souhaitons les autres » [2]. Le but de cette définition n'est pas de déterminer le contenu de cette fin puisqu'Aristote présuppose que c'est une donnée connue et le point de départ requis pour la recherche

1. *EN*, III, 1116a12.
2. *EN*, I, 1094a19.

éthique[1]. Il s'adresse à des gens qui ont reçu l'éducation appropriée et qui peuvent reconnaître les actions justes. Par conséquent, il faut entendre cette définition, comme le soutient McDowell, de manière analytique. Son but est d'identifier une certaine dimension de la vie humaine, la vie active rationnelle par laquelle l'agent trouve son bien dans les circonstances dans lesquelles il se trouve. Le concept de bonheur caractérise « le genre de raison pour lequel quelqu'un agit, quand il fait ce qu'il fait, parce que cela lui semble être ce qu'un être humain qui se trouve dans de telles circonstances doit faire »[2]. Les comportements qui sont constitutifs du bonheur « indiquent le caractère de l'agent »[3] en révélant ce qu'il considère comme le bonheur. La personne qui a embrassé une certaine conception de ce qu'est le bien trouvera son bien dans le fait même d'accomplir certaines actions. Ainsi, Aristote n'assigne pas un contenu particulier au bonheur à partir duquel il serait possible de déduire le contenu de la vertu. L'*eudaimonia* ne fait que *distinguer* un certain genre de raisons, sans constituer un critère pour *fonder* extérieurement le contenu de ces raisons.

Revenons pour finir sur la méprise sur le sens du concept d'*ergon*. Celle-ci est facilitée par la traduction d'*ergon* par fonction, qui invite à concevoir l'action rationnelle qu'est la vertu comme une fonction biologique de l'organisme humain, sur le modèle de ce qu'est la vision pour l'œil. Une traduction moins ambiguë sera celle d'office ou d'« activité caractéristique »[4]. Ces formulations s'affranchissent du paradigme biologique introduit par l'idée de fonction. L'office ou l'activité caractéristique d'un être humain n'est pas seulement l'effet d'une détermination biologique, c'est aussi ce qui lui convient en tant qu'être rationnel, en un sens de rationnel qui ne saurait être réduit à des caractères biologiques. Dans le contexte de pensée d'Aristote, l'analogie entre les différents

1. Cf. *EN*, I, 1095b4-8.
2. J. McDowell, « The Role of Eudaimonia… », *op. cit.*, p. 10.
3. *Ibid.*
4. A. Kenny, « Happiness », *Proceedings of the Aristotelian Society*, vol. 66, 1965, p. 93-102, ici p. 96.

types d'*ergon* n'invite pas à une biologisation de la vertu parce que le problème de devoir choisir entre naturel et rationnel ne se pose pas. Examinons désormais en quel sens renouvelé la vertu aristotélicienne, rationnelle, peut être dite naturelle.

Naturalité et rationalité de la vertu

Comme le remarque McDowell, « la perspective éthique [d'Aristote] est manifestement naturaliste en un certain sens »[1], en un sens, toutefois, qui implique de ne pas opposer nature et raison, mais de prendre le concept de nature humaine en un sens « normatif » : « La vie d'exercice de l'excellence [c'est-à-dire de la vertu] est la vie qui actualise le plus pleinement les potentialités qui constituent la nature humaine »[2]. C'est la vie qui réalise ce qu'est le bien de l'être humain et le conduit à la vie bonne qu'est l'*eudaimonia.* Dire que la vertu est naturelle, ce n'est pas dire qu'elle n'est pas rationnelle. En effet, la nature du *zoon* qu'est l'être humain est celle d'un être de raison : son existence est à la fois biologique et rationnelle. S'il semble là y avoir une impossibilité dans les termes, c'est uniquement depuis notre perspective dualiste. Au contraire, l'éthique aristotélicienne, partant de l'engagement de l'individu dans la situation concrète, nous présente l'être humain dans son existence rationnelle et concrète. Essayons de préciser en quel sens la vertu, si elle n'est pas biologique en un sens qui voudrait dire extérieure au *logos*, est naturelle.

Rappelons l'origine qu'Aristote assigne à la morale, au début du livre II de l'*Éthique à Nicomaque* :

> Si elle est intellectuelle, c'est en grosse partie à l'enseignement que [la vertu] doit de naître et de croître. C'est précisément pourquoi elle a besoin d'expérience et de temps. Mais si elle est morale, elle est le fruit de l'habitude. C'est même de là qu'elle tient son nom [*êthikê*], moyennant une petite modification du mot *ethos.*

1. J. McDowell, « Two Sorts of Naturalism », *op. cit.*, p. 167.
2. J. McDowell, « The Role of Eudaimonia... », *op. cit.*, p. 19.

> D'où il appert qu'aucune des vertus morales ne nous est donnée naturellement. En effet, rien de ce qui est naturel ne se modifie par l'habitude. Ainsi, la pierre qui se porte naturellement vers le bas ne peut prendre l'habitude de se porter vers le haut, même si on veut la lui faire contracter en la jetant dix mille fois en l'air. On ne peut faire non plus que le feu se porte vers le bas, et aucun comportement naturel ne peut se modifier par l'habitude. Par conséquent, ce n'est pas ni naturellement, ni contre-nature, que nous sont données les vertus. Au contraire, la nature nous a faits pour les recevoir, mais c'est en atteignant notre fin que nous les acquérons, par le moyen de l'habitude [1].

La vertu morale n'est pas engendrée « naturellement » en nous, de même que le sont certaines propriétés physiques possédées par nous ou par les autres objets. On remarque ainsi qu'on aura beau lancer la pierre, elle retombera toujours. C'est donc que le fait de tomber vers le bas relève de la nature de la pierre, de ce que c'est qu'être une pierre. Au contraire, il est possible de devenir vertueux ou vicieux, le caractère se transformant avec l'habitude; c'est donc que la vertu ou le vice ne sont pas des propriétés que nous possédons de manière innée. Certes, on dit parfois d'une personne qu'elle est naturellement courageuse, comme s'il s'agissait là d'une qualité intrinsèque. Mais, comme l'explique Aristote, il faut distinguer entre deux types de courage. Ce qu'il appelle la *vertu naturelle*, c'est-à-dire les traits de caractère ou les inclinations individuelles, ne doit pas être confondu avec la *vertu morale*. Les dispositions que sont les vertus naturelles ne sont encore que des inclinations – qui peuvent être contrecarrées par d'autres expériences – et non des vertus à proprement parler. Elles sont également possédées par les enfants et les bêtes, auxquels elles peuvent d'ailleurs être nocives puisque, dépourvus de raison, ceux-ci ne savent comment les diriger [2]. La vertu véritable, quant à elle, n'est pas une simple disposition mais vise une certaine fin.

1. *EN*, II, 1103a 4-26.
2. *EN*, VI, 1144b2-13.

Mais peut-être la vertu serait-elle naturelle à la manière des cinq *sens* – c'est ce qu'Aristote envisage ensuite. En effet, les sens, quoique relevant de la nature de l'animal en ce qu'ils font partie de son organisme dès la naissance, peuvent être éduqués et transformés par l'habitude : on peut entraîner son œil à voir. Les sens ressemblent en cela à la vertu. Il y a toutefois une différence majeure entre les deux cas. Dans le cas de la vision, on possède d'emblée la faculté, quoique ce soit seulement à l'état de puissance qui doit être actualisée. La capacité précède l'acte qui en est la mise en œuvre, comme en témoigne le fait que l'aveugle de naissance ne peut apprendre à voir. En revanche, dans le cas de la vertu, l'acte précède la capacité. Il ne s'agit pas de perfectionner une faculté en l'exerçant, mais de la constituer en l'exerçant : on *devient* vertueux ou vicieux en faisant des actions. Dès lors, la vertu morale ne peut être naturelle au sens où elle serait uniquement l'effet de notre constitution naturelle, comme les sens.

Ce n'est donc pas « par nature » que la vertu morale est produite, comme si elle était l'expression de certaines de nos propriétés naturelles (en termes modernes, on pourrait dire de nos gènes). Mais ce n'est pas non plus « contre » la nature. Il faut prendre cette précision d'Aristote en son sens littéral : à strictement parler, il serait contradictoire qu'un être possède quelque propriété qui soit contre sa nature [1]. Cette précision pourrait paraître triviale et pourtant elle ne l'est pas : elle nous permet de sortir de l'alternative fermée entre appartenir à la nature et ne pas y appartenir (c'est-à-dire, dans le système dualiste : appartenir soit à l'ordre des raisons soit à celui du surnaturel). Une caractéristique peut ne pas être d'ordre biologique et pourtant être naturelle en un autre sens. Ainsi, si les vertus ne sont pas en elles-mêmes naturelles au sens où elles seraient innées, elles sont naturelles au sens où « la nature nous a faits pour les recevoir ». Il est pour nous inné ou naturel d'être apte à les développer, grâce à

1. En revanche, il peut développer un caractère qui est contre sa fin, puisque l'habitude peut développer des vices aussi bien que des vertus.

l'habitude, dès lors que nous sommes dans les conditions adéquates. Il appartient à notre nature de développer la vertu.

Qu'il acquière la vertu ou le vice va dépendre des habitudes que l'individu va développer. L'habitude a donc un pouvoir immense puisque c'est elle qui modèle la nature de l'individu (en cela elle constitue sa *seconde nature*). C'est ce que suggère Aristote : la vertu morale tirerait son nom *êthikê* (morale) d'une « petite modification du mot *ethos* (habitude) » [1]. Ce que cette étymologie fantaisiste révèle, c'est que les préoccupations morales, lorsqu'elles sont vraiment entendues par l'agent, ne sont pas superficielles, mais constituent proprement son caractère. Ainsi, la vertu est bien naturelle : au sens où, devenue caractère, elle fait partie de ce qu'est l'individu, qui s'y porte de lui-même. Et, en effet, l'attachement qu'on a pour certaines fins n'est plus de l'ordre du choix mais plutôt de l'amour. C'est pourquoi Aristote insiste : « Aussi doit-on avoir été guidé, d'une certaine façon, dès la prime jeunesse [...], de manière à se réjouir et à se chagriner à bon escient. L'éducation correcte, en effet, consiste en cela. » [2] Ce caractère acquis s'exprime avec autant de force et d'immédiateté qu'un trait inné. C'est ce qu'on peut par exemple noter à propos de la personne injuste : « le souhaiterait-il, l'homme qui est injuste ne cessera pas de l'être à ce prix. [...] Il y eut un temps, certes, où il était en son pouvoir [de l']éviter [...], mais au point où il en est, cela ne lui est plus possible » [3]. Tel le malade incurable qui par sa négligence a causé le début de sa maladie, la personne injuste, en développant de mauvaises habitudes, a choisi, de manière irrémédiable, un certain genre de vie. Il est un point où la force de l'habitude est telle qu'il n'est plus possible de faire un autre choix que celui qu'elle propose. C'est pourquoi Aristote affirme, en citant le poète Evénos :

> L'habitude elle-même est difficile à changer, car elle ressemble à la nature, comme le déclare précisément Evénos : « Je te le dis, mon

1. *EN*, II, 1103a17.
2. *EN*, II, 1104b11-13.
3. *EN*, 1114a14-19.

> ami : l'entraînement exige beaucoup de temps et dès lors, pour les hommes, il finit par être leur nature. »[1]

Bien qu'Aristote n'emploie pas lui-même l'expression de seconde nature, on peut admettre que c'est lui être fidèle que de l'employer à son propos, comme le fait McDowell[2]. La vertu morale n'est pas naturelle au sens où elle serait une propriété physique ou biologique de l'être humain, mais au sens où elle est le caractère de l'individu. Acquis par habitude, ce caractère est naturel au sens où les traits qui le constituent possèdent immédiateté et force contraignante. Son caractère éthique en est venu à faire partie de la nature de l'individu. Quant à la sagacité, elle est le fruit de l'instruction. Néanmoins, comme on l'a vu, elle se développe chez un individu en lequel la vertu morale est déjà développée. La mise en œuvre de la sagacité requiert toujours les fins que lui délivre la vertu morale. Ainsi, tant sous l'angle de la vertu morale que sous celui de la sagacité, la vertu est l'engagement dans une certaine forme de vie. Cet engagement commence dès la première éducation qui délivre une connaissance des fins, et se poursuit avec le développement intellectuel de la vertu.

On peut désormais apprécier en ces termes la complémentarité souvent rappelée par Aristote entre vertu morale et sagacité. « La décision ne peut se passer ni d'intelligence et de pensée, ni d'un état moral, car le succès ou son contraire dans l'action ne vont pas sans la pensée et un caractère. »[3] L'une ne va pas sans l'autre, mais plus encore, comme le remarque Pierre-Marie Morel, elles seraient en fait « plus ou moins identifiables l'une à l'autre »[4].

1. *EN*, VII, 1152a31-33. L'occurrence de l'expression chez Cicéron à propos du plaisir (voir *supra*, Introduction) permet de penser que l'expression était déjà proverbiale dans l'antiquité.

2. Voir P.-M. Morel, « L'habitude : une seconde nature ? », dans P.-M. Morel (dir.), *Aristote et la notion de nature : enjeux épistémologiques et pratiques*, Bordeaux, Presses universitaires de Bordeaux, 1997, p. 131-148.

3. *EN*, VI, 1139a34-35.

4. P.-M. Morel, « Vertu éthique et rationalité pratique chez Aristote », *op. cit.*, p. 145.

C'est en effet ce que nous engage à penser la définition de la vertu morale comme *hexis proairetikê*. Dans cette expression, les deux termes apparaissent contradictoires : tandis que l'*hexis* est un état dispositionnel passivement acquis, la *proairesis* désigne une forme de décision intellectuelle. L'adjectif indique que la vertu morale, malgré son caractère dispositionnel est déjà aussi intellectuelle, elle participe déjà de la raison par un côté. Cette formule, suggère Morel, « serait une façon, particulièrement condensée et synthétique, de traduire la double nature, à la fois intellectuelle et dispositionnelle, de la vertu du caractère »[1]. Comme le note également Richard Bodéüs, le rapport entre la partie rationnelle et la partie irrationnelle de l'âme ne doit pas être conçu comme le rapport entre deux choses séparables, mais plutôt à la manière du concave et du convexe[2]. L'éthique aristotélicienne nous invite donc à penser une rationalité qui est en même temps la nature de l'agent moral. Reste toutefois une difficulté centrale : comment cette conception de l'éthique comme possession naturelle de l'agent ne nous enferme-t-elle pas dans le relativisme moral ?

Le non-relativisme d'une éthique de la vertu

Faire de la moralité une vertu, une partie du caractère de l'agent, c'est, semble-t-il, lui donner une base factuelle et contingente et renoncer à l'objectivité et à l'universalité des jugements qu'elle détermine. Comme le note Martha Nussbaum, c'est un point sur lequel s'accordent tant les critiques d'Aristote que la plupart de ses défenseurs[3]. Faire de la vertu quelque chose de naturel, ce serait lui attribuer la factualité brute de ce qui résiste à la raison et s'impose à tous comme un fait de nature. Que ce ne soit certes pas la position qu'entend défendre Aristote, c'est ce que l'on peut facilement établir à partir de ses textes. Le fait qu'il tient certaines lois pour

1. *Ibid.*, p. 147.
2. *EN*, n. 2 p. 95. Cf. *ibid.*, X, 1178a16-19.
3. M. Nussbaum, « Non-Relative Virtues : An Aristotelian Approach », *Midwest Studies in Philosophy*, vol. 13, n°1, 1988, p. 33.

injustes et révisables, remarque Nussbaum, montre en effet qu'il n'attribue pas de valeur intrinsèque à la tradition en tant que telle [1]. Dans l'éthique aristotélicienne, les individus cherchent bien à faire ce qui est juste objectivement et non simplement à « suivre la voie de leurs ancêtres » [2]. Mais le peuvent-ils, dès lors que, pour trouver ce qui est juste, il leur faut d'abord partir de vertus qui leur ont été transmises par leur tradition particulière ? L'éthique aristotélicienne permet-elle de penser des valeurs objectives et universelles ou ne permet-elle que de rendre compte de l'action morale au sein d'une certaine tradition ?

Pour apercevoir la portée universelle de l'éthique d'Aristote, Nussbaum montre qu'il faut distinguer deux étapes au sein de son analyse. Certes, Aristote part de l'expérience éthique propre à sa société particulière, il part des « données connues de nous-mêmes » [3]. Toutefois – c'est la première étape – il n'en reste pas à cette particularité, il ne l'élève pas en prescription. Il dégage en son sein ce que Nussbaum nomme des « sphères d'expérience et de choix » [4] qui, elles, ont une portée universelle. Chacune de ces sphères est un ensemble cohérent d'expériences, lié non pas à la forme particulière de la tradition mais à certains traits de toute vie humaine : par exemple, dans les termes de Nussbaum, « la distribution de ressources limitées » ou « la peur de dommages importants, en particulier de la mort ». Cette peur, par exemple, si elle prend à la fois la forme particulière de certaines valeurs, croyances et rites, se retrouve dans chaque société humaine parce qu'elle est liée à certains faits de la vie humaine, comme la fragilité du corps, la mortalité et le passage du temps, l'impuissance par rapport aux phénomènes naturels et au hasard, l'attachement à certaines personnes et choses.

Ces sphères d'expérience sont aussi des sphères de choix moraux parce que les expériences qui les caractérisent impliquent

1. *Cf.* par ex. le livre II des *Politiques*, cité par Nussbaum, *ibid.*
2. *Ibid.*, p. 40.
3. *EN*, I, 1095b4-8.
4. M. Nussbaum, « Non-Relative Virtues », *op. cit.*, p. 36.

par nécessité de faire des choix qui seront évalués axiologiquement. Prenons par exemple la sphère constituée par le problème de la distribution des ressources. Ce problème est lié à la limitation des ressources dont les êtres humains ont besoin pour vivre et dont il faut faire une distribution juste. La vertu qui consistera à faire le choix qui sera celui du juste milieu à l'égard des problèmes soulevés par la limitation des ressources sera la justice. Or, la justice distributive est définie de diverses manières selon les sociétés : distribution arithmétique, géométrique, en fonction des besoins ou des mérites, etc. C'est à ce moment qu'intervient la deuxième étape de la recherche éthique : la recherche de ce qui constitue la vertu au sein de cette sphère d'expérience. À partir de la définition nominale de la vertu en question (la recherche du juste milieu), on peut en donner une définition positive et prescriptive. Cette partie de la recherche se fait nécessairement dans le contexte d'une société donnée. Mais elle permet également la comparaison de différentes définitions du juste et leur examen critique. Les normes locales traditionnelles sont révisables et peuvent donner lieu à un progrès éthique. Ainsi, d'une définition du juste selon laquelle la distribution est proportionnelle à la puissance, on peut passer à une définition où la distribution est fonction du besoin. En outre, les contours mêmes de la sphère d'expérience peuvent être revus : qui est réputé avoir droit à la justice et être sujet de droit varie selon les sociétés et peut évoluer au sein d'une même société. Par exemple, les sociétés coloniales contemporaines qui se construisirent sur l'institution de l'esclavage excluant une partie de leur population de la sphère de la justice travaillent à intégrer les anciens esclaves et leurs descendants dans le cercle des sujets de droit. Cette extension du cercle de la justice porte en elle-même un enjeu moral, elle est l'objet d'une délibération et d'un désaccord moral au sein de la société [1].

Ainsi, la conception du bien ou du bonheur humain défendue par Aristote est objective « au sens où elle est justifiable en référence

1. Pour une réflexion plus large sur cette question des « frontières de la justice », voir M. Nussbaum, *Frontiers of Justice : Disability, Nationality, Species Membership*, Cambridge (Mass.), Harvard University Press, 2006.

à des raisons qui ne dérivent pas seulement de traditions et de pratiques locales, mais bien de traits d'humanité qui se trouvent dans toutes les traditions locales et peuvent y être aperçus, qu'ils soient ou non reconnus au sein de ces traditions »[1]. Ces invariants, ces traits d'humanité universels, ne sont pas des caractéristiques internes biologiques (comme des gènes propres à l'espèce humaine) ou spirituelles (comme une âme), mais des traits d'une vie humaine dans le monde. Ils ne sont pas fixés dans le marbre mais peuvent changer avec la forme de vie humaine[2]. L'invariance de ces traits au-delà de leur mise en œuvre particulière selon les sociétés est ce qui fait que nous pouvons être émus par les situations morales appartenant à une société qui nous est totalement étrangère, comme celles que présente la tragédie grecque. Bien qu'elles prennent place dans une société totalement différente de nos sociétés contemporaines, les situations qui sont mises en scène dans la tragédie, précisément, ne nous demeurent pas étrangères mais peuvent nous émouvoir moralement[3]. L'éthique aristotélicienne, bien qu'elle ne prescrive pas un contenu à des normes de portée universelle, permet donc de penser l'universalité de la morale. Cette universalité est ancrée dans la particularité de la vie humaine et ne passe pas par l'abstraction de principes moraux.

L'éthique aristotélicienne permet donc d'approcher un autre entrelacs des concepts de nature et raison que celui proposé par la conception dualiste. La rationalité éthique, telle que la met en lumière Aristote, est ancrée dans la vie de l'agent. Par là, on ne veut pas dire qu'elle est un fait biologique qui déterminerait ses actions, par opposition à une décision rationnelle. Il faut faire la place à une autre forme de naturalité : en tant que vertu, elle fait partie de la vie de l'individu, elle est son caractère, là où des principes

1. M. Nussbaum., « Non-Relative Virtues », *op. cit.*, p. 33.

2. Sur le concept de forme de vie, voir *infra*, chap. v.

3. M. Nussbaum, *The Fragility of Goodness : Luck and Ethics in Greek Tragedy and Philosophy*, London, Cambridge University Press, 1986 ; trad. fr. G. Colonna d'Istria et R. Frapet, *La fragilité du bien : fortune et éthique dans la tragédie et la philosophie grecques*, Paris, L'Éclat, 2016.

formels resteraient, par leur formalité même, extérieurs à l'agent dans sa particularité. L'action morale est donc fondamentalement un engagement dans une situation de la part d'un agent concret. Or, d'après McDowell, cette conception aristotélicienne de la rationalité pratique s'étend à la rationalité en général [1]. Toutefois, faire ce pas ne va pas de soi. En effet, Aristote lui-même insiste largement sur la spécificité du domaine de l'action, où l'on n'a affaire qu'à du contingent et pour lequel aucun principe n'est disponible, de sorte que l'action vertueuse passe par l'acquisition d'un caractère éthique. Mais il n'en va pas de même pour les usages théoriques de la raison. Que ce soit en mathématiques ou pour l'argumentation en général, on dispose de principes rationnels. Nous allons maintenant montrer que la résistance que les penseurs contemporains manifestent à l'égard de la lettre de l'éthique aristotélicienne provient d'une résistance plus profonde à la conception de la rationalité qu'elle implique. L'analyse wittgensteinienne de ce qu'est suivre une règle fait apparaître la conception aristotélicienne de la vertu comme un cas particulier d'une remise en cause plus fondamentale d'une certaine conception de la rationalité.

1. *EM*, p. 118.

CHAPITRE II

L'HISTOIRE NATURELLE DE L'ÊTRE HUMAIN : DANS LE SILLAGE DE WITTGENSTEIN

McDowell suggère que la résistance que les penseurs contemporains manifestent à l'égard de la lettre de l'éthique aristotélicienne provient d'une résistance plus profonde à la conception de la rationalité qu'elle implique. Cette résistance est basée sur « le préjugé [...] selon lequel agir à la lumière d'une conception spécifique de la rationalité doit être explicable à partir d'un principe universel, formulable, qui puisse nous guider » [1]. Les analyses wittgensteiniennes de ce qu'est suivre une règle remettent en cause de manière fondamentale cette conception et ouvrent à une conception de la rationalité où celle-ci n'est pas prise dans un dualisme avec la nature. De vifs débats ont opposé et continuent d'opposer les lecteurs de Wittgenstein sur l'interprétation de son analyse de ce qu'est suivre une règle. Comme nous le verrons dans un premier temps, en un sens, les commentateurs s'accordent sur beaucoup de choses : sur le fait que Wittgenstein remet en cause une conception métaphysique de la signification et montre que « nous devons situer notre conception de la signification et de la compréhension dans le cadre de pratiques communes » [2]. La signification est liée à des pratiques, elle émerge au sein d'une communauté de locuteurs. Mais tout se complique dès lors qu'on précise en quel sens il faut comprendre cela. Quel rôle, quel sens accorder aux pratiques? Comment concevoir l'accord sur la signification qui en résulte? Une grande incertitude règne non seulement sur l'identification de la solution proposée, mais encore

1. J. McDowell, « Virtue and Reason », *op. cit.*, p. 58.

2. J. McDowell, « Wittgenstein on Following a Rule », in *Mind, Value, and Reality*, *op. cit.*, p. 221-261, ici p. 243.

sur la nature du problème soulevé. L'une des lectures les plus influentes a sans doute été celle donnée par Saul Kripke, selon laquelle Wittgenstein met au jour un « paradoxe sceptique »[1]. Nous soutiendrons, avec McDowell et Laugier[2] notamment, que le paradoxe apparent sur la signification n'en est pas un. Comprendre cela impliquera de prendre la mesure de l'attention originale mais peu remarquée jusqu'à présent que Wittgenstein accorde à la vie, à la nature humaine. Il décrit son travail comme des remarques sur l'« histoire naturelle » des êtres humains. Il nous invite ainsi à penser la rationalité comme s'inscrivant dans une vie. Pour pouvoir donner sens à ces remarques sur la nature et la vie humaines, il faut comprendre ces deux concepts en un sens qui ne les opposent pas à la rationalité, à une pleine entente de la règle comme lieu de la normativité. L'analyse wittgensteinienne nous montre en quel sens il est naturel de suivre les normes, en un sens de naturel qui ne s'oppose pas à social ni rationnel.

La mythologie de la machine rigide

Suivre une règle, c'est comprendre ce qu'elle prescrit et l'appliquer au cas présent. Il y a un lien interne entre la règle et l'action faite suivant la règle. Mais en quoi consiste cette connexion ? Qu'est-ce que cela veut dire que la règle « détermine »[3] ses applications ?

> Tu étais donc tenté d'employer des expressions du genre : « Les passages sont en vérité [*eigentlich*] déjà effectués avant même que je ne les effectue par l'écrit, la parole ou la pensée. » Et ces passages semblaient être prédéterminés, anticipés, d'une manière

1. S.A. Kripke, *Wittgenstein on Rules and Private Language : An Elementary Exposition*, Oxford, Blackwell, 1982 ; trad. fr. T. Marchaisse, *Règles et langage privé : introduction au paradoxe de Wittgenstein*, Paris, Seuil, 1996.

2. S. Laugier, « Où se trouvent les règles ? », dans S. Laugier, C. Chauviré (dir.), *Lire les « Recherches philosophiques »*, Paris, Vrin, 2006, p. 131-156.

3. *RP*, § 189.

> unique en son genre, – comme seule la compréhension [*meinen*] peut anticiper la réalité [1].

L'anticipation d'un effet n'a pas de force contraignante sur sa réalisation : il est bien possible qu'un enfant qui a fait une bêtise anticipe une réprimande qui ne vient pas parce que ses parents ont d'autres soucis en tête. L'anticipation propre à la signification se distinguerait sur ce point : la signification ne créerait pas seulement une attente, elle semble « en vérité » ou « effectivement » déterminer ce que sera la réalité. Ainsi, si je dis « ajoute 2 à 7 » : le résultat doit nécessairement être 9, c'est ce à quoi nous contraint la signification du signe "+" et les chiffres en jeu. Cette contrainte déterminant les usages futurs semble à première vue pouvoir être conçue comme une « machine ultra-rigide quoique [...] éthérée » [2], des sortes de rails mentaux [3]. Dans cette perspective, explique McDowell, la saisie de la règle est « un mécanisme psychologique [...] garantissant que nous restions sur le droit chemin », tandis que « les rails – ce sur quoi nous engageons nos roues mentales quand nous en venons à saisir les règles – sont objectivement là » [4]. Toutes les actions d'une machine semblent être contenues dans la machine elle-même, la valeur de la machine résidant précisément dans le fait que le résultat est (sauf en cas de panne) fixé d'avance par l'agencement des rouages. On peut donc par exemple anticiper toutes les actions d'une machine à riveter insérée dans une chaîne : pour les rivets n et n + y, l'action sera toujours la même, le rivet sera fixé au même endroit sur la plaque. De même, l'image des rails permet de penser une prolongation à l'infini du mouvement selon une direction rigide.

1. *RP*, § 188.

2. J. McDowell, « Wittgenstein on Following a Rule », *op. cit.*, p. 230. Cf. *RP*, § 193-194 ; L. Wittgenstein, *Zettel*, Oxford, Blackwell, 1967 ; trad. fr. J.-P. Cometti et É. Rigal, *Fiches*, Paris, Gallimard, 2008, p. 296.

3. Cf. *RP*, § 218.

4. J. McDowell, « Virtue and Reason », *op. cit. Cf.* aussi « Non-Cognitivism and Rule-Following », in *Mind, Value, Reality*, *op. cit.*, p. 198-218 ; trad. fr. J.-P. Narboux, « Non-cognitivisme et règles », *Archives de Philosophie*, vol. 64, n°3, 2001, p. 463.

La pensée serait mue par des mécanismes mentaux avançant sur le rail objectif de la règle, indépendant de la saisie que nous en faisons.

Cependant, l'idée que la contrainte imposée par la règle est du même genre que celle imposée par un mécanisme est d'abord décrédibilisée par la conception de la machine qui s'y voit mise en œuvre. Cette conception n'est ni plus ni moins que mythologique. En effet, si le résultat escompté de l'action d'une machine à riveter est doté d'une très grande probabilité, celle-ci n'est pas 1 : l'utilisateur de machines réelles sait qu'il faut prendre en compte le fait qu'« elles peuvent se tordre, se briser ou fondre, etc. »[1]. De même, l'idée de rails continuant à l'infini est un pur fantasme. Wittgenstein met au jour l'application frauduleuse de ce fantasme à notre conception des règles grâce à un exemple portant sur ce que c'est que poursuivre une suite mathématique. Considérons, comme nous y invite le paragraphe 185 des *Recherches*, la suite n + 2. Continuer la suite n + 2 à partir de 1000 (suivre cette règle) consistera à écrire : 1002, 1004, 1006, etc. La règle donne *un critère de correction* pour agir et pour juger de l'action. Si donc l'élève écrit 1004 au lieu de 1002, je vais lui dire qu'il n'a pas suivi la règle et, s'il comprend la règle, il va de lui-même corriger son erreur. Toutefois, on peut très bien imaginer que l'élève continue la suite ainsi : 1004, 1008, 1012, etc., et que, alors même que j'attire son attention sur l'erreur, il ne la voie pas. Le problème est alors autrement plus difficile : il semble que l'élève et moi comprenions différemment la règle et que nous l'appliquions différemment. Car le comportement de l'élève n'est pas en soi inintelligible ; il peut en effet être rapporté à la règle suivante : « Ajoute 2 jusqu'à 1000, 4 jusqu'à 2000, 6 jusqu'à 3000, etc. »[2]. Or, une fois le désaccord exprimé, s'il maintient sa réponse, je ne trouve pas de critère pour lui indiquer ce qu'est la règle juste et l'en convaincre. Quel est le critère me permettant de justifier que la manière dont j'entends la règle est la bonne, excluant de fait la sienne ?

1. *RP*, § 193.
2. *RP*, § 185.

Ce cas montre que la règle mathématique, contrairement à des rails qui déterminent la direction de la locomotive qui les emprunte, n'indique pas d'elle-même son mode d'application à tout nouveau cas. Les mathématiques permettent une analyse simplifiée, dans la mesure où, dans leur cas, la question de la correction d'un concept empirique par rapport à l'état du monde qu'il décrit ne se pose pas [1]. En outre, les règles à partir desquelles elles sont construites (des concepts et des règles d'engendrement) sont explicitées, ce qui n'est généralement pas le cas du langage ordinaire. Si donc, même en mathématiques, la règle ne peut être conçue comme une détermination rigide, il semble bien qu'elle ne le sera nulle part. Cependant, la réfutation de la conception mythologique de la règle nous laisse dans l'embarras. En effet, cette conception contenait au moins un élément juste, le fait que la règle contraint les usages futurs qu'on en fait. Il semble bien que dans cette contrainte réside le sens même de l'idée de règle. Si l'on ne peut en rendre compte sur le modèle de rails, il faut donc trouver à en rendre compte d'une autre manière. C'est à cet endroit que vont s'élever les divergences entre commentateurs.

Quel est le paradoxe de la règle ?

La conclusion que semble nous imposer l'argument précédent – c'est ainsi que se poursuit le raisonnement de Wittgenstein – c'est que, si la règle n'est pas donnée d'emblée, elle doit requérir une interprétation. Si la suite n + 2 ne donne pas par elle-même de critère de correction, il faut qu'une certaine interprétation en fournisse un, qui détermine que, dans ces circonstances, c'est de cette manière-ci et non de celle-là que je dois prolonger la suite. Comme le remarque McDowell, cette idée paraît « prometteuse car elle assure nous permettre d'attribuer à des choses en elles-mêmes normativement inertes le pouvoir dérivatif d'imposer une classification normative

1. *Cf.* J. McDowell, « Meaning and Intentionality in Wittgenstein's Later Philosophy », in *Mind, Value, and Reality*, *op. cit.*, p. 263-278, p. 264.

à des choses du monde hors de l'esprit »[1]. L'interprétation de la règle réintroduit la normativité qu'on ne parvient pas à trouver dans la règle elle-même ; elle détermine quelle est *la bonne* entente de la règle. Cependant, la promesse est trompeuse, car un critère est en soi une règle d'application. Par conséquent, l'interprétation qui donne le critère requiert elle-même une interprétation. Loin de parvenir à fonder la normativité à partir de l'interprétation, on ne fait que tomber dans une régression. Le contre-exemple de la suite mathématique semble donc nous faire aboutir au « paradoxe » suivant :

> Notre paradoxe était celui-ci : Une règle ne pourrait déterminer aucune manière d'agir, étant donné que toute manière d'agir peut être mise d'accord avec la règle. La réponse était : Si tout peut être mis en accord avec la règle, alors tout peut aussi la contredire. Et de ce fait, il n'y aurait donc ni accord ni contradiction[2].

Différentes interprétations d'une règle peuvent entrer en concurrence, au point que « toute manière d'agir peut être mise d'accord avec la règle » selon une certaine interprétation. En effet, on peut – en théorie du moins – trouver une fonction mathématique qui correspondra à n'importe quelle manière de continuer la suite. Or, puisqu'aucune interprétation ne peut se prévaloir de son bon droit contre les autres, toutes les interprétations se valent. La règle pourra signifier différentes choses pour différentes personnes ou à différents moments. Il n'y a plus de critère permettant d'établir l'accord ou la contradiction. Dès lors, on a perdu l'idée même de règle. Nous voici donc face à ce qui semble être un « paradoxe sceptique », selon la formulation célèbre de Kripke.

Que reste-t-il alors ? Pour rendre compte de mon application de la règle, je me contente d'indiquer que c'est comme cela que je fais, impliquant par là que c'est comme cela que l'*on* fait, en répondant : « J'ai été dressé à réagir à ce signe d'une façon bien déterminée, et maintenant j'y réagis ainsi »[3]. Cette réponse s'apparente à première

1. *Ibid.*, p. 265.
2. *RP*, § 201.
3. *RP*, § 198.

vue à un rejet pur et simple de la question. Au lieu de justifier mon usage, je renvoie à la facticité de son acquisition. Aussi Wittgenstein s'objecte-t-il à lui-même qu'en faisant référence au dressage reçu, on ne donne apparemment qu'une explication causale qui n'atteint pas la signification en ce qu'elle est normative : « Mais tu n'as indiqué qu'un enchaînement causal; tu as seulement expliqué comment il se fait que maintenant nous nous dirigeons d'après le panneau indicateur, et non en quoi suivre-le-signe consiste vraiment ». Or, quand je prétends appliquer une règle et affirme la comprendre, ce n'est pas sur une connexion causale que je m'appuie : je pense m'appuyer sur de bonnes *raisons*. Je n'entends pas seulement prononcer un énoncé descriptif : « c'est comme cela que j'ai toujours fait » ou « c'est comme cela que les gens font », mais un énoncé prescriptif : « c'est comme cela que l'on fait », signifiant « c'est comme cela que l'on *doit* faire » ou « c'est *la bonne* manière de faire ». Je revendique la justesse de la règle que j'applique.

Cependant, ajoute Wittgenstein, « j'ai également indiqué qu'on ne se dirige d'après un panneau indicateur que pour autant qu'il existe un usage constant, une coutume ». Il est implicite dans cette remarque, puisqu'elle est présentée comme une réponse, que la notion de coutume ou d'« usage constant » doit pouvoir être conçue autrement que comme un processus strictement causal et qu'elle apporte une dimension normative. Certes, toute forme de dressage (que ce soit le dressage d'un animal ou l'éducation d'un enfant) présente une dimension causale. Ainsi, la répétition est cruciale pour que l'enfant apprenne des tables de multiplication par cœur ou des règles de discipline. Mais en participant à une coutume, c'est-à-dire à un usage social qui existe au-delà de lui, Wittgenstein suggère que l'individu acquiert plus que cette détermination causale. Dire que « suivre une règle, transmettre une information, donner un ordre, faire une partie d'échecs sont des *coutumes* (des usages, des institutions) » [1] permettrait donc de rendre compte de ce qu'est suivre une règle. Mais en quel sens ?

1. *RP*, § 199.

D'après Kripke, les coutumes fournissent une solution au paradoxe sceptique qu'il identifie, selon lequel il n'y a pas de « fait » de la signification et que, pourtant, quand nous signifions quelque chose, nous entendons bien nous conformer à un critère de correction[1]. Sa solution est « sceptique » : si l'on ne peut dégager de conditions de justification au niveau individuel, on peut retrouver la signification au niveau de la collectivité. Une autorité en troisième personne permet de penser la correction de la signification projetée au-delà de l'autorité du sujet lui-même. Celle-ci n'est cependant plus que l'expression d'un accord des membres de la communauté. Les conditions de justification sont remplacées par des conditions d'assertion. Toutefois, comme le montre notamment Wright, la solution de Kripke pour rendre compte de la signification échoue[2]. En effet, l'argument sceptique est réitérable contre l'interprétation issue de l'accord communautaire qui constitue la supposée solution. Les conditions d'assertion au niveau communautaire n'échappent pas à l'argument qui a mis à mal l'idée de compréhension individuelle : « il n'y a pas de vérité quant aux conditions d'assertion que chacun de nous associe individuellement à une phrase particulière ni, *a fortiori*, aucune vérité à propos d'une association commune »[3]. Une vérité ne peut pas davantage émerger de la convergence des inclinations que de l'inclination individuelle. On ne peut pas davantage à ce niveau établir de différence entre avoir raison et avoir l'impression d'avoir raison. En fait, comme l'explique McDowell, en accord sur ce point avec Wright,

> [l]e paradoxe que Wittgenstein formule au 201 n'est pas, comme le suppose Kripke, le simple « paradoxe » que, si nous considérons un individu isolé, nous n'avons pas les moyens de donner un sens à la notion de signification (menace que nous pourrions désamorcer en

1. S.A. Kripke, *Règles et langage privé*, *op. cit.*, p. 85 *sq.*

2. C. Wright, « Kripke's Account of the Argument against Private Language », in *Rails to Infinity*, Cambridge (Mass.), Harvard University Press, 2001, p. 91-115, p. 105-106.

3. *Ibid.*, p. 105.

> faisant appel à l'idée de communauté de langage). C'est le paradoxe authentique et dévastateur que la signification est une illusion [1].

Autrement dit, Kripke définit l'accord sur les règles comme des conditions d'assertion délivrées par la communauté. Mais la notion même de communauté présuppose la possession d'un langage commun dans lequel il est possible d'élaborer l'accord. Elle présuppose ce qu'elle est censée fonder : des significations. La communauté ne dispose d'aucune méthode pour comparer le consensus obtenu à de prétendus faits indépendants de toute ratification. La solution communautaire ne permet donc pas, contrairement à ce que croit Kripke, d'endiguer la perte de sens du langage. Wright et McDowell, toutefois, se séparent sur la réponse à apporter à ce résultat. Alors que le paradoxe est bien réel pour le premier, il n'est qu'apparent pour le second. Leur divergence met en lumière le sens qu'il faut accorder aux pratiques, plus précisément en quel sens elles sont, pour le sujet de langage, naturelles.

Pratiques et interprétation

Wright et Kripke partagent deux présupposés fondamentaux (eux-mêmes liés) : d'une part, par la réfutation de la conception de la règle comme norme transcendant ses usages, Wittgenstein aurait indiqué que suivre une règle implique une interprétation ; d'autre part, Wittgenstein lui-même ne serait pas allé au bout des conséquences de son analyse, se contentant d'adopter une position « quiétiste » [2]. L'appellation de quiétisme, dans la philosophie anglophone contemporaine, quoique sans lien direct avec le mouvement chrétien du XVIIe siècle, en reprend les connotations. Les quiétistes sont des mystiques qui prônent l'inaction, la passivité pour atteindre dans cette vie la contemplation de Dieu. De même, Wittgenstein, après avoir détruit les faux fondements de la confiance que nous avons dans les règles, s'installerait dans la passivité au lieu de

1. J. McDowell, « Wittgenstein on Following a Rule », *op. cit.*, p. 243.

2. C. Wright, « Excerpts from a Critical Study of Colin McGinn : Wittgenstein on Meaning », in *Rails to Infinity*, *op. cit.*, p. 143-169, ici p. 169.

s'atteler à la tâche de montrer d'où les règles tirent leur normativité. La motivation qu'aurait eue Wittgenstein pour embrasser un tel quiétisme et s'arrêter dans sa recherche demeure néanmoins assez mystérieuse. Robert Brandom le qualifie de « quiétiste théorique par principe »[1]. La formule est révélatrice d'un manque d'arguments : si un véritable principe raisonnable était à la source de ce refus, alors il devrait être examiné mais il n'est jamais exhibé par les critiques. Dès lors, l'apparent refus wittgensteinien de construction philosophique ressemble à de l'entêtement, un refus « par principe » en un sens qui ne signifie rien d'autre que par préjugé. Par suite, chacun de ces auteurs reprend le problème là où l'a soi-disant laissé Wittgenstein et propose une manière de déterminer quelle est la bonne interprétation de la règle. Nous allons au contraire soutenir, avec McDowell, que Wittgenstein a montré où résidait la normativité des règles par son rejet même de la dimension d'interprétation et son renvoi à la nature et à la coutume et que, par suite, sa position n'appelle aucune construction théorique supplémentaire.

C'est « à juste titre », reconnaît McDowell, « que [Wright, la remarque vaut aussi pour Kripke] recule devant la mythologie de la machine ultra-rigide – devant l'idée que les schémas s'étendent d'eux-mêmes, sans limite, au-delà de tout point auquel nous les menons »[2]. Mais cela implique-t-il de se réfugier dans l'idée d'interprétation, qui entraîne irrémédiablement la recherche du critère de l'interprétation juste ? La conclusion de Wittgenstein face au prétendu paradoxe du 201 est la suivante : « Ce que nous montrons par là est précisément qu'il y a une saisie d'une règle qui n'est *pas* une *interprétation* »[3]. Loin de tenir l'idée d'interprétation pour le dernier mot de l'affaire, il affirme qu'il s'agit d'un « malentendu ».

1. R.B. Brandom, *Making it Explicit : Reasoning, Representing and Discursive Commitment*, Cambridge (Mass.), Harvard University Press, 1994 ; trad. fr. I. Thomas-Fogiel (dir.), *Rendre explicite : raisonnement, représentation et engagement discursif*, Paris, Le Cerf, 2010, p. 102.

2. Sur l'opposition entre Wright et McDowell, *cf.* M. McGinn, « Wittgenstein and Naturalism », *in* M. De Caro, D. Macarthur (eds.), *Naturalism and Normativity*, *op. cit.*, p. 322-351.

3. *RP*, § 201.

Contre l'idée d'interprétation, McDowell en appelle à « regagner un peu de bon sens : les gens qui prennent part à la pratique pertinente sont informés par les panneaux indicateurs eux-mêmes, non par les panneaux indicateurs sous une interprétation »[1]. Dans le cas habituel, quand nous suivons une règle, ce n'est pas après avoir fait un choix entre plusieurs hypothèses sur son sens. Saisir la règle ne revient à l'interpréter que dans un cas bien spécifique, celui où l'on substitue une formulation de la règle à une autre, généralement à des fins d'explicitation. Or, dans un tel cas, l'interprétation ne nous donne pas la règle : on part de la règle. L'idée d'interprétation ne peut servir à penser la saisie d'une règle en général puisqu'elle présuppose la règle. Mais McDowell va plus loin : la conception de la compréhension comme interprétation n'est qu'un malentendu, cela signifie que cette conception ne peut marquer un point d'arrêt à la régression. Le fait qu'on en arrive à une régression signale au contraire que le problème est *mal posé*. Le prétendu paradoxe sceptique est donc un faux problème. D'après McDowell, l'idée d'interprétation a ici un rôle seulement polémique : il ne faudrait la prendre au sérieux que « s'il n'y avait d'autre option que le paradoxe et les idées dont Wittgenstein se moque »[2]. Pourquoi l'idée d'interprétation semble-t-elle malgré tout s'imposer ?

Wright reconnaît que nous n'avons normalement pas besoin d'interpréter pour comprendre. Il admet volontiers qu'en général les autres manières de continuer ne nous viennent pas à l'esprit et que c'est sans hésitation que nous continuons. « Néanmoins, ce que nous tenons pour le fait de suivre la règle impliquera une interprétation, en ce sens que nous sélectionnerons, peut-être de manière inconsciente, parmi les hypothèses se présentant comme pouvant être celles qu'appliquent les autres utilisateurs du langage, celle que nos enseignants entendent que nous appliquions. »[3] La notion d'interprétation mobilisée par Wright vise donc à exprimer la

1. J. McDowell, « How Not to Read "Philosophical Investigations" : Brandom's Wittgenstein », in *The Engaged Intellect*, *op. cit.*, p. 96-111, ici p. 104.

2. J. McDowell, « Wittgenstein on Following a Rule », *op. cit.*, p. 238.

3. C. Wright, Wittgenstein on the Foundations of Mathematics, *op. cit.*, p. 23.

double contrainte qui pèse sur la signification et que Wittgenstein a mise au jour : on doit pouvoir penser la notion de correction interne à la signification, tout en rendant compte du fait que la règle peut, sans contradiction, être entendue de diverses manières. Il en va de même du concept de décision, parfois mobilisé par Wittgenstein, et qui tient dans cette analyse un rôle proche de celui d'interprétation. L'idée de décision s'oppose à celle d'une saisie immédiate de la signification en signalant l'intervention nécessaire du sujet.

Il est indéniable que les notions d'interprétation et de décision tiennent un rôle dans les écrits de Wittgenstein. À plusieurs reprises, celui-ci propose le terme sans le révoquer immédiatement après comme il le fait au § 201 des *Recherches*. Par exemple :

> Au lieu de dire qu'en chaque point une intuition est nécessaire, il serait presque plus correct de dire qu'en chaque point une nouvelle décision est nécessaire. (*RP*, § 186)
>
> « J'ai un concept déterminé de la règle. Si on la suit en ce sens, de ce nombre, on ne peut passer qu'à celui-ci. » C'est là une décision spontanée. (*RFM*, VI, § 24) [1]

Dans ces passages, Wittgenstein met en parallèle deux manières apparemment exhaustives de saisir la règle : « grâce à une capacité intuitive » ou grâce à une capacité « interprétative » [2]. Soit la règle est saisie immédiatement, par une forme d'intuition, soit médiatement, par le biais d'une d'interprétation ou décision. Or, il a réfuté le modèle selon lequel la saisie de la règle prend la forme de l'intuition d'une essence transcendante (analogue à des rails). Par conséquent, cette saisie doit apparemment être conçue comme interprétative, faute de quoi l'idée même de règle devra être abandonnée comme une illusion. Ainsi, d'après Wright, Wittgenstein suggère qu'« il pourrait être préférable, pour décrire les plus basiques de nos réponses gouvernées par des règles, de les concevoir comme

1. L. Wittgenstein, *Bemerkungen über die Grundlagen der Mathematik*, in *Schriften*, t. 6, Frankfurt am Main, Suhrkamp, 1974 ; *Remarques sur les fondements des mathématiques*, trad. fr. Marie-Anne Lescourret, Paris, Gallimard, 1983 (désormais *RFM*).

2. C. Wright, « Excerpts from a Critical Study », *op. cit.*, p. 158.

informées non par une *intuition* (des exigences de la règle) mais comme un genre de *décision* »[1]. Ces autres occurrences pourraient indiquer que ce que Wittgenstein critique, au § 201, ce n'est pas l'idée d'interprétation en elle-même, mais seulement un certain usage qui en est fait.

Si l'on accorde foi à l'idée d'interprétation, c'est donc parce que la seule voie alternative qui semble se présenter n'est pas satisfaisante. Voici comment McDowell résume le dilemme :

> Le problème de Wittgenstein est de louvoyer entre Scylla et Charybde. Scylla est l'idée que la compréhension est toujours une interprétation. Cette idée est désastreuse, car elle nous confronte au dilemme exposé [...] ci-dessus : le choix entre, d'un côté, l'idée que la signification n'a pas de substance et, de l'autre, la mythologie fantastique [voir *RP*, § 221] de la machine ultra-rigide. Nous pouvons éviter Scylla en renvoyant au fait que, par exemple, appeler quelque chose « vert » peut être comme crier « à l'aide ! » quand on se noie [*RFM*, VI, § 35] – c'est simplement la manière dont on a appris à réagir à la situation. Mais quand on se risque à mettre le cap sur Charybde (la conception d'un niveau de base auquel il n'y aurait pas de norme), [...] alors on ne peut empêcher que la signification en vienne à apparaître comme une illusion[2].

Le point crucial, souligne McDowell, est de remarquer que concevoir la compréhension de la règle comme une interprétation ou la concevoir comme un processus mécanique ne sont jamais que les deux faces d'une même idée (Scylla). En effet, dans les deux cas, il est présupposé que la signification reçoit sa substance d'une instance extérieure : soit une interprétation soit un universel contraignant. Mais il paraît tentant de mettre le cap sur Scylla dès lors que l'on contemple la voie alternative, Charybde : rendre compte de ma compréhension en renvoyant au simple fait de mon apprentissage, au fait que c'est « la manière dont on a appris à réagir

1. *Ibid.*, p. 160.

2. J. McDowell, « Wittgenstein on Following a Rule », *op. cit.*, p. 242. Également dans « Virtue and Reason », *op. cit.*, p. 64 ; « Non-cognitivisme et règles », *op. cit.*, p. 469-470, sous des formes légèrement différentes.

à la situation ». Car une telle explication causale revient à rejeter toute justification et vide la compréhension de sa substance. Si l'on veut éviter Charybde sans accepter une conception platoniste de la signification, il semble qu'il n'y ait d'autre issue que d'en passer par la recherche de l'interprétation juste de la règle.

Est-il vrai toutefois que Wittgenstein offre les concepts de décision ou d'interprétation comme une voie alternative à celui d'intuition pour penser la saisie de règle, dans les passages cités par Wright et rappelés ci-dessus ? En fait, il apparaît clairement que la notion de décision mobilisée dans ces passages pour penser le suivi de la règle ne doit pas être prise en son sens ordinaire. Cela, Wright l'admet involontairement quand il parle d'un « genre de » décision. Mais même ainsi, il n'est pas certain qu'il y ait un sens à dire que la saisie des règles soit un genre de décision. Ainsi, Wittgenstein précise dans le passage qui suit la dernière citation :

> Quand je dis : « Je décide spontanément », naturellement cela ne signifie pas : je réfléchis au nombre qui conviendrait le mieux ici, et me décide ensuite pour… (*RFM*, VI, § 24)

Ces lignes indiquent que le concept de décision n'est pas pris en son sens ordinaire. En réalité, il est seulement mobilisé comme un concept opératoire au cours de la recherche, pour faire obstacle à la notion d'intuition et réintroduire les aspects du suivi de la règle évacués par elle. Quand on a rejeté l'idée que la saisie de la règle est une intuition, l'hypothèse qui nous vient est qu'elle doit être une forme de décision ou d'interprétation. Mais, contrairement à ce que suggère Wright, cette idée ne peut davantage être le dernier mot. Le suivi de la règle ne peut pas *non plus* être une forme de décision ou d'interprétation. Wittgenstein, après qu'il – ou plutôt que *l'une* des voix qui mènent la recherche – a avancé cette hypothèse, se ravise. Il ne l'a d'ailleurs jamais vraiment traitée comme une hypothèse sérieuse. En effet, il l'évoque généralement au conditionnel, comme au paragraphe 186 des *Recherches* cité plus haut : « il serait presque plus correct » de parler d'interprétation que d'intuition. Cela sous-entend que, bien évidemment, ce *n*'est *pas* correct. Wittgenstein ne varie pas par rapport au paragraphe 201, où il dit finalement qu'« il y a une appréhension de la règle qui *n'est pas* une interprétation ». Il y a quelque chose de vrai dans l'idée d'interprétation là où elle s'oppose à celle d'intuition ; mais suivre la règle ne peut revenir à faire une interprétation car la règle s'impose à nous.

Le paragraphe 213 des *Recherches*, que Wright cite pourtant à l'appui de sa lecture, nous permet d'aller en ce sens, et montre en même temps l'ambiguïté créée par le jeu des différentes voix au sein des *Recherches* :

> « Mais le début de cette suite se prêtait manifestement à diverses interprétations (par exemple au moyen d'expressions algébriques), et il fallait donc que tu aies d'abord choisi l'*une* d'elles. » – *Pas du tout !* [nous soulignons] Le doute était possible dans certaines circonstances. Mais *cela ne veut pas dire que j'ai douté, ni même que j'aurais pu le faire.* [Nous soulignons] (Cela est en rapport avec ce qu'il y a à dire de l'« atmosphère » psychologique d'un processus.)
>
> L'intuition était-elle seule à pouvoir dissiper ce doute ? – S'il s'agit d'une voix intérieure – comment sais-je *de quelle manière* je dois la suivre ? Et comment sais-je qu'elle ne me fourvoie pas ? Car si elle peut me mettre sur la bonne voie, elle peut aussi me fourvoyer. (L'intuition, un subterfuge inutile.)

La difficulté est que ce paragraphe ne donne pas de réponse définitive, n'accorde pas de victoire univoque à l'hypothèse de l'intuition sur celle de l'interprétation ou vice-versa (et qu'il ne propose pas non plus de troisième voie). C'est dans cette brèche que Wright trouve à s'engouffrer. L'idée qu'il faille faire intervenir une intuition pour rendre compte de la certitude avec laquelle la règle s'impose à moi est révoquée. En effet, l'intuition est un « subterfuge inutile » car il me faut encore un critère pour déterminer si l'intuition est véridique ou illusoire. Elle a encore besoin d'une interprétation. Pourtant, au début du paragraphe, l'idée que la saisie de la règle est une forme d'interprétation a également été rejetée. Si l'interprétation est possible, elle n'intervient que s'il y a un doute quant à la manière de suivre la règle, ce qui présuppose des circonstances bien particulières. Dans le cas général, la règle s'impose à moi sans interprétation. Pourquoi Wright pense-t-il que la solution se trouve néanmoins dans la notion d'interprétation ? C'est parce qu'il part du principe que la saisie de la règle ne peut être que de l'une ou l'autre forme. La conséquence qu'il faut tirer du paragraphe 213 semble bien plutôt être que le choix binaire (les deux faces de Scylla) auquel on est apparemment contraint est un faux choix : la saisie de la règle n'est ni une intuition ni une interprétation.

Mais comment échapper alors à notre situation précaire, entre Charybde et Scylla ? Il y a bien une autre option, vers laquelle nous invite à nous tourner Wittgenstein, après nous avoir montré l'impasse que constitue la régression des interprétations. Il suffit, explique McDowell, de « renvoyer au fait que, par exemple, appeler quelque chose "vert" peut être comme crier "à l'aide !" quand on se noie [*RFM*, VI, § 35] – c'est simplement la manière dont on a appris à réagir à la situation » [1]. Comment justifie-t-on ce que l'on fait, ce que l'on veut dire, si l'on ne peut renvoyer à un fait de la signification indépendant de nos usages particuliers et qui nous met tous d'accord ? Au bout d'un moment, tentant de convaincre l'autre, « j'ai épuisé les justifications, j'ai atteint le roc dur et ma bêche se retourne » [2]. Ma bêche se retourne car je ne trouve plus de justification, et je bute sur le fait de mon apprentissage. Je me contente d'indiquer que c'est comme cela que je fais, impliquant par là que c'est comme cela que l'*on* fait, en répondant : « J'ai été dressé à réagir à ce signe d'une façon bien déterminée, et maintenant j'y réagis ainsi » [3]. Cette réponse s'apparente à première vue au simple rejet de la question. Au lieu de justifier mon usage, je renvoie à la facticité de son acquisition. Ainsi, cette solution ne semble nous sauver de Scylla que pour nous précipiter sur Charybde, c'est-à-dire sur l'idée que la règle n'est que l'expression d'un conditionnement social, c'est-à-dire arbitraire. Renvoyer à nos pratiques, à la contingence de notre acquisition de certaines habitudes semble ni

1. J. McDowell, « Wittgenstein on Following a Rule », *op. cit.*, p. 242.
2. *RP*, § 217, trad. mod.
3. *RP*, § 198.

plus ni moins revenir à renoncer à la normativité et donc à l'idée même de règle. Car le fait que nous avons été habitués à réagir d'une certaine manière dans certaines circonstances (crier « à l'aide! » quand on se noie) peut rendre compte d'une certaine attente, mais non d'une norme de signification. Le critère d'habituation proposé par McDowell ne semble pas être suffisant. Le défi est de montrer que cette disposition est bien déjà normative, et donc que l'éducation (le dressage) que nous avons reçue et dont résulte notre capacité à faire usage de telle expression ou de telle règle permet bien de fournir un critère normatif de la compréhension. Il est possible de concevoir une reconnaissance de la règle (de la signification correcte) qui ne soit ni la reconnaissance d'une objectivité transcendante ni une saisie strictement personnelle. Le locuteur peut reconnaître l'usage correct *car il a appris à le faire*.

Apprendre à suivre des règles

L'individu n'a pas besoin d'interpréter la règle pour en choisir la bonne application, il la connaît. Il la connaît parce que, selon Wittgenstein, il a été « dressé » à suivre ainsi la règle. Ainsi, explique McDowell, « ce qui a fait paraître la notion d'accord problématique était la régression des interprétations, et le premier pas dans le passage, l'appel au dressage, a assuré que nous n'avons pas besoin de commencer la régression »[1]. L'accord est premier; on ne tombe pas dans une régression parce que l'on n'a pas besoin de choisir une certaine version de la règle : en naissant au sein d'une société humaine, on se trouve d'emblée dans cet accord et on est dressé à l'embrasser. Le paradoxe sceptique naît de la présupposition que la seule manière de concevoir la contrainte exercée par la règle est de la penser sur le modèle de rails, comme une transcendance. L'idée que la contrainte exercée par la règle s'étend à des usages futurs est la part de vérité de cette conception. Son erreur est de croire que cette force résiderait dans une source transcendante : si la règle exerce sur nous une contrainte, c'est parce qu'elle est déjà quelque

1. J. McDowell, « Meaning and Intentionality », *op. cit.*, p. 277.

chose pour nous, à savoir une coutume ou ce à quoi nous avons été dressés.

Il est notable que Wittgenstein emploie le terme de dressage et non celui d'éducation.

> C'est en étant dressé à l'utiliser que l'enfant apprend ce langage des adultes. J'utilise le mot « dressé » d'une manière strictement analogue à celle dont nous disons qu'on dresse un animal à faire certaines choses. On le fait au moyen d'exemples, de récompenses, de punitions, et d'autres choses du même genre. Il fait partie de ce dressage que nous montrions du doigt une pierre de construction, dirigions l'attention de l'enfant vers elle, et prononcions un mot [1].

La notion de dressage vient tout d'abord contrecarrer l'idée que le processus d'apprentissage du langage consisterait dans le fait de recevoir une forme d'« explication » [2]. Wittgenstein corrige ainsi la description augustinienne de l'acquisition du langage : « quand les gens nommaient un objet en accompagnant ce son d'un geste vers une chose, je regardais, et je retenais que cette chose s'appelait du son qu'ils faisaient résonner lorsqu'ils voulaient la désigner » [3]. D'après Augustin, la compréhension de ce que le son signifie et l'apprentissage du mot tiennent tout entiers dans ce « et » : « je regardais, et je retenais » (*videbam et tenebam*). D'abord l'enfant perçoit le geste de désignation et l'objet désigné par le geste ; ensuite il associe l'objet qu'il voit et le son qu'il entend.

Le cas de la tentative d'éducation de Victor de l'Aveyron par le médecin Jean Itard permet de comprendre en quoi la reconstruction proposée par Augustin est lacunaire. L'enfant, âgé d'une douzaine d'années lorsqu'il est capturé par des villageois, a été abandonné dans sa petite enfance et a vécu dans un isolement plus ou moins

1. L. Wittgenstein, *Preliminary studies for the « Philosophical Investigations », generally known as the Blue and Brown books*, New York, Harper, 1958 ; trad. fr. M. Goldberg et J. Sackur, *Le cahier bleu et le cahier brun*, Paris, Gallimard, 1996, p. 137-138. Trad. mod.

2. *RP*, § 5.

3. Augustin, *Les confessions*, trad. fr. L. Jerphagnon, « Bibliothèque de la Pléiade », Paris, Gallimard, 1998, I, 8, p. 790. Cité dans *RP*, § 1.

complet de la société des humains. Il est ensuite recueilli par Itard qui, sous l'influence de la philosophie de Condillac, s'efforce de l'éduquer et en particulier de lui apprendre à parler [1]. Itard rapporte avec précision sa méthode et les progrès de son élève. Il décrit ici une situation où il tente d'enseigner à Victor la signification d'un mot :

> En vain, dans les moments où sa soif était ardente, je tenais devant lui un vase rempli d'eau, en criant fréquemment *eau*, *eau* ; en donnant le vase à une personne qui prononçait le même mot à côté de lui, et le réclamant moi-même par ce moyen, le malheureux se tourmentait dans tous les sens, agitait ses bras autour du vase d'une manière presque convulsive, rendait une espèce de sifflement et n'articulait aucun son [2].

Le dispositif est tout à fait semblable à celui décrit par Augustin, mais il échoue. Ce n'est pas seulement que Victor ne parvient pas à prononcer le mot mais, comme en témoigne son désarroi, il ne comprend pas le jeu auquel sont en train de jouer les autres ni ce qu'ils attendent de lui, il ne comprend pas que le son désigne la chose. Certes, Victor est placé dans le contexte pertinent pour apprendre le sens du mot « eau », un contexte où il lui faudra utiliser le mot pour obtenir ce qu'il veut. Mais cela ne suffit pas : les indications corporelles manifestées par Itard et ses interlocuteurs, exagérées mêmes pour faciliter l'enseignement, ne sont pas reconnues par Victor comme des indices d'un processus de désignation. Ce qui manque à Victor, c'est tout ce qu'Augustin présuppose dans la description qu'il donne de l'acquisition du langage. Augustin fait comme si la mise en rapport du nom et de l'objet se faisait de

1. Victor n'a jamais appris à parler. La véritable histoire de Victor et l'explication de son incapacité à parler n'ont cessé, à l'époque et jusqu'aujourd'hui, de faire l'objet de spéculations : était-il un véritable enfant « sauvage » ou bien vivait-il à proximité des villages ? Avait-il été abandonné à cause d'un handicap mental ou à la suite de maltraitances ? Nous ne nous engageons pas ici dans la controverse. Ce qui nous intéresse est la relation d'enseignement entre le maître Itard et l'élève Victor, auquel il manque des compétences fondamentales pour acquérir le langage.

2. J. Itard, *Victor de l'Aveyron*, préf. F. Dagognet, Paris, Allia, 1994, p. 39.

manière évidente. Mais l'échec de Victor à comprendre ce qu'on attend de lui montre très clairement le contraire. À ce stade de son séjour chez Itard, Victor maîtrise un certain nombre de situations types dans lesquelles il est en relation avec les autres. Il est capable de comprendre certaines choses qu'on lui demande de faire. Mais le jeu de langage de la désignation de l'objet par le mot est tout autre et lui est complètement inconnu. L'explication ostensive des termes du langage décrite par Augustin ne produit pas la compréhension : au contraire, elle la présuppose. Comme le note Wittgenstein, « Augustin, dans sa description de l'apprentissage du langage humain, fait comme si l'enfant allait dans un pays étranger dont il ne comprenait pas la langue ; c'est-à-dire comme s'il était déjà en possession d'un langage, mais pas de ce langage-là »[1]. Apprendre une langue maternelle n'est pas du même genre qu'apprendre le nom d'un nouvel objet ou le nom d'un objet dans une langue étrangère : c'est apprendre ce qu'est une langue et ce qu'est signifier quelque chose. Augustin est donc victime de l'illusion rétrospective qui consiste à examiner le premier apprentissage du langage à partir de l'apprentissage que fait un adulte d'un nouvel élément au sein d'une pratique qu'il maîtrise. Sa reconstruction laisse de côté tout ce qui permet d'identifier la signification comme telle, de comprendre que le mot signifie quelque chose. Elle présuppose connu ce dont il s'agit de démontrer l'acquisition par l'individu : la relation de signification. Comment connaissons-nous cette relation ? En d'autres termes, qu'est-ce que Victor n'a pas appris et qui lui manque pour comprendre ce qu'il se passe dans ce jeu de désignation des objets par leur nom ?

Augustin mentionne certains indices corporels sur lesquels repose la compréhension. Ces indices, selon lui, sont immédiatement signifiants, sans qu'il soit besoin de les interpréter : les « mouvements du corps » accompagnant le geste de désignation, étaient tels que « cette intention [y] apparaissait », formant selon ses mots une « sorte de langage naturel de tous les peuples, langage

1. *RP*, § 32.

constitué par un regard, un clin d'œil, des gestes, une intonation »[1]. C'est parce que le corps a déjà l'expressivité d'un langage que l'enfant peut apprendre le langage articulé. Il y a là pour Augustin un langage naturel, qui serait commun à tous les humains parce que simple effet de leur forme corporelle. Mais le désarroi de Victor placé dans la situation décrite démontre que la compréhension de ce « langage » du corps n'est pas naturelle au sens d'innée. Victor ne reconnaît pas le sens des indices qui lui sont présentés et ne sait non plus utiliser son propre corps de manière expressive.

Comment savons-nous qu'une certaine posture corporelle – le doigt pointé – est un geste de désignation et non, par exemple, qu'il est l'expression d'une douleur ou de fourmillements dans le doigt de l'individu qui fait ce geste? La relation d'*indication* n'est pas inhérente à l'index, elle est conventionnelle. En même temps, cependant, elle est naturelle, au sens où elle repose sur une certaine utilisation que les humains (ou plutôt certains humains puisque cette utilisation, si elle est largement partagée, n'est pas nécessairement universelle) font de leur corps. Ils utilisent cette forme de leur corps pour exprimer une relation normative. Si toutes les réactions qui permettent l'apprentissage du langage sont tenues pour naturelles par Augustin, c'est d'abord parce qu'elles ne sont jamais enseignées de manière explicite. Le dressage est pour ainsi dire muet. Ensuite, l'immédiateté de la compréhension – lorsque l'on comprend par exemple qu'il faut regarder ce vers quoi pointe le doigt et non le doigt lui-même – lui confère l'apparence de l'innéité. On n'aperçoit pas que l'on suit là une règle. Enfin, l'apparence d'innéité vient de ce que tous les membres d'une société font ainsi. C'est seulement lorsqu'il n'a pas lieu, dans les cas pathologiques, que le dressage devient visible, en négatif.

Cependant – et on retrouve là, étendue à la rationalité et au langage en général, l'objection faite à la définition aristotélicienne de la vertu morale comme habitude – l'idée même de dressage semble évacuer la normativité plutôt que d'offrir une manière de

1. Augustin, *Les confessions*, *op. cit.*, p. 790.

penser son développement. L'idée d'un dressage qui s'ancre dans des dispositions liées à notre corps semble faire le jeu d'une pure détermination biologique. En effet, si l'élève effectue un geste parce qu'il répond à un stimulus acquis par dressage (que l'élève soit un enfant ou un animal), le geste n'est pas fait *pour la bonne raison*, c'est-à-dire pour suivre la règle, il est fait parce qu'il est déterminé par une cause prochaine au sein d'un schéma conditionnant. Une fois dressé, le chien réagit à un stimulus (par exemple, le lancer de la balle) de manière appropriée (il rapporte la balle à son maître). Or, Wittgenstein précise qu'il applique aux humains le terme de dressage non par analogie avec le dressage animal mais bien au même sens. Dès lors, on peut penser que l'élève qui écrit 1002 après 1000 sans avoir compris la règle qu'il applique est déterminé dans son comportement exactement comme le chien qui ramène la balle. La notion de dressage semble rendre compte de l'acquisition d'une capacité par le biais d'un conditionnement, sans qu'il y ait besoin de faire intervenir la compréhension.

Cependant, il s'agit là d'une conception tout à fait contestable de la notion de dressage. Cette conception behavioriste assimile tout processus d'apprentissage à la constitution d'un réflexe conditionnant : la répétition d'un schéma (par exemple, dans l'expérience bien connue de Pavlov : sonnerie et récompense de nourriture) entraîne une réponse réflexe (salivation de l'animal). C'est une représentation caricaturale de ce que produit le dressage animal – sans encore envisager le « dressage » des enfants humains. En effet, comme le rappelle Vinciane Despret, l'interprétation de l'expérience de Pavlov a été largement remise en cause par les éthologues qui l'ont reproduite dans les années 1970. Ils ont constaté que les chiens manifestaient des comportements, tels des battements de queue, qui n'avaient pas été pris en compte dans l'interprétation initiale de l'expérience. Or ces battements constituent « des conduites sociales que les chiens adoptent lorsqu'ils quémandent de la nourriture aux humains »[1]. Par conséquent, s'il est vrai que le déclenchement d'un

1. V. Despret, *Penser comme un rat*, Versailles, Quae, 2009, p. 23.

processus réflexe de salivation est bien un aspect du comportement du chien, ce n'est qu'un aspect de ce qui est aussi une interaction sociale avec l'expérimentateur. Si, dans une certaine mesure, le dressage produit des réflexes, il produit bien davantage. Il produit une capacité à répondre de manière appropriée qui n'est pas de la forme d'une causalité mécanique. Par exemple, le chien qui rapporte la balle à son maître est capable de prendre en compte une variation dans la situation, ce qui témoigne de sa compréhension adéquate de celle-ci. En outre, le dressage fait fond sur une relation entre l'élève et le dresseur – relation sociale à divers degrés, de la communauté humaine à la communauté créée par la domestication [1] – mais aussi la crée et la confirme puisqu'il lui donne une nouvelle épaisseur avec le nouvel apprentissage, qui lie l'élève et son dresseur. Comme le souligne Christiane Chauviré, le dressage implique à la fois « la contrainte ou la discipline physique à laquelle on est soumis [et] la reconnaissance pleine et entière de l'autorité de l'instructeur » [2]. Le dressage est un processus de double insertion corporelle et sociale de l'individu au sein d'une communauté.

Ainsi, le dressage est une étape nécessaire dans la formation des capacités proprement normatives de l'individu, mais c'est aussi, et c'est ce qui est troublant, une étape suffisante. Que le dressage, c'est-à-dire la pure répétition contextualisée et motivée, puisse produire la compréhension véritable des normes paraît inintelligible ; il semble y avoir un saut du dressage à la compréhension. En un sens, il y a en effet un saut : l'élève ne comprenait pas, on lui répète et il répète par l'exercice, et soudain, il comprend. C'est le fameux « eurêka ! » d'Archimède, un passage entre deux états hétérogènes.

1. La domestication constitue une communauté biologique et affective que l'on peut concevoir comme une « communauté hybride », fondée à la fois sur le partage de traits et d'intérêts, et sur d'importantes différences (D. Lestel, *L'animalité : essai sur le statut de l'humain*, Paris, l'Herne, 2007). *Cf.* D. Haraway, *The Companion Species Manifesto : Dogs, People, and Significant Otherness*, Chicago, Prickly Paradigm Press, 2003 ; trad. fr. J. Hansen, *Manifeste des espèces de compagnie : chiens, humains et autres partenaires*, Paris, L'Éclat, 2010.

2. C. Chauviré, *Le moment anthropologique de Wittgenstein*, Paris, Kimé, 2004, p. 113-114.

Il ne faut cependant pas y voir un miracle. Voilà toute la difficulté, comme le remarque McDowell : nous sommes « impressionnés par le peu d'enseignement nécessaire qui laisse quelqu'un en mesure de continuer, de manière autonome, quelque chose de la même manière »[1]. Tout apprentissage, remarque également Laugier, suscite chez l'élève une certaine anxiété – c'est cette expérience que « font partager »[2] les *Recherches*. Il ne saurait être question de faire disparaître l'anxiété et l'émerveillement consubstantiels au processus même de la compréhension. Pour autant, il n'y a pas là un problème métaphysique. Voilà donc le paradoxe : notre éducation nous fait acquérir au moyen d'un simple dressage raison et liberté. Elle nous apprend à développer des capacités normatives par le biais d'un processus qui ne l'est pas. L'éducation passe par la formation d'habitudes, mais son résultat ne se réduit pas à des habitudes. C'est un paradoxe que l'on peut approcher en comprenant en quoi les capacités produites sont pour nous *naturelles*.

Suivre une règle est naturel

Wittgenstein nous engage à considérer les êtres humains comme des animaux. Cela apparaît dans son utilisation du concept de dressage, mais aussi dans la manière dont il caractérise l'analyse du langage qu'il mène dans sa seconde philosophie comme « des remarques sur l'histoire naturelle » des êtres humains. Cette idée apparaît notamment au paragraphe 25 des *Recherches*[3] :

> On dit parfois : Les animaux ne parlent pas, parce que les capacités intellectuelles leur font défaut. Et cela signifie : « Ils ne pensent pas, et par conséquent, ils ne parlent pas ». Mais : ils ne parlent pas en effet. Ou mieux : Ils n'emploient pas le langage – si nous faisons abstraction des formes de langage les plus primitives. – Donner des

1. J. McDowell, « Virtue and Reason », *op. cit.*, p. 64.
2. S. Laugier, *Wittgenstein : les sens de l'usage*, Paris, Vrin, 2009, p. 180.
3. Cf. *RP*, § 415 ; L. Wittgenstein, *Bemerkungen über die Philosophie der Psychologie*, Frankfurt am Main, Suhrkamp, 1982 ; trad. fr. G. Granel, *Remarques sur la philosophie de la psychologie*, t. II, Mauvezin, T.E.R., 1994, § 18.

> ordres, poser des questions, raconter, bavarder, tout cela fait partie de notre histoire naturelle, tout comme marcher, manger, boire, jouer.

À première vue, traiter nos capacités langagières comme faisant partie de notre histoire naturelle semble inviter à une naturalisation réductrice qui rejette tout simplement la normativité. Ainsi, la manière peut-être la plus évidente de lire ce passage est d'y voir une analogie entre les deux types de capacités mentionnées ici, analogie dont le but serait de concevoir les capacités langagières sur le modèle exact de capacités physiologiques ou éthologiques. C'est le projet même d'un naturalisme scientifique. De même que boire est un acte gouverné par des mécanismes physiologiques, chez les humains comme chez les animaux, les actes impliquant le langage sont le résultat de processus neuronaux dans le corps humain, issus de l'évolution. Il n'y aurait donc pas de différence fondamentale entre les activités humaines conceptuelles et celles qui ne le sont pas, pas plus qu'entre les êtres humains rationnels et les autres animaux.

Cependant, ce n'est pas du tout ce genre de naturalisme que Wittgenstein entend défendre. Il ne laisse là-dessus aucune ambiguïté :

> Sans doute manifestons-nous aussi de l'intérêt pour la correspondance entre les concepts et certains faits naturels très généraux [...]. Mais notre intérêt ne nous porte pas à remonter aux causes possibles de la formation des concepts. Nous ne faisons pas de science naturelle, et pas davantage d'histoire naturelle – puisque nous pouvons aussi inventer, pour nos propres buts, de l'histoire naturelle[1].

1. *RP*, II, xii, p. 321, trad. mod.; voir L. Wittgenstein, *Bemerkungen über die Philosophie der Psychologie*, Frankfurt am Main, Suhrkamp, 1982; trad. fr. G. Granel, *Remarques sur la philosophie de la psychologie*, t. I, Mauvezin, T.E.R., 1989, § 48. Sur ce point, *cf.* C. Chauviré, *Le moment anthropologique de Wittgenstein*, *op. cit.*, p. 63.

Wittgenstein explique clairement qu'il ne recourt pas aux faits généraux de la nature de la manière dont les utilisent les sciences naturelles, c'est-à-dire avec une visée explicative. Le but des sciences naturelles est de déterminer les processus qui régissent les êtres vivants et les causes des phénomènes observés. Par exemple, elles rendent compte de l'anatomie d'une espèce animale à partir de la transmission d'un patrimoine génétique établi au cours de l'évolution par la sélection naturelle. Le naturalisme en philosophie de l'esprit prétend appliquer cette méthode causale à la formation des concepts. Ce n'est pas ce que fait Wittgenstein. Quand bien même il serait possible de retracer le processus de formation d'un concept, cela ne rendrait pas compte de sa normativité.

Wittgenstein ajoute qu'il n'est pas même en train de faire de l'histoire naturelle. Cette précision est surprenante au vu des autres passages où il affirme le contraire. En le niant ici, il met en exergue la différence qui existe entre ce qu'il fait et ce que font les naturalistes au sens classique, tels Linné ou Buffon. Même si ces derniers décrivent plutôt qu'ils n'expliquent, leur description est classificatoire et vise à établir une connaissance systématique du monde naturel. À cet égard, ils sont bien les précurseurs de la biologie contemporaine. Or, Wittgenstein n'a pas pour but d'établir une telle connaissance de l'être humain (de son anatomie, de son comportement, de son évolution). La preuve en est que, selon lui, « inventer une histoire naturelle fictive » peut tout autant servir ses recherches [1]. Ce genre d'histoire ne peut bien entendu pas faire partie de l'histoire naturelle telle qu'elle est faite par Linné ou Buffon, qui entendent établir comment tel ou tel animal est *réellement* ou, dans un contexte darwinien, comment il a *réellement* évolué. La « correspondance » que Wittgenstein remarque entre des faits généraux de la nature et les concepts n'est pas de nature causale.

En quel sens alors Wittgenstein offre-t-il des remarques sur l'histoire naturelle – fictive ou non – des êtres humains ? En un

1. Comme en témoigne par exemple l'histoire des constructeurs au début des *Recherches*.

sens, Wittgenstein est bien en train de faire de l'histoire naturelle. L'histoire, en son sens étymologique, comme la *Naturalis Historia* de Pline l'Ancien, est une enquête. L'histoire naturelle vise à produire la description et la connaissance de toute la nature et, en premier lieu, de sa partie la plus intéressante : les êtres vivants. L'œuvre de Buffon, par exemple, fait la description de l'anatomie et de la vie d'une espèce animale – de sa forme de vie, pourrait-on dire. Wittgenstein fait de l'histoire naturelle en ce sens, au sens où ce travail est à l'opposé de remarques métaphysiques. Au lieu de chercher une essence métaphysique du langage et de l'humain, il nous faut regarder nos pratiques en lien avec notre forme de vie. Et, en ce sens, c'est exactement ce que fait Buffon : il n'essaie pas trouver l'essence de l'âne mais il regarde l'âne [1]. Il observe et décrit son corps de l'extérieur et de l'intérieur. Mais il donne également des aperçus de son caractère (il est d'un « naturel aussi humble et aussi patient ») y compris dans son rapport à l'homme (il « souffre avec constance, et peut-être avec courage, les châtiments et les coups » [2]). Contre une recherche métaphysique sur le langage, Wittgenstein s'attache à décrire les manières d'utiliser le langage qui sont pour nous naturelles. Reste à élucider en quel sens il faut prendre ce terme glissant de naturel. La « correspondance » que note Wittgenstein « entre les concepts et certains faits naturels très généraux » [3] n'est pas un rapport de détermination, par lequel, par exemple, l'anatomie de notre cerveau déterminerait nos pensées. En revanche, il est vrai que certains faits tenant à notre nature et à la manière dont nous

1. « L'histoire d'un animal doit être non pas l'histoire de l'individu, mais celle de l'espèce entière de ces animaux; elle doit comprendre leur génération, le temps de la pregnation, celui de l'accouchement, le nombre des petits, les soins des pères et des mères, leur espèce d'éducation, leur instinct, les lieux de leur habitation, leur nourriture, la manière dont ils se la procurent, leurs mœurs, leurs ruses, leur chasse, ensuite les services qu'ils peuvent nous rendre et toutes les utilités ou les commodités que nous pouvons en tirer. » (G.-L. Leclerc de Buffon, *Histoire naturelle, générale et particulière*, t. I, Paris, H. Champion, 2007, Premier Discours, p. 30).

2. G.-L. Leclerc de Buffon, *Histoire naturelle, générale et particulière*, t. IV, Paris, H. Champion, 2010, p. 422.

3. *RP*, II, XII, p. 321.

nous inscrivons dans le monde naturel ont une incidence sur notre langage, nos concepts et nos règles.

Ces faits sont d'abord liés à ce qu'on pourrait appeler la nature hors de nous et qui déterminent une manière naturelle pour nous d'habiter le monde. Par exemple, remarque Wittgenstein, « s'il arrivait souvent [aux] morceaux [de fromage] de grossir ou de rapetisser soudain sans cause évidente », la procédure consistant à peser les morceaux « perdrait son intérêt [*Witz*] »[1], de même que le jeu de langage de la mesure. La main non plus n'aurait plus exactement la même fonction. Nous dépendons des régularités qui font de notre monde un monde. Lewis Carroll nous donne à imaginer ce que serait un monde sans ces régularités : c'est le « pays des merveilles » ou de l'étonnement perpétuel (*Wonderland*), un monde où l'on joue au croquet avec des flamants roses pour maillets et des hérissons pour balles, et où l'on ne peut donc pas jouer car le flamand regarde la joueuse et le hérisson s'échappe dès qu'il le peut. Il n'est pas étonnant que ce soit seulement sous l'allure du conte que ces faits de la nature qui nous concernent apparaissent, en négatif, car « de tels faits », note Wittgenstein, ne sont presque jamais mentionnés en raison de leur « grande généralité »[2]. En effet, ce sont eux qui définissent nos jeux de langage, les contours de ce dont on peut parler ou non, ils ne peuvent donc pas être eux-mêmes mis en question[3].

À ces faits s'ajoutent des faits tenant à la forme spécifique de la nature en nous. Ils apparaissent dans la manière dont les humains se servent de leur corps pour être dans le monde et faire certaines choses, par comparaison avec d'autres formes du vivant. Ce sont, explique Stanley Cavell, les différences entre « piquer votre nourriture, peut-être avec une fourchette, et y mettre la patte ou le bec. Ici intervient la belle histoire de la main et de son pouce opposable, de la station debout et des yeux tournés vers le ciel ; mais aussi la force et la

1. *RP*, § 142.

2. *RP*, II, XII.

3. Sur les certitudes premières examinées par Wittgenstein dans *De la certitude*, cf. *infra*, chap. V.

dimension spécifiques du corps humain, des sens humains et de la voix humaine »[1]. La station debout nous donne une certaine vue sur le monde, sous un certain angle qui n'est pas, par exemple, celui des oiseaux qui volent. De même, la main nous permet d'accomplir des activités précises (telle l'écriture) et nous ouvre à un monde d'objets à saisir. Les sens que nous possédons nous donnent une certaine image du monde, faite d'un certain spectre de couleurs, de volumes, de sons mais pas d'ultrasons par exemple. Au nombre de ces faits, il faut également compter des dispositions comme la curiosité, la capacité d'attention, la faculté d'imiter, etc., toutes dispositions qui permettent l'apprentissage. Ainsi, remarque Jean-Philippe Narboux, un jeu de langage est « index[é] sur des "réactions" naturelles qui fixent ce qui est susceptible d'y être appris en l'enracinant dans ce qui est réfractaire à l'apprentissage »[2]. Il renvoie ici au dressage par lequel nous apprenons nos jeux de langage. Cela vaut pour l'être humain comme pour chaque espèce animale : les espèces domestiquées par les humains sont celles qui, du fait de certaines caractéristiques, étaient capables de faire cet apprentissage.

Ces réactions paraissent naturelles au sens où, tenant à la constitution même de notre corps, elles seraient innées. Le cas de Victor, cependant, permet encore une fois de relativiser la distinction apparemment claire entre ce qui relèverait d'une pure nature et ce qui relèverait d'une pure culture. Voici comment était Victor à son arrivée chez Itard :

> Ses yeux [étaient] sans fixité, sans expression, errant vaguement d'un objet à l'autre sans jamais s'arrêter à aucun, si peu instruits d'ailleurs, et si peu exercés par le toucher, qu'ils ne distinguaient point un objet en relief d'avec un corps en peinture. [...] [Il était]

1. S. Cavell, *This New Yet Unapproachable America : Lectures After Emerson After Wittgenstein*, Albuquerque, Living Batch Press, 1989 ; trad. fr. C. Fournier et S. Laugier, « Une nouvelle Amérique encore inapprochable : de Wittgenstein à Emerson », dans *Qu'est-ce que la philosophie américaine ? de Wittgenstein à Emerson*, Paris, Gallimard, 2009, p. 59-60.

2. J.-P. Narboux, « Jeux de langage et jeux de dressage : Sur la critique éthologique d'Augustin dans les *Recherches philosophiques* », *Europe*, 2004, p. 132.

> incapable d'attention, si ce n'est pour les objets de ses besoins, et conséquemment de toutes les opérations de l'esprit qu'entraîne cette première, dépourvu de mémoire, de jugement, d'aptitude à l'imitation, et tellement borné dans les idées même relatives à ses besoins, qu'il n'était point encore parvenu à ouvrir une porte ni à monter sur une chaise pour atteindre les aliments qu'on élevait hors de la portée de sa main [1].

Il manque à Victor des facultés dont on se doute qu'elles sont le produit de la vie en société, comme le langage et les usages comme ceux de la table. Mais il lui manque même des capacités dont on aurait pu penser qu'elles constituaient des faits de nature, c'est-à-dire un donné qui appartenant à la nature de tout être humain *avant* le dressage, comme les capacités d'attention et d'imitation. *A fortiori*, ses sens ne fonctionnent pas comme ils le devraient, Victor étant incapable de percevoir certaines différences visuelles, tactiles ou même de température. Ces facultés et capacités sont naturelles, au sens où elles appartiennent d'emblée au nouveau-né humain, et cependant elles doivent être cultivées. Elles sont cultivées par l'enfant lui-même dans les usages qu'il en fait. En focalisant son attention et son imitation dans le jeu, l'enfant développe ces facultés. À chaque fois qu'il utilise ses sens, il les affine. C'est cela qu'Itard s'efforce de reproduire artificiellement pour Victor. Il entraîne ses facultés sensibles et intellectuelles par des exercices : par exemple, il développe son attention et sa mémoire en le soumettant au jeu des gobelets sous lesquels est caché un marron et qu'il intervertit. Il lui fait prendre des bains chauds pour lui faire acquérir la sensation du chaud et du froid.

Cet exemple montre qu'il est vain de chercher à distinguer entre ce qui relèverait d'une pure nature et ce qui relèverait d'une pure culture. Le projet de remarques sur l'histoire naturelle des êtres humains n'est donc pas à prendre en un sens métaphorique : il vise bien la nature des êtres humains, en ce que celle-ci est aussi une vie dans le langage et les normes. Que dit-on alors, quand on dit d'une

1. J. Itard, *Victor de l'Aveyron*, *op. cit.*, p. 10.

manière de suivre la règle qu'elle est naturelle ? Cela permet-il de passer au jugement axiologique sous-entendu, à savoir que c'est *la bonne* manière de suivre la règle ?

Dans un cas de ce genre, nous pourrions peut-être dire qu'il est naturel à cet homme de comprendre cet ordre et nos explications à la façon dont nous comprenons l'ordre : « Ajoute 2 jusqu'à 1000, 4 jusqu'à 2000, 6 jusqu'à 3000, etc. »

> Ce cas serait analogue à celui d'un homme pour qui il serait naturel de réagir à un geste ostensif de la main en regardant dans la direction qui va du doigt au poignet, au lieu de regarder dans la direction inverse[1].

D'une personne qui regarderait dans la direction du poignet et non indiquée par le doigt ou qui suivrait une suite mathématique d'une manière qui n'est pas la manière attendue – une personne comme Victor –, nous nous dirions sans doute qu'elle a une déficience mentale ou nous demanderions de quelle étrange contrée elle vient. Le malentendu apparaît tellement profond qu'il semble révéler une étrangeté fondamentale sous la ressemblance physique. Sa réaction ne serait pas *naturelle*, au sens de ce à quoi l'on s'attend. Or, si l'on s'y attend, c'est parce qu'on pense que cette réaction est plus qu'habituelle, qu'elle est la seule manière de faire, qu'elle est innée. Il serait naturel de regarder dans la direction indiquée par le doigt (ou de continuer la suite de la manière attendue) de la même manière que l'on utilise nos poumons pour respirer. Et pourtant, Wittgenstein envisage le cas où il pourrait être « naturel » pour une personne de faire l'inverse : de regarder dans la direction du poignet et non celle indiquée par le doigt, et donc de comprendre la règle autrement. S'il est possible d'imaginer ce cas, c'est parce que comprendre ainsi ce geste n'est pas naturel au sens d'inné. Ce sens de naturel ne s'applique pas aux règles. En revanche, il y a bien un sens à dire qu'une certaine manière de suivre les règles est naturelle : c'est ce qui a été inculqué à quelqu'un par son dressage. Cette manière de suivre la règle s'ancre au niveau de ce que Wittgenstein

1. *RP*, § 185.

a appelé le roc dur, où il n'y a plus de justification possible, mais où règne une certaine forme de confiance.

Confiance et vertige

Les réflexions de Wittgenstein sont destructrices de tout fondement des règles, montrant que l'idée d'un fait transcendant de la règle est vide de contenu et que rien ne vient se substituer à ce fondement absent : nous avons été dressés ainsi. Dès lors, elles peuvent paraître ébranler de manière fatale la confiance que nous plaçons en nos mots. C'est ce que met en lumière Cavell :

> Nous apprenons et nous enseignons des mots dans certains contextes, et on attend alors de nous (et nous attendons des autres) que nous puissions (qu'ils puissent) les projeter dans d'autres contextes. Rien ne garantit que cette projection ait lieu (et en particulier ce n'est pas garanti par notre appréhension des universaux, ni par notre appréhension de recueils de règles), de même que rien ne garantit que nous fassions et comprenions les mêmes projections. Que nous le fassions en fin de compte est affaire de ce que nous partageons certains itinéraires d'intérêt et de sentiment, certains modes de réaction, certains sens de l'humour, de l'importance et de l'accomplissement, de ce qui est insupportable, de ce qui est comparable à quoi d'autre, de ce qu'est un reproche, de ce qu'est le pardon, des cas où tel énoncé est une affirmation, où il est un appel, et où il est une explication – tout ce tourbillon de l'organisme que Wittgenstein appelle des « formes de vie ». La parole et l'activité humaines, leur santé mentale et leur communauté ne reposent sur rien de plus que cela, mais sur rien de moins non plus. C'est une vision aussi simple qu'elle est difficile et aussi difficile qu'elle est (et parce qu'elle est) terrifiante [1].

1. Notons que le passage est cité par McDowell (notamment « Non-cognitivisme et règles », *op. cit.*, p. 466-467). Il ne faudrait cependant pas en déduire une grande proximité entre McDowell et Cavell. Tandis que Cavell reconnaît un scepticisme inhérent à notre vie dans le langage, McDowell défend un réalisme qui ne laisse pas de place au scepticisme. *Cf.* É. Domenach, « Naturalisme et scepticisme chez Cavell, McDowell et Strawson », *Revue de métaphysique et de morale*, vol. 38, n°2, 2003, p. 177.

Notre confiance en notre usage des mots, et plus largement des règles, ne repose, dit Cavell, que sur le partage de caractéristiques communes : nous réagissons de la même manière – avec le même genre d'attention, de crainte, d'indifférence, d'humour – aux choses. Ces faits de la nature créent des attentes partagées, elles sont bien normées. Mais rien ne garantit que ces attentes soient satisfaites; elles pourraient être déçues. Si c'est à ces attentes infiniment fragiles que tient la signification, celle-ci semble donc livrée à la contingence la plus totale. Ainsi, l'analyse de Cavell ressemble à un aveu d'impuissance. Comme l'explique également McDowell, « la pensée qu'il n'y a rien de plus que des formes de vie partagées pour nous garder, pour ainsi dire, sur les rails » entraîne « une sorte de vertige » [1], une véritable terreur. C'est pour éviter ce vertige que nous nous jetons dans le mythe des rails ou que nous essayons de trouver un fondement externe aux normes dans une décision communautaire.

Il nous faut bien plutôt refuser de céder au vertige en reconnaissant que la contingence dans laquelle nous sommes pris n'empêche pas la signification. Si l'analyse nous amène à renoncer à *garantir* les normes, elle confirme la légitimité de notre *confiance* en ces normes. Car, pour reprendre les mots de Cavell, signification et communauté « ne reposent sur rien de plus que [les ressemblances contingentes des vies humaines], *mais sur rien de moins non plus* » (nous soulignons). La contingence est réelle parce que notre forme de vie aurait pu et pourra à l'avenir être autre [2]. L'« histoire » de la main à laquelle fait référence Cavell est donc bien une *histoire* : notre espèce aurait pu se développer différemment. Dès lors, la signification est assurée non par ces caractéristiques vitales contingentes, mais par le fait que nous les partageons, le fait que nous partageons une certaine « forme de vie » [3]. Par cela, il ne faut pas

1. J. McDowell, « Virtue and Reason », *op. cit.*, p. 61.

2. Les biotechnologies contemporaines permettent d'imaginer une humanité « augmentée », posant la question des changements que ces transformations de notre nature apporteraient à notre langage et notre monde.

3. *RP*, § 241.

entendre des ressemblances superficielles, mais les cadres à la fois biologiques et sociaux qui donnent sens à notre expérience. Ces traits partagés de notre vie, s'ils ne réalisent pas une fondation de la signification sur quelque chose qui en serait indépendant, constituent un appui solide et assuré. Le « roc dur » sur lequel bute notre recherche de justifications ne se trouve pas en deçà du sens, comme « des dispositions primitives » [1] que nous partagerions et qui constitueraient un accord *d'avant* l'accord du langage. Notre forme de vie n'est pas une réalité biologique sur laquelle s'élèverait le langage : notre forme de vie est d'emblée langagière et corporelle, biologique et historique. Dès lors que nos ressemblances naturelles partagées constituent le lieu d'un accord, elles produisent du sens.

Que la manière de suivre les règles soit pour nous naturelle permet de rendre compte du fait que « j'obéis *aveuglément* à la règle » [2], c'est-à-dire sans la questionner mais en la prenant pour allant de soi. Il est intéressant de noter que Kripke reprend cette remarque de Wittgenstein en lui donnant un sens négatif : « Nous agissons sans hésiter, mais *à l'aveuglette* » [3]. Cela signifie que quand nous obéissons à la règle, nous agissons sans raison, sans justification tant que nous restons à notre niveau individuel. On voit la contradiction dans les termes : comment pourrait-on aller à l'aveuglette mais sans hésiter ? Seul un aveugle au sens littéral peut avancer sans hésiter, mais c'est parce que ses autres sens remplacent la vue. Il faut plutôt comprendre que si l'on peut avancer, c'est parce que l'on se base sur une *confiance* aveugle. Or, si cette confiance peut se permettre d'être aveugle, c'est parce qu'elle n'est pas mal placée : nous connaissons la bonne manière de suivre la règle (celle qui est pour nous *naturelle*) et nous ne la mettons en doute que dans les cas où le doute est pertinent. L'accord est là. Wittgenstein, en critiquant l'illusion d'un fondement des règles, nous donne

1. C. Wright, « Excerpts from a Critical Study », *op. cit.*, p. 167.

2. *RP*, § 219.

3. S.A. Kripke, *Règles et langage privé*, *op. cit.*, p. 103. Souligné par l'auteur. Il se réfère dans le texte aux termes de *RP*, § 219.

cependant de bonnes *raisons* de continuer à suivre les règles. Ainsi, comme l'explique McDowell,

> L'argument ne vise pas à nous placer dans un état d'angoisse perpétuelle que les possibilités du type 1004, 1008... [en continuation de la série] ne soient réalisées. Nous avons confiance dans le fait qu'elles ne le seront pas : l'argument ne vise nullement à saper cette confiance, mais à changer notre conception de son fondement et de sa nature [1].

Avoir le vertige, ce n'est pas tomber dans le vide. Qui a le vertige a devant soi le vide, mais sous les pieds une surface solide. Wittgenstein nous invite à tourner notre regard vers ce sol assuré, celui de nos usages. Le vide n'est pas réel : nous ne croyons le percevoir que là où nous attendons un fondement. Comme l'indique Wittgenstein, « la difficulté n'est pas de creuser jusqu'au fondement, mais de reconnaître comme fondement le fondement que nous avons sous les yeux » [2]. Le terme « *Grund* », traduit en français par « fondement », possède à la fois un sens concret et un sens abstrait (de base conceptuelle ou raison). En son sens concret, *Grund* désigne le sol, la terre. La remarque de Wittgenstein nous indique donc qu'il nous faut reconnaître comme *raison* le *sol* ordinaire que nous avons sous les pieds. Ce sol est solide. Voilà l'une des choses dont il faut se « souvenir » [3].

Mais cette confiance n'est-elle pas qu'un pis-aller, une confiance par définition précaire, à défaut d'un véritable fondement? L'exigence de fondement des normes semble de bon sens philosophique. Il faut pourtant la récuser, soutient McDowell. C'est au moyen d'une métaphore spatiale qu'il explicite cette exigence : assurer la validité ou l'objectivité de quelque chose semble devoir prendre la forme d'une fondation depuis l'extérieur de cette chose,

1. J. McDowell, « Virtue and Reason », *op. cit.*, p. 59-60.
2. *RFM*, VI, § 31.
3. Cf. *RP*, § 217.

depuis une position « latérale [*from sideways on*] »[1]. La métaphore est difficile à traduire littéralement mais elle est assez facilement compréhensible[2] : l'idée est que, pour être en position de fonder rationnellement une pratique ou un exercice de la raison, il faudrait s'arracher à l'immersion dans cette pratique ou cet exercice, prendre de la distance, en faisant un pas de côté. Notre conception de la rationalité est telle que « nous sommes enclins à penser qu'il devrait y avoir un point de vue extérieur neutre depuis lequel la rationalité de n'importe quel véritable exercice de la raison pourrait être démontrée »[3]. Pour utiliser une autre métaphore, il faudrait se placer à un point de vue angélique[4] ou olympien. En effet, c'est précisément parce qu'ils sont hors du monde humain, dans une position surplombante par rapport à lui, que les dieux peuvent l'ordonner. Pour trouver d'où les valeurs ou les règles en général tirent leur normativité, il semble qu'il faille se placer dans une position où ces règles ne s'imposent plus à nous. Le problème, remarque McDowell, est qu'en nous plaçant à un tel point de vue externe, nous perdons le sens même des règles sans pouvoir le retrouver.

Cependant, comme il le remarque, s'il est vrai qu'un point de vue externe sur les normes n'est pas disponible, cela ne signifie pas qu'une justification réflexive des normes rationnelles soit impossible.

1. Cf. *Mind, Value, and Reality*, *op. cit.*, et *The Engaged Intellect*, *op. cit.*, *passim*. C'est d'abord sur le terrain de la philosophie du langage, en réponse à l'anti-réalisme de M. Dummett que McDowell développe son refus d'un point de vue extérieur sur les normes. *Cf.* É. Marrou, « Le truisme de Wittgenstein revisité par McDowell », dans C. Chauviré, S. Plaud (dir.), *Lectures de Wittgenstein*, Paris, Ellipses, 2012, p. 251-270.

2. La traduction proposée par C. Al-Saleh dans *L'Esprit et le monde* par « marginal » ne nous paraît pas convenir car elle perd la dimension dynamique de l'expression d'origine. La traduction par « non frontal » proposée par J.-P. Narboux (« Non-cognitivisme et règles », *op. cit.*) ne convient pas davantage car une perspective frontale semble au contraire être non déformante. L'expression *from sideways on* caractérise la position latérale d'une chose par rapport à une autre, en indiquant un mouvement depuis le côté vers l'intérieur. Un point de vue *from sideways on* s'oppose à un point de vue immergé dans ce qu'il s'agit de caractériser.

3. J. McDowell, « Virtue and Reason », *op. cit.*, p. 70.

4. S. Laugier, « Où se trouvent les règles ? », *op. cit.*

Une image développée par Otto Neurath [1] permet de concevoir une telle critique. Le sujet rationnel qui cherche à évaluer ses normes rationnelles est semblable au marin qui répare son bateau en pleine mer. La réfection du bateau ne peut se faire que planche par planche car, s'il cherchait à trop en remplacer d'un coup, le bateau coulerait et le marin avec lui. Mais en suivant cette méthode progressive, le marin peut en définitive remplacer toutes les pièces du bateau. Il en va de même pour la réflexion de chacun sur les normes qui guident sa propre pensée. Sans sortir de la pensée, il est possible pour le sujet de faire porter sa critique réflexive sur telle ou telle de ses croyances, voire sur tel ou tel des critères de sa pensée. Ainsi, la critique, toute progressive qu'elle soit, peut être radicale.

Pour penser le langage et les normes, il nous faut donc partir de la réalité humaine dans laquelle nous sommes immergés. Que nous soyons toujours déjà immergés dans nos pratiques, sans accès possible à un point de vue *from sideways on*, n'est pas un aveu d'échec : c'est la solution. Cela signifie que la signification, ou les normes en général, ne sont pas le genre de chose qui a besoin d'être fondé. Le sens et la normativité en général sont accessibles depuis un point de vue immergé au sein des relations signifiantes et normatives. Le concept mcdowellien de seconde nature est précisément une manière positive d'affirmer l'impossibilité de tout point de vue sur les pratiques qui soit extérieur aux pratiques elles-mêmes. Nous sommes d'emblée dans un monde humain et participons à certaines pratiques normatives auxquelles notre éducation humaine nous initie. Il reste néanmoins une difficulté : reste désormais à comprendre l'unité de ces différents sens de la nature en l'être humain – la seconde nature rationnelle qu'il développe, et sa nature biologique de vivant – puisque les deux obéissent à des principes d'intelligibilité différents. Si la seconde nature n'est pas simplement métaphorique, il faut qu'elle trouve à s'inscrire au sein de la nature biologique de l'individu qui l'acquiert.

1. *EM*, p. 115. L'image a été rendue célèbre par W.V.O. Quine, *Word and Object*, Cambridge (Mass.), The MIT Press, 1992 ; trad. fr. J. Dopp et P. Gochet, *Le mot et la chose*, Paris, Flammarion, 1999, p. 28 *sq*.

CHAPITRE III

MCDOWELL : LA RAISON COMME SECONDE NATURE

L'éthique d'Aristote et les analyses de Wittgenstein de ce qu'est suivre une règle nous permettent de concevoir les capacités rationnelles comme des capacités naturellement acquises par les êtres humains, sans pour autant qu'elles soient d'ordre biologique : elles font partie d'une vie humaine. La polysémie du terme « naturel » est, pour ainsi dire, pleine de sens. Notre forme de vie est d'emblée langagière et corporelle. On n'a pas de difficulté à accepter que le corporel soit naturel – il doit en aller de même pour le langagier. Pour insister sur la dimension normative de cette histoire naturelle, McDowell propose de reprendre le concept de « seconde nature », en un sens non métaphorique. Cette expression permet à la fois de penser la naturalité de la vie humaine et de rendre compte de la spécificité de cette vie qui se déroule aussi dans le langage et la pensée et non seulement dans la nature physique et biologique. L'adjectif de « seconde » ne marque pas simplement une distinction chronologique mais encore logique, signalant une discontinuité entre la première et la seconde nature. McDowell entend ainsi penser la différence anthropologique dans un cadre naturaliste. Sa conception du statut des humains au sein du règne animal est tout à fait conforme à la tradition occidentale dominante : la vie humaine se distingue fondamentalement de toutes les vies animales. Elle inaugure un nouveau paradigme, c'est une vie qui se déroule dans « l'espace logique des raisons ». Contrairement à la plupart des expressions de cette tradition, cependant, il reconnaît la légitimité de l'exigence naturaliste : il faut rendre compte du fait que l'être humain, devenu rationnel, change de nature mais ne sort pas de la nature. Pour reprendre une formulation d'Étienne Bimbenet, qui de son aveu même défend un projet très proche, il s'agit de penser que « l'homme est devenu lui-même par un dépassement sur place de l'animalité, par une "désanimalisation" qui n'a jamais puisé à d'autres sources que celles de la vie elle-même »[1].

Cette conception soulève une difficulté évidente : si l'être humain participe de deux sortes de nature, de la seconde et de ce que l'on peut par suite appeler la première nature, comment penser leur relation ? En effet, dès lors que la distinction entre les deux n'est pas seulement de l'ordre d'une succession chronologique mais d'une différence logique, penser leur présence au sein du même être sans contradiction apparaît problématique. Tant au niveau de l'individu qu'à celui de l'espèce, il faut penser le passage d'un animal à un être relevant de l'espace des raisons, sans réinstaller à cet endroit le mystère que la notion de seconde nature vise précisément à faire disparaître. Après avoir mis en lumière le fait que, chez McDowell, la seconde nature devient toute la nature de l'être humain rationnel, nous montrerons que le concept de *Bildung* permet de rendre compte sans contradiction de cette transformation profonde, sur un mode dialectique. Le concept mcdowellien de seconde nature retrouve certains traits essentiels du concept hégélien. Mais si cela fait apparaître sa cohérence interne, cela suscite aussi de nouvelles questions sur le concept de nature sur lequel il fait fond.

De l'histoire naturelle à la seconde nature

McDowell se réfère à la fin du § 25 des *Recherches*, que nous avons cité plus haut : « donner des ordres, poser des questions, raconter, bavarder, tout cela fait partie de notre histoire naturelle tout comme marcher, manger, boire, jouer ». Il y trouve une expression directe de l'idée de seconde nature : « Par "notre histoire naturelle", [Wittgenstein] veut sûrement dire l'histoire naturelle des créatures dont la nature est, pour une large part, la seconde nature »[2]. Mettre en lumière la naturalité des capacités normatives, c'est montrer qu'elles n'ont pas besoin d'être fondées. En ce sens,

1. E. Bimbenet, *L'animal que je ne suis plus*, Paris, Gallimard, 2011, p. 47. Sur sa proximité à McDowell, *cf.* notamment p. 27.

2. *EM*, p. 130.

l'adjectif « seconde » ajoute d'abord une dimension chronologique : la rationalité est le résultat d'un développement. Dès que l'on considère ce développement, le mystère qui l'enveloppe disparaît ; les capacités langagières et rationnelles possédées par l'être humain adulte ne sont pas apparues tout à coup, comme par magie, elles sont le résultat d'un apprentissage progressif, de même que la capacité à marcher. Ce développement ne fait pas plus problème dans un cas que dans l'autre. Dans les termes de McDowell, l'initiation aux règles, au sein d'une communauté humaine, par l'éducation [1], suffit à rendre compte de ces capacités. « Les êtres humains sont initiés selon un mode dont on peut rendre raison à cette étendue de l'espace des raisons par une éducation [...] qui distille dans leur vie la configuration appropriée » [2]. Ces capacités, bien qu'elles se distinguent des capacités biologiques (innées ou développées) par leur mode d'acquisition, n'en sont pas moins *naturelles*. Elles sont issues de « potentialités » appartenant naturellement à « un organisme humain normal » [3].

McDowell affirme que le concept de seconde nature a chez lui un usage « thérapeutique », en un sens qu'il attribue à Wittgenstein :

> Mon ambition est de rendre compte, dans l'esprit d'un diagnostic, de certaines inquiétudes caractéristiques de la philosophie moderne – inquiétudes qui concernent centralement [...] la relation entre l'esprit et le monde. [...] J'espère parvenir à expliquer comment nous en venons à rencontrer des obligations philosophiques si familières, et je souhaite que mon explication nous permette de montrer que cette apparence d'obligation est une illusion. (*EM*, p. 19)

McDowell concède aux critiques de Wittgenstein que ce dernier n'est pas allé assez loin dans sa destruction des « châteaux de sable » construits par la philosophie elle-même [4] : c'est le dualisme

1. Nous reviendrons sur cette divergence entre éducation et dressage dans le chapitre v.

2. *EM*, p. 118.

3. *Ibid.*

4. *RP*, § 118. J. McDowell, « Meaning and Intentionality », *op. cit.*, p. 278.

de la nature et de la raison qui se trouve à la racine des difficultés philosophiques comme les dualismes du sujet et de l'objet, de l'esprit et du monde. La source de la maladie est selon McDowell une réaction excessive à l'avènement de la science moderne qui fait croire à un hiatus réel entre raison et nature. La cure consistera à rappeler le fait oublié que nature et raison sont toujours déjà liées et non séparées, c'est-à-dire que la raison constitue pour l'être humain une seconde nature, une manière d'être dans le monde. « Quand ils naissent, [les êtres humains] sont de simples animaux, et c'est au cours de leur maturation qu'ils sont transformés en penseurs ou en agents intentionnels. » [1] McDowell vise par là une évidence, constatable par tout un chacun. Le simple fait de la rappeler, d'attirer sur elle notre attention suffirait à « conjurer [*exorcise*] » ces « inquiétudes philosophiques » [2]. Il accorde donc à l'idée de seconde nature le statut de simple rappel ou souvenir, au sens là encore où Wittgenstein écrit que « le travail du philosophe consiste à amasser des souvenirs [*Erinnerungen*] dans un but déterminé » [3]. En effet, dire qu'une éducation humaine permet d'acquérir des capacités conceptuelles n'est pas une affirmation que l'on puisse contester, c'est une évidence ordinaire à constater. En ce sens, affirme McDowell, l'idée de seconde nature ne doit pas être « entendu[e] comme une *théorie* dont on pourrait débattre, quelque chose pour lequel une preuve pourrait être exigée » [4].

Mais McDowell confère également à l'adjectif « seconde » le sens plus fort d'une distinction logique. C'est la distinction entre deux formes de nature, qui obéissent à des principes d'intelligibilité différents : d'un côté, l'ordre de la causalité physique et biologique ; de l'autre, celui des normes. S'il s'agit bien d'une seconde nature,

1. *EM*, p. 163.

2. *EM*, p. 29-30.

3. *RP*, § 127. *Reminder* (rappel) est la traduction anglaise du terme *Erinnerungen* (souvenirs) au § 217 des *Recherches philosophiques*. Cette occurrence constitue la source de l'usage que McDowell fait du terme *reminder.*

4. J. McDowell, « Réponses », dans A. Le Goff, C. Al-Saleh (dir.), *Autour de* L'Esprit et le monde *de John McDowell*, trad. fr. A. Le Goff et C. Al-Saleh, Vrin, 2013, p. 261. Souligné par l'auteur.

c'est parce qu'elle obéit à un principe d'intelligibilité différent de celui auquel obéit la première. Dans les termes de McDowell, notre éducation humaine nous initie à un espace logique autre que celui de la nature biologique, l'« espace logique des raisons ». Le concept de seconde nature doit permettre de penser le fait que la raison, ou les capacités normatives en général, font accéder les êtres humains à une dimension de la réalité qui n'est pas réductible à la causalité mécanique, et néanmoins qu'elles sont bien naturelles. Pour les animaux non humains, précise McDowell, il n'y a pas lieu de parler de seconde nature, même à propos de capacités qui ne sont pas innées mais dépendent d'un développement dans un contexte social, c'est-à-dire d'un dressage. Il est vrai, admet-il, que l'on pourrait dire que c'est la seconde nature du chien que de se retourner, à l'ordre « retourne-toi ». Cependant, le dressage n'est alors que la modélisation de comportements déterminés préexistants, et non un nouveau type de comportement qui n'obéirait pas à des « impératifs biologiques ». Par conséquent, conclut McDowell, « à part pour sa provenance, la seconde nature des chiens est exactement comme leur première nature »[1] et « il n'y a pas d'intérêt à distinguer une première nature là où le concept de seconde nature n'a pas d'application possible, comme c'est le cas pour la plupart des animaux »[2]. Ainsi, acquérir une seconde nature, c'est changer de paradigme. La vie humaine se distingue du reste de la nature inerte mais aussi vivante. Cette forme de vie inaugure un rapport au monde qui passe par le concept, la connaissance et la liberté. Contrairement à ce qu'affirme McDowell, il semble bien qu'accorder ce contenu à la seconde nature en fait une certaine thèse, une conception de la vie humaine qui est sujette à objections et doit être défendue.

On comprendra mieux en quel sens la rationalité est, pour McDowell, la seconde nature des êtres humains à partir d'une expérience de pensée qu'il propose, celle de loups rationnels, c'est-

1. J. McDowell, « Responses », *in* M. Willashek (ed.), *John McDowell : Reason and Nature. Lecture and Colloquium in Münster, 1999*, Münster, LIT Verlag, 2000, p. 98.

2. J. McDowell, « Réponses », dans *Autour de* L'Esprit et le monde, *op. cit.*, p. 266.

à-dire dotés du *logos* au même sens que les êtres humains [1]. Cette analyse s'inscrit dans le contexte d'une recherche sur la vertu : McDowell entend montrer que l'action vertueuse est l'expression de la nature de l'agent, sans que cela renvoie aux processus biologiques du corps vivant. L'expérience de pensée vise à mettre en lumière ce qui distingue un comportement rationnel (c'est-à-dire naturel au sens de la seconde nature) d'un comportement naturel au sens de la première nature. Elle permet de distinguer ce qui est, de fait, toujours impossible à distinguer dans l'être humain rationnel qui passe insensiblement de la première à la seconde nature. Le loup qui fait l'objet de cette expérience de pensée, avant de devenir rationnel, avait des comportements « naturels » au sens où ceux-ci étaient l'effet d'une détermination biologique propre à son espèce. Chasser en meute, par exemple, ne faisait pas l'objet d'une décision de sa part. Une fois rationnel, il a la possibilité de se comporter autrement. Désormais, son corps et les déterminations qui lui sont liées ne déterminent plus son comportement. « Ayant acquis la raison, [le loup rationnel] peut contempler les alternatives possibles ; il peut prendre du recul par rapport à sa pulsion naturelle et la soumettre à un examen critique » [2]. *A fortiori*, la raison l'oblige à prendre ce recul et estimer, par le jugement, si ses pulsions constituent de bonnes raisons d'agir. « Avec l'arrivée de la raison, la nature de l'espèce abdique son autorité, jamais mise en question auparavant, sur le comportement de l'animal individuel. » [3] Devenir rationnel est donc un changement radical. Certes, il est bien possible que le loup devenu rationnel continue à se comporter de la même manière qu'auparavant – qu'il continue par exemple à chasser en meute – mais ce ne sera plus sous l'effet d'une détermination causale, ce sont désormais des raisons qui détermineront sa volonté. Refuser de juger pour s'en remettre à ses désirs ou ses pulsions est encore en effet une forme de jugement. On retrouve là un point introduit par le

1. J. McDowell, « Two Sorts of Naturalism », *op. cit.*, § 3.
2. *Ibid.*, p. 171.
3. *Ibid.*, p. 172.

concept d'espace logique des raisons : une fois que l'on participe de l'espace des raisons, on y est entièrement.

Il apparaît donc que le concept mcdowellien de seconde nature s'adosse à une certaine anthropologie : la seconde nature des êtres humains est leur rationalité, celle-ci pouvant être saisie par contraste avec la nature purement biologique qui les déterminait avant qu'ils n'acquièrent la rationalité. Il ne s'en tient pas uniquement à une thèse thérapeutique montrant que la rationalité n'est pas surnaturelle, mais soutient également une thèse positive, par laquelle il attribue un certain sens à cette rationalité. Or, cette thèse soulève certains problèmes : il faut montrer comment la seconde nature est issue de la première nature tout en constituant un ordre normatif indépendant de la causalité biologique. Pour que la dualité des deux natures ne revienne pas au dualisme qu'il s'agit de dépasser, il faut qu'existe une unité réelle entre les divers sens de nature proposés qui ne passe pas par la réduction de l'une à l'autre. La question du rapport entre les deux natures est donc cruciale, et pourtant peu considérée par McDowell, qui ne semble pas apercevoir qu'elle touche au cœur de son projet.

La seconde nature, dépassement de la simple nature

Quel statut accorder à ces nouvelles capacités qui ne sont pas d'ordre biologique ? L'expérience de pensée du loup rationnel nous permet encore d'avancer sur ce point : « [le loup rationnel] n'a pas cessé d'être un loup, et la raison, qui semble lui dicter son projet, fait maintenant partie de sa nature. (Elle fait partie de notre nature.) » [1]. Qu'est-ce que cela veut dire que la raison fait partie de notre nature ? Cela veut d'abord dire, en un sens négatif, que la raison n'est pas une capacité mystérieuse, surnaturelle. En un sens positif, cela veut dire qu'une *vie* humaine doit être pensée comme comprenant des processus biologiques mais aussi des usages normatifs. Donner un sens positif à cette idée que la raison fait partie de notre nature implique d'élargir le sens du concept de nature au-

1. *Ibid.*, p. 173.

delà du sens que nous lui donnons généralement, d'ensemble des phénomènes physiques et biologiques. C'est précisément le sens de la thèse : il faut concevoir la vie humaine comme une vie à laquelle appartiennent des capacités normatives qui ne se réduisent pas à des déterminations biologiques.

Cependant, il est possible que les prescriptions de sa raison s'opposent aux instincts biologiques de l'individu. Par exemple, si notre loup rationnel décide qu'il est à son avantage et donc justifié d'exploiter les autres loups plutôt que de chasser en meute avec eux [1]. Le nouveau comportement est-il contre-nature ? Le loup rationnel renierait-il sa nature de loup ? On ne peut dire cela, car le loup n'a pas cessé d'être un être vivant. Mais le contenu de ce qu'est sa nature a changé.

> Cela implique de revoir le projet consistant à transcender partiellement sa nature comme un projet visant à réaliser correctement sa nature. […] Le concept de nature figure ici, et sans incohérence, en deux sens tout à fait différents : comme « simple » nature et comme quelque chose dont la réalisation implique de la transcender [2].

La nature du loup est désormais la nature d'un être vivant rationnel. Reste à comprendre comment s'articulent ces deux dimensions, celle de la biologie et celle de la raison, au sein d'un même individu, et donc comment la seconde nature peut émerger de la première.

McDowell ne s'attache pas à penser l'unité du concept de nature, affirmant qu'il n'est nul besoin de faire une « unification substantielle » [3] de ses différents sens pour qu'ils soient chacun valides. Le premier sens auquel il utilise la notion de nature correspond à l'usage courant du terme : ce sont *les phénomènes physiques et biologiques innés ou acquis*, c'est-à-dire, selon la définition qu'il en donne,

1. Que ce soit le raisonnement juste est une autre question – une question qui justement se pose dès lors que l'individu accède à l'espace logique des raisons. Cf. *ibid.*

2. *Ibid.*

3. J. McDowell, « Responses », *in* M. Willashek (ed.), *John McDowell*, *op. cit.*, p. 99.

l'ensemble des phénomènes rendus intelligibles par les sciences naturelles. En relèvent tous les aspects des vies des animaux non humains, mais aussi ce que l'on peut appeler la *première nature* des êtres humains non encore rationnels. En outre, il soutient qu'il faut également qualifier de nature *la seconde nature acquise par les êtres rationnels* au cours de leur développement ; les phénomènes qui en relèvent sont caractérisés par leur normativité. Or, le seul critère d'unification du concept de nature qu'il fournit est négatif, à savoir l'opposition à l'idée de surnaturel. Cette réponse est cohérente avec son projet, tel que nous l'avons exposé en introduction, son objectif étant de montrer qu'il n'est pas besoin de s'engager dans la voie d'un naturalisme scientifique pour penser les normes et notre capacité à les saisir. Il suffit pour cela de rappeler que le concept de nature n'est pas restreint au domaine des sciences naturelles, et qu'il est possible de penser l'existence des normes sans tomber dans le surnaturel. Toutefois, s'il n'y a pas d'incohérence de principe à soutenir que le terme de nature puisse être utilisé en deux sens mutuellement exclusifs (on concédera d'ailleurs à McDowell que le langage ordinaire rassemble sous un même concept de nature des sens fort divers), c'est à la condition que ces deux sens s'appliquent à des choses différentes. Ainsi, il n'y a pas d'incohérence à dire que la nature est la totalité des phénomènes physiques et biologiques *et* que c'est le principe d'existence d'un être rationnel ; on comprend alors la notion de nature en des sens différents bien que se rapportant à chaque fois à des phénomènes réels. Mais un problème se pose dès lors que l'on veut appliquer deux sens hétérogènes du terme de nature à la même entité, en l'occurrence à l'être humain. Or, c'est précisément le but de la notion de seconde nature : il s'agit de montrer que l'être humain, en tant qu'être rationnel, relève à la fois de la simple nature et de la raison, pensée comme un autre développement de sa nature. Il faut donc rendre compte du fait que la rationalité comme seconde nature est bien, en un sens qui reste à préciser, l'émanation de la nature de l'individu.

« Nul doute que la transcendance ne peut être que partielle »[1], affirme McDowell à propos de l'apparition de la seconde nature en l'individu. C'est un point qu'il réitère ailleurs, admettant qu'« à certains égards, la vie des êtres humains adultes concorde simplement avec celle des simples animaux car il serait absurde de supposer que la *Bildung* [c'est-à-dire l'éducation] opère, pour ainsi dire, une transfiguration de tous les aspects d'une vie humaine »[2]. Cette conception revêt l'apparence d'une évidence et semble résoudre le problème : devenu rationnel, l'individu n'en est pas moins un être incarné, soumis à sa biologie et aux lois de la physique. On constate une continuité à la fois corporelle, psychologique et émotionnelle entre l'individu devenu rationnel et celui qu'il était auparavant. Cependant, laisser subsister à côté de la seconde nature une forme de première nature a une apparence de facilité trompeuse. En effet, si la seconde nature (rationnelle) s'ajoute à la première nature (biologique), une concurrence apparaît entre deux principes. Or, la raison ne peut être qualifiée d'autonome que si elle est indépendante des causes biologiques. Ainsi, d'un côté, l'expérience ordinaire semble conférer un caractère d'évidence au fait que la seconde nature vient s'ajouter à la première nature de l'individu sans la remplacer totalement. De l'autre, la conception mcdowellienne de la rationalité semble exiger que la seconde nature prenne entièrement la place de la première nature. McDowell lui-même ne tranche pas, s'en tenant généralement à des formules vagues qui peuvent être interprétées d'une manière ou de l'autre, sans examiner de près le rapport entre première et seconde natures. Il affirme par exemple que « nous devons nous considérer comme des animaux dont la naturalité est traversée de [*permeated with*] rationalité, même si nous concevons, comme il convient, la rationalité en des termes kantiens »[3]. Le terme choisi (*permeated with*) peut signifier que la rationalité se développe dans la nature humaine en irriguant certaines zones ou au

1. J. McDowell, « Two Sorts of Naturalism », *op. cit.*, p. 172.

2. *EM*, p. 227, trad. mod. McDowell conserve le concept allemand de *Bildung*. Cf. *infra*, p. 114 *sq*.

3. *EM*, p. 119, trad. mod.

contraire en se diffusant dans toutes les parties d'une vie humaine, laissant les deux hypothèses ouvertes. Le problème est qu'elles sont incompatibles et qu'il faut choisir.

Examinons les quelques pistes données par McDowell pour penser ce que sont les restes de première nature au sein de l'individu qui a acquis une seconde nature. L'une de ses suggestions est qu'il s'agit de « résidus inassimilés de [l'] évolution hors de la pure nature (première nature). C'est là exprimer une idée centrale de Freud » [1]. Il est vrai que la résurgence inconsciente du passé dans le présent, et en particulier du passé infantile, est au cœur de la psychanalyse freudienne. Comme l'écrit Freud, « les états primitifs peuvent toujours être restaurés. Le psychique primitif est, au sens plein, impérissable » [2]. Cette résurgence prend notamment la forme de la régression, c'est-à-dire du retour à des stades psychosexuels de développement antérieur. La régression, élément constitutif des névroses (Freud analyse par exemple la névrose obsessionnelle comme la régression au stade anal du développement), fait plus largement partie de la vie psychique en général (notamment dans les rêves) et non seulement dans ses formes pathologiques.

Cependant, est-il juste de dire que ces éléments maintenus dans la vie psychique adulte par la régression sont des résidus de l'enfant qu'était l'individu avant le développement qui l'amène à devenir un être humain adulte initié aux raisons et au langage ? L'interprétation suggérée par McDowell semble doublement fausse. Tout d'abord, elle manifeste une mauvaise compréhension du phénomène de régression. Dans la régression, le passé lui-même n'est pas à proprement parler présent, c'est l'acte psychique présent de l'adulte qui est déterminant. En outre, McDowell présuppose une coupure entre l'état infantile qui relèverait de la première nature et l'état de l'adulte devenu rationnel qui relèverait de la seconde nature. Or, une telle discontinuité n'apparaît pas pertinente du point de vue de

1. *EM*, n. 1 p. 227.

2. S. Freud, « Considération actuelle sur la guerre et la mort », cité par J. Laplanche, J.-B. Pontalis, *Vocabulaire de la psychanalyse*, Paris, P.U.F., 1967, p. 402.

la psychanalyse freudienne. Parce qu'il est d'emblée pris en charge par d'autres personnes, le bébé est d'emblée dans un monde humain chargé de sens. Avant même de développer des compétences langagières, le petit enfant vit dans un univers symbolique et langagier, et non seulement matériel. À aucun moment, même dans son plus jeune âge, l'être humain n'est entièrement dans ce qui serait une première nature entièrement vide de sens. Si les éléments maintenus dans la vie psychique de l'adulte par la régression sont donc bien, en un sens, des résidus inassimilés, ce ne sont pas les résidus d'une hypothétique première nature.

Selon l'hypothèse la plus vraisemblable, la dimension de première nature qui resterait dans l'être humain possédant une seconde nature serait la part irréductible du corps et de ses besoins. À l'instar de tous les autres animaux, nous possédons un corps. Ce corps est, certes, dans une certaine mesure, malléable, mais n'est-il pas ce qui fondamentalement échappe à l'emprise totale de la seconde nature ? McDowell semble donner des indices en ce sens. Ainsi, à propos des loups rationnels dont il fait l'expérience de pensée : bien que ses pulsions naturelles ne le déterminent plus et ne puissent en elles-mêmes lui servir de raisons pour déterminer son action, le loup rationnel n'échappe pas à certains faits de sa nature biologique de loup. Par exemple, le seul régime alimentaire qui lui convienne est toujours celui d'un carnivore [1]. Il semble donc logique de conclure que McDowell entend par première nature l'organisme humain et ses contraintes imprescriptibles. C'est ce que comprend Sebastian Rödl : « la première nature de l'homme définit l'organisme humain et ses pouvoirs d'action » [2]. Cependant, McDowell récuse cette interprétation.

> [D]ans ma conception, la nature humaine est de part en part informée par la rationalité consciente de soi, que je caractérise comme seconde nature des êtres humains. Je ne reconnais pas comme mienne cette idée que Rödl prétend trouver chez moi : à savoir que, puisque le

1. J. McDowell, « Two Sorts of Naturalism », *op. cit.*, p. 172.

2. S. Rödl, « La seconde nature », dans A. Le Goff, C. Al-Saleh (dir), *Autour de* L'Esprit et le monde, *op. cit.*, trad. fr. A. Le Goff, p. 137-150, p. 147.

> principe de l'organisme humain est la première nature de l'être humain, tandis que la rationalité consciente de soi est sa seconde nature, le principe du raisonnement humain est distinct de celui de l'organisme humain. [...] Je ne pense pas que la seconde nature, acquise par un être humain au cours de sa maturation normale, soit distincte de quoi que ce soit de spécifiquement humain [1].

Cette réponse évacue les ambiguïtés auparavant laissées par McDowell : il n'y a pas deux principes en l'être humain – un principe purement organique qui subsisterait après l'acquisition de la rationalité et la seconde nature rationnelle. Acquérir une seconde nature, c'est s'affranchir de sa première nature pour développer sa véritable nature. Certes, certaines prescriptions de la première nature (par exemple, le fait de devoir manger pour vivre) sont reprises au sein de la seconde nature. Mais elles ne possèdent plus d'autorité au titre de première nature. Ainsi, un individu peut, pour une certaine *raison*, faire une grève de la faim et résister à son besoin physiologique de nourriture. Bien que la nécessité biologique existe, elle n'est plus déterminante. La seconde nature, si elle ne remplace pas le corps lui-même, remplace intégralement la première nature comme principe déterminant. Cette dernière position avancée par McDowell apparaît bien plus solide que celle consistant à dire que coexistent en l'être humain seconde nature et première nature. En effet, laisser subsister une forme de première nature à côté de la raison comme seconde nature reviendrait à inscrire la seconde dans une dépendance (même minimale) à la première. La seule position cohérente pour la conception de McDowell est donc bien d'affirmer que la *Bildung* opère une *transfiguration* de *tous* les aspects d'une vie humaine.

Cette thèse concorde avec la célèbre thèse de « l'illimitation du conceptuel » proposée par McDowell dans *L'Esprit et le monde* [2]. Le

1. J. McDowell, « Réponses », dans *Autour de* L'Esprit et le monde, *op. cit.*, p. 270-271.

2. Nous ne pouvons présenter en détail ici cette thèse, certainement la plus discutée de McDowell. Il la défend en particulier dans *L'Esprit et le monde* et dans les articles de *Having the World in View*, notamment, en français, « Les capacités

hiatus apparent entre l'esprit et le monde est, d'après lui, produit par le dualisme que nous postulons entre nature et raison. Sur le plan de la pensée et de l'expérience, ce fossé se traduit par notre incapacité à trouver un donné empirique qui ait une valeur normative. Dès lors, la connaissance mais aussi l'expérience et même la pensée semblent incapables d'atteindre le monde[1]. McDowell en conclut que l'expérience elle-même est de part en part conceptuelle. Si l'esprit atteint le monde, c'est parce qu'il n'en est pas séparé : le contenu de son expérience est déjà conceptuel. Cette expérience entièrement conceptuelle est celle d'un être dont la nature est entièrement seconde nature. Bien que McDowell ait reculé devant l'aspect hautement paradoxal de cette thèse, le concept de *Bildung* lui offre une voie pour lui donner sens.

La Bildung *réalise la véritable nature de l'être humain*

Dans l'expérience de pensée rappelée plus haut, McDowell affirme que devenir rationnel, pour le loup considéré, c'est réaliser sa *vraie* nature. Une certaine conception de l'éducation comme *Bildung* permet de penser l'acquisition d'une seconde nature qui transforme la nature de l'individu. C'est McDowell lui-même qui propose le lien entre ces concepts. Trouvant chez Aristote l'idée que « l'acquisition d'une seconde nature » nous « ouv[re] les yeux aux raisons », il ajoute : « je ne connais pas d'expression courte dans ma langue pour ceci, mais c'est ce qui se trouve dans la philosophie allemande sous le terme de *Bildung* »[2]. Ce concept permet en effet de penser la formation d'une seconde nature au sein d'une première

conceptuelles dans la perception », dans R. Brisart, C. Gauvry (dir.), *Perception et concept : le conceptualisme en question*, trad. fr. A. Le Goff, Bruxelles, Ousia, 2016, p. 143-169. Pour une mise en contexte de sa position au sein du débat sur le conceptualisme, voir les autres contributions à cet ouvrage. Pour une présentation critique de cette thèse, voir J. Benoist, « L'esprit et son monde », *Critique*, vol. 730, n°3, 2008, p. 235-242.

1. Bien qu'il ne le développe pas, McDowell note qu'un problème parallèle se pose dans le champ de l'action. Cf. *EM*, p. 123-126.

2. *Ibid.*, p. 119.

nature, le développement de l'autre au sein du même. Cependant, l'examen du détail du processus va révéler des complexités qui ne sont pas envisagées par McDowell.

En un seul terme – terme auquel ne correspond pas d'équivalent en anglais ni en français – sont rassemblés les sens d'éducation, de culture et de formation [1]. Tel qu'il a été élaboré dans la pensée allemande, en philosophie mais aussi en histoire et en littérature, le concept de *Bildung* permet de penser, au niveau de l'individu ou du peuple, le passage entre deux états hétérogènes et qui lui sont pourtant tout aussi propres. Comme le souligne Humboldt, la *Bildung* diffère de l'éducation ou de la culture en ce qu'elle ne consiste pas seulement en l'acquisition de certaines connaissances supplémentaires, c'est-à-dire en un perfectionnement qui s'ajouterait à l'individu sans le transformer [2]. Au niveau de l'individu comme du peuple, la culture ne fait qu'appliquer une sorte de vernis, elle réalise un polissage des mœurs par la coutume. La *Bildung* opère en profondeur, *transformatrice* au plan moral aussi bien qu'intellectuel. La métaphore du germe a souvent été utilisée pour penser ce passage, pour penser l'irruption de la différence au sein du même [3]. La transformation du germe en plante est une transformation profonde et même radicale. La plante n'a pas seulement changé de proportions, elle obéit à un fonctionnement radicalement différent de celui du germe. Mais, bien que sa forme ait entièrement changé, il s'agit toujours du même individu. Il y a un saut qualitatif entre le début et la fin du processus de formation ; et pourtant, il s'agit toujours du même être. La *Bildung* est à la fois le processus de découverte du soi et le résultat. C'est ce que suggère

1. L'unité de ces sens en un même concept est le produit d'une certaine histoire allemande, au XVIIIe siècle. Voir A. Assmann, *Arbeit am nationalen Gedächtnis : Eine kurze Geschichte der deutschen Bildungsidee*, Frankfurt am Main, Campus, 1993 ; *Construction de la mémoire nationale : une brève histoire de l'idée allemande de Bildung*, trad. fr. F. Laroche, Paris, Maison des sciences de l'homme, 1994, p. 5-6.

2. Cf. *Ibid.*, p. 19.

3. *Cf.* G.W.F. Hegel, *Phänomenologie des Geistes*, *Gesammelte Werke*, Bd. 9, Hamburg, Felix Meiner, 1980 ; trad. fr. B. Bourgeois, *Préface et introduction de la « Phénoménologie de l'esprit »*, Paris, Vrin, 1997, p. 57.

également le genre du *Bildungsroman* qui met en scène la *Bildung* : c'est au cours de ses pérégrinations, de ses expériences et de ses rencontres que le héros se forme lui-même. À l'arrivée, il est une nouvelle personne, la *Bildung* est comme une seconde naissance. Le concept dynamique et dialectique de *Bildung*, à la fois processus et résultat, permet de corriger ce qui peut apparaître statique dans l'idée de seconde nature.

Il est essentiel que cette accession à un être plus véritable dépende de l'individu lui-même. Alors que l'éducation (ou la culture) est reçue de l'extérieur, la *Bildung* est une formation de soi par soi. Non que la *Bildung* ne dépende de l'environnement social dans lequel s'inscrit l'individu, mais, comme le remarque Hans-Georg Gadamer, « la culture d'une disposition développe quelque chose qui est donné. […] Dans la *Bildung* au contraire, ce à quoi on se forme et qui forme quelqu'un est aussi l'objet d'une appropriation totale. La *Bildung* absorbe ainsi tout ce qu'elle reçoit. »[1] Cela permet de penser l'émergence de capacités autonomes : bien que la formation de l'individu soit dépendante de causes extérieures, c'est-à-dire l'éducation qu'il reçoit et, comme nous le verrons, les conditions matérielles permettant le développement de ses capacités, les capacités nouvelles produites par la *Bildung* sont le résultat du propre travail de l'individu sur lui-même, un travail d'appropriation et de libération par rapport au donné de la première nature.

Si Gadamer voit dans « l'idéal nouveau d'une "*Bildung* qui fait l'homme" » développé au XVIIIe siècle l'un des « concepts fondateurs de l'humanisme »[2], il faut souligner la continuité de ce concept avec une conception beaucoup plus ancienne de la vie

1. H.-G. Gadamer, *Wahrheit und Methode : Grundzüge einer philosophischen Hermeneutik*, Tübingen, J.C.B. Mohr, 1972 ; trad. fr. P. Fruchon, J. Grondin et G. Merlio, *Vérité et méthode : les grandes lignes d'une herméneutique philosophique*, Paris, Seuil, 1996, p. 27. Pour conserver l'unité de notre réflexion, nous conservons l'allemand *Bildung* au lieu de sa traduction par « formation ». Bien que McDowell n'indique pas de référence particulière pour le concept de *Bildung*, on peut présumer qu'il s'est inspiré des passages pertinents chez Gadamer, par ailleurs largement cité dans *L'Esprit et le Monde*.

2. *Ibid.*, p. 25.

humaine. Comme le remarque Aleida Assmann, le concept de *Bildung* est une nouvelle expression d'une conception classique de la vie humaine dans sa différence avec les vies simplement animales, telle qu'elle apparaît notamment le mythe de Prométhée, dans la formulation qu'en donne le *Protagoras*. L'être humain est l'animal qui, en un sens, se fait lui-même. Par là, il se distingue de tous les autres animaux et cesse d'être un animal, si un animal est un être vivant déterminé par sa nature. Assmann cite l'expression christianisée que donne de cette idée Pic de la Mirandole.

> Le parfait artisan décida finalement qu'à celui à qui il ne pouvait rien donner en propre serait commun tout ce qui aurait été le propre de chaque créature. Il prit donc l'homme, cette œuvre à l'image indistincte, et l'ayant placé au milieu du monde, il lui parla ainsi : "Je ne t'ai donné ni place déterminée ni visage propre, ni don particulier, ô Adam, afin que ta place, ton visage et tes dons, tu les veuilles, les conquières et les possèdes par toi-même. La nature enferme d'autres espèces et des lois par moi établies. Mais toi, que ne limite aucune borne, par ton propre arbitre, entre les mains duquel je t'ai placé, tu te définis toi-même. Je t'ai mis au milieu du monde afin que tu puisses mieux contempler autour de toi ce que le monde contient. Je ne t'ai fait ni céleste ni terrestre, ni mortel ni immortel, afin que souverain de toi-même tu actives ta propre forme librement à la façon d'un peintre ou d'un sculpteur"[1].

Il est frappant que Pic de la Mirandole utilise les mêmes critères que McDowell pour caractériser la manière dont l'être humain se distingue du reste des animaux. Ce n'est pas tant le fait que l'homme est à l'image de Dieu qui le distingue de toutes les autres créatures que sa capacité de se donner à lui-même son propre visage. Parmi tous les animaux, l'être humain échappe à l'emprise de la nature en se donnant à lui-même sa propre forme. Il a bien été créé par le créateur ou, en termes laïques et contemporains, il est le produit de l'évolution. Mais il est le seul à ne pas être totalement déterminé

1. J. Pic de la Mirandole, *Œuvres philosophiques*, trad. fr. O. Boulnois et G. Tognon, Paris, P.U.F., 2004, p. 5. Cité par A. Assmann, *Construction de la mémoire nationale*, *op. cit.*, p. 14.

par les lois de son espèce et de la nature en général. Si la matière vivante est donnée, sa forme reste à dégager. Certes, suggère Pic de la Mirandole en reprenant la métaphore aristotélicienne, cette forme est déjà en puissance, il ne faut que l'actualiser, c'est une forme proprement humaine. Mais dans l'indistinction première qui appelle la tâche de formation réside la possibilité même de la liberté. Cette liberté est véritablement autonomie parce que tout ce qui caractérise l'être humain en tant qu'humain – place, visage, dons – il doit les vouloir pour les conquérir et enfin les posséder réellement. Il ne possède réellement que ce qu'il a lui-même conquis. Enfin, la liberté s'accompagne de la connaissance des choses : l'être humain est celui auquel est accessible le point de vue de « contempl[ation] » du monde. Les autres créatures ne peuvent accéder à ce point de vue détaché sur les choses du monde. Ce passage de Pic de la Mirandole témoigne de la permanence de cette conception de la vie humaine au sein de la pensée occidentale, jusqu'à l'expression qu'on en trouve chez McDowell : l'être humain rationnel est celui dont la nature est de se donner sa propre forme ; il se distingue en cela du reste du vivant. Cette conception de la vie humaine est solidaire d'une certaine dualité, entre l'humain et l'animal, dualité dont nous examinerons en détail les conséquences dans le prochain chapitre. Pour ce qui est en tout cas de la dualité au sein de l'être humain, entre le corps et l'esprit, le concept de *Bildung* permet d'y répondre.

L'esprit incarné

Le concept de *Bildung* permet de donner sens à la thèse de McDowell selon laquelle la seconde nature implique tout ce qui est « spécifiquement humain », y compris l'organisme, thèse hautement contre-intuitive et qu'il ne s'attache malheureusement pas lui-même à expliciter. À première vue, cette thèse le conduit à soutenir une position intellectualiste et idéaliste radicale. En effet, McDowell définit la rationalité comme une « orientation libre, qui ménage une distance »[1]. Cette distance est celle de la réflexivité : ne sera

1. *EM*, p. 153.

véritablement rationnelle qu'une pensée capable de « répondre à des raisons » [1], de se justifier. Dire, avec cette définition de la rationalité, que la rationalité pénètre tous les aspects d'une vie humaine semble donc revenir à une conception excessivement intellectualiste de la vie humaine. C'est le reproche que lui adresse Hubert Dreyfus.

À première vue, la conception mcdowellienne de la rationalité ne permet pas de rendre compte de nombreux cas où notre engagement dans une situation ne passe pas par le raisonnement ou la réflexion. Dreyfus propose ainsi l'exemple de l'expert, comme par exemple un maître d'échecs. L'expert dans un domaine *voit* la solution ou la bonne réponse sans avoir besoin de réfléchir ni analyser, c'est-à-dire d'appliquer explicitement les règles [2]. L'explicitation des règles du jeu et des usages guident l'apprenti, pour ainsi dire comme les roulettes aident l'enfant qui apprend à faire du vélo, tandis que la longue expérience produit la perception immédiate de ce qui est juste dans la situation. Peut-on pour autant, comme le fait Dreyfus, en conclure que la perception de l'expert ne met en jeu aucune capacité conceptuelle ? Cela serait se fonder sur une conception très étroite du concept et de la rationalité, une conception qui correspond seulement à une certaine forme de rationalité déductive. Au contraire, McDowell propose, à partir d'Aristote, une autre conception de la rationalité pratique et c'est à partir de cette conception qu'il soutient que la rationalité fait entièrement partie de l'action et de l'expérience. Aristote affirme qu'il n'y a pas de principes disponibles en morale et réfute ainsi l'idée que la rationalité pratique puisse prendre la forme d'une subsomption sous des lois morales. L'action vertueuse est celle de la personne juste, le *phronimos*, engagée dans une situation particulière [3]. De même, rappelle McDowell, « dans ma conception, la rationalité est *dans* l'action et tout aussi dépendante à l'égard de la situation que l'est l'action elle-même, et non *derrière* l'action, sous

1. Cf. *EM*, Première conférence.

2. *Cf.* H.L. Dreyfus, « Overcoming the Myth of the Mental : How Philosophers Can Profit from the Phenomenology of Everyday Expertise », *Proceedings and Addresses of the American Philosophical Association*, vol. 79, n°2, 2005, p. 47-65.

3. Voir *supra*, chap. I.

la forme d'une "maxime" »[1]. La rationalité pratique ne doit pas être systématiquement assimilée à la mise en œuvre d'un raisonnement. Que l'expert n'ait besoin d'aucun *raisonnement* pour établir une vérité ne signifie pas que l'expertise n'est pas un acte *conceptuel* ou *rationnel*[2]. Un certain répertoire conceptuel est au cœur de la compétence du maître d'échecs : la maîtrise des règles, le sens des figures sur l'échiquier. Et il ou elle fait certaines « distinctions » et « discriminations » (pour reprendre les termes mêmes de Dreyfus), qui sont bien des actes conceptuels. La conclusion à tirer des cas d'expertise (catégorie dont relève également l'expertise éthique examinée par Aristote) doit bien plutôt être que les raisonnements ne constituent pas l'unique forme d'acte rationnel. L'idée de libre orientation n'implique pas nécessairement celle d'un détachement réflexif. Elle présuppose, au contraire, l'engagement dans le monde dans lequel on essaie de s'orienter. C'est précisément la conception de la rationalité que McDowell s'efforce de promouvoir avec l'idée de seconde nature : parce que la raison se développe au sein d'une vie, elle est d'emblée engagée dans le monde. Bien que notre rapport au monde soit entièrement conceptuel, nous sommes engagés dans le monde naturel et non dans un au-delà du monde.

Cependant, Dreyfus fait une autre objection à McDowell, à partir de cas d'*embodied coping*, c'est-à-dire de manières de se rapporter directement, immédiatement, au monde, sans que le concept intervienne apparemment en aucune manière, par exemple lorsque l'on fait un geste simple, comme lancer une balle[3]. Certes, on pourrait dire que ce geste relève de l'espace des raisons au sens où il peut faire l'objet d'une justification par le sujet. Mais la justification apparaît comme une rationalisation *a posteriori* qui

1. J. McDowell, « What Myth ? », in *The Engaged Intellect*, *op. cit.*, p. 308-323, ici p. 312, n. 14. Dreyfus ne connaît manifestement pas les travaux de McDowell sur Aristote.

2. Pour une critique de Dreyfus, voir également J. Benoist, *Concepts : Introduction à l'analyse*, Paris, Le Cerf, 2010, p. 56-59.

3. H.L. Dreyfus, « The Return of the Myth of the Mental », *Inquiry*, vol. 50, n°4, 2007, p. 354.

ne caractérise pas adéquatement le comportement en question. Il semble bien y avoir des cas de perception et d'action où les êtres humains se trouvent engagés de manière non conceptuelle dans le monde. Il faudrait donc, selon Dreyfus, distinguer deux modes de notre rapport au monde : d'abord, un pur *coping*, fait d'habitudes corporelles, au-dessus duquel se forme un niveau supérieur où la raison et le langage entrent en jeu. La capacité à s'orienter librement dans le monde ne caractérise pas selon lui notre mode d'être au monde, mais elle est l'effet d'une prise de distance, seconde par rapport à la manière dont nous est d'abord donné le monde.

En réponse à l'objection, McDowell discute l'un de ces cas, mettant en contraste le comportement humain avec le comportement d'un chien. Imaginons un individu – être humain ou chien – qui, dans un parc, attrape au vol un frisbee que des joueurs ont laissé s'échapper (l'être humain ou le chien en question n'était pas lui-même en train de jouer au frisbee). Il s'agit, pour l'humain comme pour le chien, d'un comportement réflexe, non réfléchi. Cependant, McDowell soutient que le comportement n'est pas identique selon qu'il est accompli par un être rationnel ou par un simple animal. L'acte humain est déjà dans le conceptuel. Certes, l'action n'est pas le résultat d'un raisonnement de type instrumental (qui serait par exemple exprimé ainsi : « je dois sauter pour attraper le frisbee ») car l'exemple présuppose que l'individu n'a pas le temps de mettre en œuvre un tel raisonnement. Mais l'acte, selon McDowell, « réalise un concept pratique » :

> Ce que l'on veut dire, en disant que l'agent rationnel, contrairement au chien, réalise un concept en faisant ce qu'il fait est que ce qu'il fait, sous une spécification qui capture le contenu du concept pratique qu'il réalise, tombe dans le champ de sa rationalité pratique – même si c'est seulement par le fait que, si on lui demandait pourquoi il a attrapé le frisbee, il répondrait : « Sans raison particulière ; j'ai juste eu envie de le faire »[1].

1. J. McDowell, « Response to Dreyfus », in *The Engaged Intellect*, *op. cit.*, p. 324-328, p. 327.

Le geste accompli *réalise* le concept, indépendamment de la conscience que l'agent peut en avoir sur le moment, au sens où il peut être ressaisi par l'agent grâce à ce concept. L'acte appartient bien à l'espace des raisons car l'agent peut se l'attribuer et va en effet se l'attribuer. Il ne pense pas que c'est quelqu'un d'autre qui a attrapé le frisbee ou que son corps a été mû par une force indépendante de lui. Cette auto-attribution apparaît dans le fait qu'il peut en donner une justification, tout au moins en avouant qu'il n'a pas de justification particulière : « j'ai fait cela sans raison ». Dire que l'on a fait quelque chose sans raison, c'est reconnaître qu'on aurait pu en avoir une et donc que la question est pertinente. La réponse n'est pas un simple rejet de la question mais elle s'inscrit comme elle dans l'espace des raisons. En assumant son action, le sujet réaffirme son appartenance à l'espace des raisons. Apparaît ici l'adéquation de l'idée d'*espace logique* des raisons : on ne pourrait donner une raison pour un acte ou un jugement, puis refuser de participer à ce jeu. Dès lors qu'on y participe, on s'engage dedans, on devient comptable, de sorte qu'un refus de donner une justification comptera déjà comme un coup dans ce jeu.

En fait, Dreyfus, dans ses critiques, attribue à McDowell un concept d'esprit très étroit, que ce dernier baptise « mythe de l'esprit désincarné »[1]. L'idée de seconde nature vise au contraire à déployer un autre concept d'esprit, pour lequel est primordial le rapport intrinsèque de l'esprit au corps. Le mental ne doit pas être pensé comme un domaine séparé du monde naturel : la seconde nature vise à penser le fait que l'esprit est celui d'un être *vivant*. Pour reprendre une ancienne métaphore, Dreyfus fait comme si l'esprit était un pilote logé en son navire et donc comme s'il fallait selon les cas choisir si c'était l'esprit ou le corps qui intervenait. C'est pourtant ce que Descartes déjà invitait à refuser.

> La nature m'enseigne aussi par ces sentiments de douleur, de faim, de soif, etc., que je ne suis pas seulement logé dans mon corps ainsi

1. J. McDowell, « What Myth ? », *op. cit.*, p. 322. McDowell renvoie à Dreyfus l'accusation de « mythe ».

> qu'un pilote en son navire, mais outre cela que je lui suis conjoint très étroitement, et tellement confondu et mêlé que je compose comme un seul tout avec lui. Car si cela n'était, lorsque mon corps est blessé, je ne sentirais pas pour cela de la douleur, moi qui ne suis qu'une chose qui pense, mais j'apercevrais cette blessure par le seul entendement, comme un pilote aperçoit par la vue si quelque chose se rompt dans son vaisseau [1].

La difficulté, toutefois, n'est pas de reconnaître cette évidence de l'union de l'esprit et du corps, c'est de la penser. Lorsque la possibilité même de cette union que nous vivons reste un mystère, le dualisme s'impose. Comme le dit McDowell à propos de Michael Ayers (qui lui adresse le même genre de critique que Dreyfus), c'est « une incapacité à imaginer les possibilités de trouver l'intellect rationnel entièrement impliqué dans le phénomène de la vie humaine » [2] qui empêche d'admettre la possibilité de la conception de la rationalité qu'il propose.

La responsabilité de ces contresens incombe largement à McDowell lui-même : il ne fait rien, en effet, pour suppléer le défaut d'imagination de ses lecteurs. À quelques brèves exceptions près (généralement en réponse à des critiques), il ne propose pas d'analyse de cas empiriques ou de la manière dont la seconde nature conceptuelle investit concrètement une vie humaine. Il se contente de montrer qu'il y a de bonnes raisons de poser ce concept. Il aurait pu trouver chez Hegel de quoi étoffer sa conception, dans la droite ligne du concept de *Bildung*. Le corps ne reste pas pour l'individu une extériorité; l'individu, dans la *Bildung*, se réapproprie son corps. Cette appropriation, analyse Hegel, est notamment réalisée par l'habitude. De manière remarquable, Hegel souligne que l'habitude, détermination de l'âme naturelle, n'est pas seulement

1. R. Descartes, *Méditations métaphysiques*, AT, IX-I, p. 64.

2. J. McDowell, « Les capacités conceptuelles dans la perception », *op. cit.*, p. 157. À propos de M. Ayers, « Sense Experience, Concepts, and Content. Objections to Davidson and McDowell », *in* R. Schumacher (ed.), *Perception and Reality : From Descartes to the Present*, Paderborn, Mentis, 2004.

une détermination passive du corps mais qu'elle « est, comme la mémoire, un point cardinal dans l'organisation de l'esprit ; l'habitude est le mécanisme du sentiment de soi, comme la mémoire est le mécanisme de l'intelligence »[1]. Ainsi, c'est par l'habitude que l'âme naturelle fait d'elle-même « l'être universel abstrait »[2], le premier pas du dépassement de sa propre particularité vers la reconnaissance de soi-même comme universel. Il continue : « L'habitude a été appelée à bon droit une seconde nature – *nature* : car elle est un être immédiat de l'âme, – *seconde* nature : car elle est une immédiateté *posée* par l'âme, une intégration et pénétration formatrice de la corporéité »[3]. La corporéité humaine est distincte de tout autre corps physique ou biologique car elle est déjà pétrie d'esprit. Son immédiateté n'est pas celle d'un donné ; dans l'habitude, l'esprit s'est approprié sa propre immédiateté. Notons que l'habitude ne constitue pas une détermination vouée à être simplement dépassée par les formes supérieures de l'esprit. Elle est la condition de la présence de l'esprit individuel dans un corps. Par l'habitude, l'esprit s'installe dans le corps et le sculpte à sa façon. Ce n'est d'ailleurs pas vrai seulement des formes les plus simples de l'esprit, comme dans la détermination spatiale du corps et la perception, mais même, comme le remarque Hegel, de la pensée libre.

> La *pensée* entièrement libre, active au sein du pur élément d'elle-même, a besoin, pareillement, de l'habitude et de l'aisance due à la familiarité, de cette forme de l'*immédiateté* grâce à laquelle elle est une propriété non entravée, pénétrée [de part en part] du *Soi singulier* qui est le mien. […] Même cette immédiateté de l'être-chez-soi pensant contient de la corporéité (le manque d'habitude

1. G.W.F. Hegel, *Enzyklopädie der philosophischen Wissenschaften*, Frankfurt am Main, Suhrkamp, 1970, Bd. 3 ; trad. fr. B. Bourgeois, *Encyclopédie des sciences philosophiques, Philosophie de l'esprit*, Paris, Vrin, 1988, vol. 3, section « Anthropologie », § 215.

2. « Que l'âme fasse ainsi d'elle-même l'être universel abstrait, et réduise ce qu'il y a de particulier dans les sentiments (aussi dans la conscience) à être, à elle-même, une détermination de l'ordre du simple étant, c'est là l'habitude. », *ibid.*, § 214.

3. *Ibid.*, § 215.

> et la longue prolongation du penser font mal à la tête), l'habitude diminue cette sensation en faisant de la détermination naturelle une immédiateté de l'âme [1].

Cette dimension permet de nuancer la conception du devenir rationnel comme libération. Si le développement d'une seconde nature est une libération à l'égard de l'immédiateté, ce n'est pas son rejet mais, bien plutôt, le dépassement de l'immédiateté avec la mise au jour de la vérité qui lui est immanente. Plutôt qu'un arrachement au corps, la pensée fait la conquête du corps, elle l'investit. Sans cet intime investissement, le corps resterait pour la pensée une extériorité s'opposant à elle. Et sans lui réapparaîtrait le dualisme, cette fois entre la première et la seconde nature.

Il n'est pas étonnant de retrouver ici la pensée de Hegel car McDowell, s'il ne reprend pas les analyses précises que nous venons de rappeler, entend s'inscrire dans la lignée de Hegel, allant jusqu'à écrire qu'il « aime à considérer le travail présenté dans ces conférences [*L'Esprit et le monde*] comme une sorte de prolégomènes à la lecture de la *Phénoménologie de l'esprit* » [2]. Cet intérêt n'est pas isolé mais emblématique d'une redécouverte de Hegel dans la philosophie américaine contemporaine [3]. Bien qu'on ne trouve pas chez McDowell de commentaire précis de textes de Hegel, son travail est souvent le lieu d'un échange fécond avec l'œuvre. McDowell voit d'abord en Hegel un critique de l'immédiateté [4]. Son point de départ,

1. *Ibid.*, § 217.
2. *EM*, p. 17.
3. Voir J.-M. Buée, E. Renault, O. Tinland et D. Wittmann (dir.), « Hegel pragmatiste », *Philosophie*, vol. 99, n°3, 2008, p. 3-4. L'unité que les éditeurs confèrent aux différentes approches est cependant un peu forcée : bien que la lecture que McDowell fait de Hegel soit en lien étroit avec celles de Pippin et de Brandom notamment, on ne peut pas dire qu'elle soit pragmatiste. McDowell est trop vite assimilé à Brandom (*cf.* p. 4) auquel, le plus souvent, il s'oppose.
4. O. Tinland, « Le serpent contre la tortue : portraits post-sellarsiens de Hegel en “grand adversaire de ‘l'immédiateté’ ” », *Les Études philosophiques*, vol. 103, n°4, 2012, p. 534.

en effet, reste Kant, et c'est dans un esprit hégélien qu'il se propose de « corriger » le dualisme rémanent chez Kant. Il manque à Kant une notion de seconde nature pour éviter que la réconciliation de la raison et de la nature ne se fasse dans un au-delà de la nature, dans le transcendantal. Il faut réactiver la solution dialectique de Hegel, solution qui passe par « l'image » selon laquelle « le conceptuel est illimité de l'extérieur »[1]. L'initiation aux raisons que constitue la *Bildung* constitue le moment de médiation entre l'immédiateté première et l'espace des raisons dans lequel évolue le sujet capable de pensée et de connaissance. Ainsi, la seconde nature est le lieu où s'effectue la médiation du concept. La résolution du problème dualiste n'est pas sa dissolution pure et simple mais son dépassement dialectique. Cette médiation permet de penser que l'esprit atteint bien le monde et que l'action est possible dans le monde. Or, d'après McDowell, rappeler ce fait de la *Bildung*, non seulement dissipe toute apparence de mystère sur la possibilité de la signification mais encore ne laisse plus aucune question. Il écrit ainsi :

> La simple idée de *Bildung* nous assure que l'autonomie de la signification n'est pas inhumaine, et ceci devrait éliminer la tendance à être interloqué par l'idée même de norme ou d'exigence de la raison. Il ne reste plus de véritables questions à propos des normes, mis à part celles que nous pouvons nous poser quand nous réfléchissons sur des normes spécifiques, cette activité n'étant pas spécialement philosophique. (*EM*, p. 129-130)

Ce verdict paraît exagérément optimiste. L'ampleur des problèmes apparaît dans le traitement hégélien du concept de *Bildung* : la *Bildung* n'est pas le lieu de dissolution de faux problèmes, c'est le moment d'arrachement à l'immédiateté et de réalisation de soi au sein d'une communauté sociale, un moment dont le succès n'est pas assuré.

1. *EM*, p. 117.

La seconde nature objective

Le concept de *Bildung* implique l'existence d'une communauté sociale au sein de laquelle existent les normes que l'enfant va apprendre à reconnaître et à suivre. En effet, ce n'est que parce que l'individu existe au sein de la communauté qui participe de l'espace des raisons qu'il peut, par le biais de la *Bildung*, pénétrer dans cet espace. Dans les termes de McDowell :

> la capacité à reconnaître les exigences de la raison, des exigences qui font autorité quelles que soient les circonstances et qui ne doivent pas leur autorité au fait qu'on les reconnaît, est acquise par l'initiation aux pratiques communautaires adéquates ; ce n'est pas un élément intégré – par un processus surnaturel peut-être – à la constitution des êtres humains [1].

Certes, rappeler ce point évacue le spectre du surnaturel : la communauté humaine est le lieu d'existence des normes, de sorte qu'il n'est pas besoin de postuler un autre lieu « surnaturel » ou de renoncer à penser l'existence de normes. Mais reste encore à comprendre comment se déroule l'« initiation » au langage [2] et « à l'espace des raisons » [3] dont parle McDowell. Le terme d'initiation qu'il utilise est juste, mais il n'en tire pas dans son analyse toutes les conséquences [4]. Une initiation est un processus intrinsèquement social : c'est l'admission ritualisée au sein d'une société, accordée par ceux qui en sont déjà membres, et c'est cet acte social d'admission qui confère de nouvelles facultés. Les normes existent sous la forme d'institutions qui s'imposent à l'individu et lui sont

1. J. McDowell, « Self-Determining Subjectivity and External Constraint », in *Having the World in View*, *op. cit.*, p. 90-107, ici p. 107.

2. *EM*, p. 228.

3. *EM*, p. 163.

4. En revanche, Cavell utilise le terme et analyse le processus dans « Learning a word », in *The Claim of Reason : Wittgenstein, Skepticism, Morality, and Tragedy*, Oxford, Clarendon Press, 1979 ; trad. fr. S. Laugier et N. Balso, « Apprendre un mot », dans *Les voix de la raison : Wittgenstein, le scepticisme, la moralité et la tragédie*, Paris, Seuil, 1996, p. 270.

étrangères. Comment l'individu est-il admis dans la communauté de signification et s'en reconnaît-il membre ?

Ce point est en revanche problématisé par Hegel : l'individu ne reconnaît pas d'abord sa propre volonté dans les institutions, qui le contraignent. Ces contraintes sont analogues à celles que lui imposait la nature, de sorte que la société constitue pour lui sa « nature inorganique » [1]. Il lui reste à dépasser cette extériorité de second ordre pour s'approprier sa propre substance et se poser comme sujet.

> La culture [*Bildung*], dans une telle perspective, consiste, si on la considère du côté de l'individu, en ceci : qu'il acquiert ce qui est déjà présent, qu'il consomme dans lui-même sa nature inorganique et en prenne possession pour lui-même [2].

La métaphore hégélienne de la consommation indique que la conscience individuelle a besoin de la culture qu'elle trouve en dehors d'elle-même pour se poser elle-même comme esprit. De même que la nourriture ingérée devient une partie du corps même, la conscience s'approprie le monde. Cette appropriation permet, littéralement, de faire de cette extériorité une partie de soi-même. L'individu social n'est pas encore rationnel : il lui reste à conquérir et former son propre être rationnel, en reconnaissant sa propre volonté dans les institutions sociales. À la seconde nature comme concept subjectif doit correspondre un concept de seconde nature objective, qui permet de penser l'appropriation par l'individu de normes qui existent en dehors de l'individu, au niveau social.

Dans les *Principes de la philosophie du droit*, cela constitue le passage de la forme subie du droit à la moralité objective.

> Dans la simple identité avec la réalité des individus, la moralité objective apparaît comme leur conduite générale, comme coutume. L'habitude qu'on en prend est comme une seconde nature qui est

1. McDowell approuve l'expression, qu'il n'identifie pas directement comme une expression hégélienne mais qu'il retrouve chez Marx. Cf. *EM*, p. 156.

2. G.W.F. Hegel, Préface et introduction de la « Phénoménologie de l'esprit », *op. cit.*, p. 28, p. 87.

posée à la place de la volonté primitive purement naturelle, et qui est l'âme, la signification et la réalité de son existence. C'est l'esprit donné et vivant comme un monde dont la substance est ainsi pour la première fois à titre d'esprit [1].

La moralité objective constitue pour l'individu « comme une seconde nature » : les conduites relevant de la moralité objective possèdent l'immédiateté propre à des comportements naturels alors qu'elles sont déjà investies d'esprit. La vie éthique, *Sittlichkeit*, est seconde nature par rapport à la première. Devenu *Sittlichkeit*, l'environnement social est un environnement dans lequel existe l'esprit, sous la forme de normes instituées. La subjectivité individuelle assume son universalité en reconnaissant sa propre volonté dans les institutions. Par rapport à la volonté primitive de l'individu, la moralité objective est chronologiquement seconde, mais, devenue la volonté propre de l'individu, elle est devenue pour lui sa nature.

Mais est-il vraiment – ou du moins toujours – possible pour l'individu de reconnaître sa propre volonté dans les institutions ? Certes, comme on l'a vu plus haut, il est possible, pour l'individu, de critiquer les normes qu'il a d'abord reçues passivement de la tradition, au point de pouvoir, pas à pas, réformer la totalité de ses croyances [2]. Cet exercice critique de la raison présuppose néanmoins que l'individu ait pu former sa raison. Or, c'est précisément sur ce point que porte l'objection. Envisager le processus dialectique de *Bildung* comme aboutissant nécessairement méconnaît les conditions concrètes de la formation de l'individu. La communauté au sein de laquelle il grandit est le lieu de rapports de pouvoir et de domination. La tradition transmet ces rapports de pouvoir. Le langage lui-même, que McDowell conçoit comme « une première incarnation du mental, […] la possibilité d'une orientation vers le monde » [3] en est porteur, comme toutes les autres institutions.

1. G.W.F. Hegel, *Grundlinien der Philosophie des Rechts*, Hamburg, Felix Meiner, 1955 ; trad. fr. A. Kaan, *Principes de la philosophie du droit*, Paris, Gallimard, 1940, § 151, p. 182-183.

2. Voir *supra*, chap. II.

3. *EM*, p. 163, trad. mod.

Ainsi, comme le souligne Italo Testa, McDowell méconnaît le fait que le développement de la rationalité individuelle s'inscrit dans un espace social et historique qui impose certains obstacles au libre exercice de sa raison. « Les relations de pouvoir, précisément parce que la raison est une seconde nature, peuvent contribuer à former celle-ci » [1]. La seconde nature acquise par l'individu reflète nécessairement des structures de domination. Dans ce contexte, ce que l'individu développe n'est pas d'emblée une seconde nature rationnelle, au sens où il disposerait, une fois initié à l'espace des raisons, des instruments et de la liberté lui permettant de critiquer rationnellement ses croyances. Une réflexion sur les conditions socio-historiques du développement de la pensée est nécessaire pour en rendre compte.

C'est une ligne critique développée par Marx et ses disciples, lecteurs de Hegel. György Lukács, en particulier, met en lumière la manière dont la reconnaissance des rapports de domination modifie la notion de seconde nature :

> Cette nature n'est pas muette, sensible et dénuée de sens, comme la première ; elle est la pétrification d'un complexe de sens devenu étranger, inapte désormais à éveiller l'intériorité ; elle est un ossuaire d'intériorités mortes. [...] Elle est trop apparentée aux aspirations de l'âme pour que celle-ci puisse la traiter comme simple matière première de ses propres états, et néanmoins trop étrangère à ces aspirations pour en constituer une expression adéquate. Le caractère étranger de cette nature relativement à la première, l'appréhension moderne sentimentale de la nature, ne sont que la projection de l'expérience qui enseigne à l'homme que le monde ambiant [*Umwelt*] qu'il s'est créé lui-même n'est pas pour lui un foyer, mais une prison [2].

1. I. Testa, « Criticism from within Nature : The Dialectic between First and Second Nature from McDowell to Adorno », *Philosophy and Social Criticism*, vol. 33, n°4, 2007, p. 488.

2. G. Lukács, *Die Theorie des Romans : ein geschichtsphilosophischer Versuch über die Formen der grossen Epik*, Neuwied, H. Luchterhand, 1965 ; trad. fr. J. Clairevoye, *La Théorie du roman*, Paris, Gallimard, 1989, p. 58. *Cf.* I. Testa, « Criticism from within Nature », *op. cit.*, p. 481.

Dans cette analyse, la seconde nature est l'environnement social, les institutions que trouve l'individu. Or, celles-ci, loin de lui être d'emblée appropriées, lui apparaissent étrangères. L'individu ne peut y reconnaître sa propre volonté. Dans cette perspective, si la notion de seconde nature permet de penser le rapport de l'individu à la société historique à laquelle il appartient, ce rapport n'est pas un rapport d'harmonie mais de coercition. Le sens et les rapports humains sont réifiés. La société n'est pas libératrice mais instaure une nouvelle forme de détermination. *A fortiori*, cette seconde nature sociale est, d'après Lukács, encore plus étrangère à l'individu que la première nature. En effet, dans la nature, l'individu pouvait, sur un mode lyrique, trouver l'expression de son âme, de son intériorité. Dans la seconde nature qu'est la société, le sens réifié et opaque présente à l'intériorité un visage mort dans lequel elle ne peut se retrouver. Au lieu de retrouver dans les institutions l'expression de sa propre volonté, l'individu se voit opprimé par elles. Leur sens est perdu. Ainsi, ajoute Lukács, « Ce monde est une seconde nature ; comme la première, il ne peut être défini que comme un système de nécessités connues mais dont le sens reste étranger ; et à cause de cela, il reste insaisissable et inconnaissable dans sa véritable substance » [1]. Ce nouveau sens de l'expression de seconde nature exprime le fait que le monde de la convention ne s'offre pas à la compréhension et à l'action du sujet mais constitue pour lui une nouvelle prison.

Apparaît ainsi la complexité du concept de seconde nature, complexité qui se trouve évacuée chez McDowell. Il approche la difficulté lorsque, dans *L'Esprit et le monde*, il évoque Marx. Bien que la référence soit en elle-même marginale, elle est révélatrice de différentes acceptions possibles du concept de seconde nature. McDowell s'intéresse à un passage où Marx compare vie humaine et vie animale. Tandis que le travail véritable, c'est-à-dire libre, permet « l'appropriation productive de la "nature [...], du monde

1. G. Lukács, *La Théorie du roman*, *op. cit.*, p. 56.

sensible extérieur" »[1], le travailleur aliéné est privé de ce qui fait son humanité. « L'homme (l'ouvrier) ne se sent plus librement actif que dans ses fonctions animales, manger, boire et procréer, tout au plus encore dans l'habitation, la parure, etc. et [...] dans ses fonctions d'homme, il ne se sent plus qu'animal. »[2] McDowell commente ainsi : « une vie proprement humaine [...] se distingue par sa liberté »[3], par opposition à une vie animale soumise à des contraintes. Il interprète la remarque comme venant valider une conception dualiste de la vie : une vie humaine rationnelle et libre se distingue des vies des animaux, soumises aux contraintes de la nature (nous examinerons cette distinction en détail dans le prochain chapitre). Mais la remarque de Marx ne vise pas l'opposition entre hommes et animaux. Il ne dit pas que les hommes deviennent des animaux : il dit qu'ils deviennent *comme* des animaux, non dans un état de nature mais bien dans un état social. Cette remarque fait donc en réalité apparaître un troisième niveau entre nature et seconde nature rationnelle : celui de l'aliénation au sein de la société humaine. De cette aliénation, la notion de seconde nature permet aussi de rendre compte, au sens où Lukács l'a utilisée : les prolétaires vivent dans une seconde nature qui répète les contraintes de la nature dans un cadre social. Censée permettre le développement de la liberté, la société est en réalité le lieu de la domination et de l'exploitation. Ce que Marx montre est que, si un être humain est certes libre en puissance, qu'il soit effectivement libre dépend de conditions matérielles socio-historiques.

Ces analyses marxiennes permettent ainsi de dégager trois niveaux, dont la seconde nature réifiée constitue le niveau intermédiaire : la nature, la seconde nature réifiée et la seconde nature comme règne de la liberté. Acquérir la liberté (la seconde

1. K. Marx, *Ökonomisch-philosophische Manuskripte*. 1844, Marx-Engels-*Gesamtausgabe*, I, Bd. 2, Dietz Verlag, Berlin, 1982 ; trad. fr. F. Fischbach, *Les manuscrits économico-philosophiques de 1844*, Paris, Vrin, 2007, p. 58. Cité par McDowell, *EM*, p. 155.

2. F. Fischbach, *Les manuscrits économico-philosophiques de 1844*, *op. cit.*, p. 60. Cité *EM*, p. 155.

3. *EM*, p. 156.

nature rationnelle posée par McDowell) ne peut se faire qu'au sein de la société ; mais cela n'est pas une condition suffisante. L'individu doit en outre s'émanciper à l'égard des dominations auxquelles il est éventuellement soumis. La réalisation d'une seconde nature individuelle proprement autonome dans sa matérialité historique implique de dépasser de nombreux obstacles. Il est donc crucial de faire un usage critique de ce concept, qui examine les possibilités réelles de l'émancipation à l'égard de la seconde nature sociale[1]. Cette critique n'invalide pas le concept de seconde nature mais conduit à modifier la conception harmonieuse qu'en propose McDowell.

La dialectique de la seconde nature

Il est donc clair que la résolution mcdowellienne du problème dualiste est hégélienne plutôt que wittgensteinienne. Il propose le dépassement dialectique d'une opposition qu'il réitère, entre espace des raisons et espace de la nature, et non la dissolution thérapeutique d'une fausse dichotomie. Dans cette perspective, faut-il encore considérer que la notion de nature, dans l'idée de seconde nature, est employée en un sens non métaphorique ? Robert Pippin réactive ce soupçon qui, depuis le début, pèse sur l'idée de seconde nature : « "Seconde nature" signifie seulement "*profondément* habituel", un résultat atteint historiquement (et non atteint naturellement, en aucun sens de la proposition "dû *à* la nature"), et dont l'observation devient largement non réflexive »[2]. La seconde nature, chez Hegel, soutient-il, est un état fondamentalement subjectif, dans lequel la nature est *dépassée*. Il reproche à McDowell de faire de l'idée de nature un argument *ad hoc* dans le débat contemporain contre le naturalisme scientifique, dont il surestimerait la pression[3]. Il lui

1. *Cf.* I. Testa, « Criticism from within Nature », *op. cit.*, p. 488. Nous doutons que l'on puisse y voir, comme l'affirme Testa, une critique « immanente » à l'œuvre de McDowell.

2. R.B. Pippin, « Leaving Nature Behind », *in* N.H. Smith (ed), *Reading McDowell*, *op. cit.*, p. 58-75, p. 70. Souligné par l'auteur.

3. *Ibid.*, p. 73.

enjoint de répéter un geste qu'il attribue à Hegel, celui de « laisser la nature derrière lui ».

Il est vrai que, bien souvent, McDowell lui-même minimise le rôle joué dans sa conception par la notion de seconde nature, soulignant sa qualité de rappel polémique contre les prétentions du naturalisme scientifique [1]. Néanmoins, à aucun moment il ne renonce à l'idée de nature, et ce, pour une raison cruciale : il soutient que la subjectivité humaine est à la fois rationnelle et naturelle, *sans qu'il y ait à choisir*. C'est ce que manque l'objection de Pippin. Pour ce dernier, que la subjectivité humaine soit celle d'un être possédant un corps est sans doute une évidence telle qu'elle n'a pas besoin d'être dite. Pourtant, c'est bien notre capacité à penser cette évidence qui est en cause dans le cadre dualiste moderne. Pippin méconnaît la part de vérité de tout naturalisme, y compris du naturalisme scientifique, et donc la nécessité qu'il y a de lui répondre et non simplement de « hausser les épaules » [2]. Un rationalisme qui ne donne pas les moyens de penser la rationalité au sein d'une vie humaine engendre une instabilité qui ne fait que nous renvoyer au naturalisme réducteur.

On apercevra l'importance du naturalisme en revenant sur le jugement que Pippin fait de Hegel. Dire, comme le fait Pippin, que Hegel « laisse la nature derrière lui » semble erroné. Il est vrai que, dans la théorie hégélienne, les moments de manifestation de l'Esprit avant l'Esprit absolu sont voués à être dépassés dans le concept et, *a fortiori*, que les manifestations de l'Esprit comme nature sont celles de la négativité. Mais comme le reconnaît Pippin en note, « à strictement parler, dans la conception synthétique de Hegel, rien n'est jamais "laissé en arrière" mais tout est "*aufgehoben*" ou préservé, même en étant transcendé » [3]. Précisément : le travail du concept, l'*Aufhebung*, ne consiste pas à écarter les niveaux inférieurs de réalité, mais au contraire à les reprendre en soi. Les moments

1. *Cf.* J. McDowell, « Responses », *in* N.H. Smith (ed.), *Reading McDowell*, *op. cit.*, p. 303.

2. *Cf.* R.B. Pippin, « Leaving Nature Behind », *op. cit.*, p. 70.

3. *Ibid.*, n. 7 p. 72.

d'extériorité à soi de l'esprit dans la nature sont ressaisis dans le concept lui-même à son niveau supérieur. Ainsi, dans le système hégélien, la nature constitue bien un moment du concept, moment certes négatif mais nécessaire au développement du concept[1]. La conception dialectique hégélienne de la seconde nature parvient à rendre compte du rapport entre première et seconde natures, comme un rapport d'*Aufhebung*.

Mais que devient le concept dialectique de seconde nature dans un cadre qui n'est plus celui de l'idéalisme absolu ? En effet, l'idéalisme absolu embrasse les sciences naturelles et leur objet. McDowell, en revanche, respecte la juridiction des sciences naturelles sur leur domaine et n'entend pas concevoir la nature comme un moment du développement du concept. Il entend revendiquer l'extension du concept de nature sans remettre en cause les différences de domaines entre les sciences naturelles et les sciences humaines. Il lui faut donc rendre compte par une autre voie que par celle du dépassement dialectique de l'unité et des points de passage entre première et seconde natures. La difficulté apparaît dans toute son ampleur dans la pensée de la différence entre animaux humains et non humains.

> Un sujet d'expérience, agissant, est une chose vivante, avec des pouvoirs corporels passifs et actifs qui lui appartiennent authentiquement ; il est lui-même incarné, présent substantiellement dans le monde dont il fait l'expérience et sur lequel il agit. Ce cadre offre à la réflexion une véritable occasion de rendre la philosophie traditionnelle obsolète[2].

Voilà ce que McDowell identifie, à raison nous semble-t-il, comme le nœud du problème : l'animal rationnel qu'est l'être humain n'est pas, à l'image du centaure, moitié homme et moitié animal. Dans l'usage de sa rationalité, il reste une chose vivante. Les capacités normatives font partie d'une vie. Mais ceci ne constitue pas encore un cadre de pensée, cela constitue plutôt la difficulté qu'il

1. En conséquence, un tiers du système de l'*Encyclopédie* lui est dévolu.
2. *EM*, p. 148.

faut penser. McDowell ouvre une voie prometteuse en soutenant que la raison, bien qu'elle ne se réduise pas à des processus biologiques, est une potentialité naturellement développée par les êtres humains, ou qui fait partie de la nature. Mais donne-t-il bien les moyens de penser cela ? En effet, dès lors que la seconde nature se distingue radicalement de la première, penser le passage de l'une à l'autre devient problématique. Le fait que le jeune humain, de simple animal, se transforme en être rationnel, et celui que l'espèce humaine a développé des facultés normatives, apparaissent comme autant d'énigmes et, par conséquent, de menaces sur la validité du concept de seconde nature.

CHAPITRE IV

DES ANIMAUX

L'idée de seconde nature, telle qu'elle est proposée par McDowell, implique de distinguer entre deux types d'animalité : l'animalité des humains et l'animalité de ceux qu'il appelle les « simples animaux »[1] (pour plus de facilité, nous parlerons désormais, suivant l'usage ordinaire, des animaux, étant entendu que cela n'empêche pas de considérer également l'être humain comme une sorte d'animal). Il soutient que, si les premiers participent de l'espace des raisons, les seconds appartiennent exclusivement au règne de la nature, compris comme domaine des sciences naturelles. Puisque, dans sa conception, la rationalité affecte toutes les parties d'une vie humaine, la vie d'un animal humain, bien qu'à première vue elle lui ressemble sous certains aspects, n'a rien de commun avec la vie d'un animal non humain.

La thèse est contre-intuitive, apparemment contredite par l'expérience la plus ordinaire qui nous donne à voir d'évidentes similitudes entre les vies des animaux et celle des humains. Elle pose par ailleurs des difficultés théoriques qui touchent au cœur du projet naturaliste. L'idée mcdowellienne de seconde nature est censée garantir que « la signification n'est pas un don mystérieux venu du dehors de la nature » parce que « notre *Bildung* actualise certaines des potentialités que nous avons eues en naissant »[2]. Cependant, par définition, le petit enfant humain ne se trouve pas encore l'espace des raisons. Si l'état de l'animal non humain n'a rien de commun avec celui de l'animal rationnel, comment penser le passage de l'individu de l'un à l'autre? La difficulté se répète

1. *EM*, *passim*. Pour une analyse de l'idée de « simple vivant » comme lieu commun philosophique, voir F. Burgat, *Une autre existence : la condition animale*, Paris, Albin Michel, 2011, p. 29 *sq*.

2. *EM*, p. 122.

au niveau de l'espèce : dans les termes d'Étienne Bimbenet, tout l'enjeu est de penser « un seuil advenu à même la nature vivante, et sans autres moyens que ceux de la nature vivante »[1].

Une philosophie de la seconde nature doit donc tenir un fragile équilibre : soutenir, d'une part, que nous sommes bien des vivants ; mais, d'autre part, des vivants différents de tous les autres. Les philosophes qui soutiennent que les êtres humains s'affranchissent de la nature en acquérant le *logos* ne prétendent pas que l'être humain vit dans un au-delà de la nature. Le naturalisme rationaliste de McDowell va jusqu'au bout de cette idée. Il lui faut donc montrer la continuité naturelle qui existe au sein de la différence radicale. Mais est-il en définitive possible de le faire ? Nous allons examiner les stratégies suivies par McDowell puis Bimbenet pour penser la continuité au sein de la différence comme une distinction entre deux manières d'être au monde. Nous montrerons que ces tentatives ne survivent pas à leurs contradictions. La seconde nature est conçue comme une émancipation à l'égard de la nature, mais la nature ainsi dépassée apparaît *ad hoc*. Les travaux de Jakob von Uexküll sur lesquels ces philosophes s'appuient, ainsi que des travaux d'éthologie contemporaine, montrent que le concept d'animal posé dans cette conception comme antithèse de l'être humain n'existe pas. Ils nous invitent au contraire à reconnaître une continuité forte entre les animaux non humains et humains qui remet en cause la validité même de l'idée de *seconde* nature.

Animaux humains et non humains : l'absence de dénominateur commun

La conception mcdowellienne de l'animal rationnel se traduit en deux thèses d'apparence fort contre-intuitive. La première est que la vie des animaux rationnels se situe intégralement dans l'espace des raisons, que McDowell conçoit comme l'espace du conceptuel. Comme on l'a vu dans le chapitre précédent, cette thèse s'accompagne d'un renouvellement du concept de rationalité : dire

1. E. Bimbenet, *L'animal que je ne suis plus*, *op. cit.*, p. 47.

que l'expérience et l'action sont conceptuelles signifie qu'elles appartiennent à l'espace du sens. Cette conception requiert de soutenir que l'être humain passe entièrement dans la seconde nature. Mais, corrélativement, sa conception a comme effet collatéral de priver la vie des simples animaux de tout ce qui caractérise la vie humaine rationnelle, et donc de l'expérience de la réalité en un sens fort : « C'est la spontanéité de l'entendement, le pouvoir de la pensée conceptuelle, qui éclaire simultanément le monde et le soi. Il manque aux créatures dépourvues de capacités conceptuelles la conscience de soi et (car cela va ensemble) l'expérience de la réalité objective »[1]. Dès lors que les animaux n'ont pas accès à l'espace des raisons, ils n'ont pas accès à toute forme d'expérience ou d'action qui requiert la possession de capacités conceptuelles : ils n'ont pas accès à la réalité objective ni à la conscience d'eux-mêmes comme sujets. Dans les termes de McDowell, « les bêtes [*dumb animals*] sont des êtres naturels et rien de plus. Leur être est entièrement compris dans la nature »[2]. C'est à cette thèse, largement controversée elle aussi, que nous allons maintenant nous intéresser.

Elle pose deux types de problèmes : d'une part, la question de sa validité descriptive, d'autre part, le fait qu'elle semble constituer un point de contradiction au sein du naturalisme proposé. En premier lieu, en effet, elle ne semble pas rendre compte de la richesse des vies des animaux : si l'on peut admettre qu'une bactérie n'a pas d'expérience de la réalité, il semble difficile de le faire pour le chien ou le gorille. La thèse nie une forme de rapport sensible au monde et à soi-même que les animaux semblent partager avec les êtres rationnels. Et pourtant, McDowell nie l'existence de tout dénominateur commun. Il ne se contente pas de soutenir que les animaux non rationnels ne possèdent pas *certaines* des capacités possédées par les êtres rationnels, celles qui exigeraient la raison. Il affirme qu'ils ne possèdent *aucune* capacité en commun avec eux, parce que toutes les capacités de l'être humain adulte initié à

1. *EM*, p. 151.
2. *EM*, p. 103.

l'espace des raisons relèvent de cet espace. Il reconnaît qu'il semble là y avoir une objection fatale à sa thèse :

> du coup, on ne peut plus attribuer les capacités conceptuelles que j'ai rencontrées quand j'ai explicité « l'expérience interne » (la capacité associée au concept de douleur, par exemple) à de nombreuses créatures dont on ne peut sans scandale dire qu'elles ne peuvent pas souffrir. [... De même,] il me faut interdire à de très nombreuses créatures toute « expérience externe » des aspects de leur environnement [1].

Les créatures vivantes auxquelles on refusera ces capacités sont les animaux non humains mais également les humains qui ne sont pas ou pas encore initiés à l'espace des raisons, c'est-à-dire certaines personnes en situation de handicap et les jeunes enfants. Si la difficulté théorique se double d'un « scandale », c'est parce qu'elle a des implications sur la manière dont il est moralement juste de traiter ces êtres humains et non humains.

La question des animaux, si elle apparaît à plusieurs reprises dans *L'Esprit et le monde*, est seulement considérée par McDowell au titre de conséquence de sa théorie et non pour elle-même [2]. Et pourtant, si elle revient avec insistance, comme malgré lui, c'est parce qu'elle est beaucoup moins périphérique à son propos qu'il ne le prétend. Comme c'est généralement le cas dans la tradition occidentale dont il revendique l'héritage, la comparaison avec les animaux sert à définir les traits caractéristiques de l'humanité. Plus encore, c'est parce que McDowell entend défendre un naturalisme que le concept d'animal est inévitablement central à son propos. Si la question du statut des animaux n'est pas immédiatement son objet, elle le devient dès lors qu'il prétend soutenir que l'être humain est un *animal* rationnel, en un sens fort du terme animal qui permette de penser que l'être humain rationnel appartient à la nature. Concevoir

1. *EM*, p. 83.

2. Il leur consacre en particulier un long passage dans la sixième conférence de *L'Esprit et le monde*, mais ajoute : « Je ne souhaite pas, mis à part dans le présent contexte, m'exprimer sur les bêtes » (*EM*, p. 227), ce qu'il confirme dans ses « Réponses », dans *Autour de* L'Esprit et le monde, *op. cit.*, p. 263-264.

l'être humain rationnel comme une sorte d'animal, un animal dont les capacités rationnelles sont issues de « potentialités »[1] naturelles implique de pouvoir penser la continuité entre cet être et les formes animales dont il est issu, tant au niveau individuel – le passage de l'enfant non encore rationnel à l'adulte rationnel – qu'au niveau phylogénétique – le passage d'un ancêtre évolutionnaire à l'humanité actuelle. Or, s'il est vrai qu'élucider ce passage est la tâche des sciences de l'évolution plutôt que de la philosophie, encore faut-il que la conception philosophique proposée de la vie humaine offre un cadre au sein duquel cette reconstruction soit possible. Il n'est pas clair qu'elle le soit dans le cadre discontinuiste défendu par McDowell. Il nous faut donc examiner le concept d'animal qu'il utilise.

Remarquons qu'en reconnaissant le « scandale » apparent causé par sa position, McDowell se distingue d'autres penseurs rationalistes qui acceptent sans ciller ces conséquences, et notamment de Donald Davidson. La conception de la vie humaine rationnelle qui est celle de McDowell est très proche de celle de Davidson, esquissée en particulier dans « Animaux rationnels ». Davidson, tout comme McDowell à sa suite, trace une ligne de démarcation entre les animaux rationnels que sont les humains et les autres animaux. En effet, il soutient que seuls sont capables d'avoir des attitudes propositionnelles des êtres qui possèdent le langage. C'est donc selon lui un abus de langage que d'attribuer une attitude propositionnelle à un animal, comme on le fait par exemple si l'on dit que le chien pense que le chat est dans l'arbre. Cependant, il conclut de manière tout à fait étonnante : « nous pouvons continuer à expliquer le comportement des créatures sans langage en leur attribuant des attitudes propositionnelles tout en reconnaissant en même temps que ces créatures n'ont en fait pas d'attitudes propositionnelles »[2]. D'après Davidson, nous attribuons

1. *EM*, p. 122.

2. D. Davidson, « Rational Animals », in *Subjective, Intersubjective, Objective*, Oxford, Oxford University Press, 2001, p. 95-106; trad. fr. P. Engel, « Animaux rationnels », dans *Paradoxes de l'irrationalité*, Combas, L'Éclat, 1991, p. 64.

aux animaux des attitudes propositionnelles parce que nous n'avons pas de meilleur moyen de caractériser leurs comportements et il est acceptable de continuer à le faire dès lors que nous avons conscience qu'il ne s'agit que d'une convention commode. McDowell note que « l'anthropocentrisme [*human chauvinism*] dont fait preuve Davidson [… lui] est dans l'ensemble parfaitement sympathique » [1], mais admet nous faut rendre compte des capacités des animaux autrement que comme un abus de langage.

La stratégie de McDowell est de recourir aux idées d'analogie ou d'homonymie. Sa thèse est que la ressemblance indéniable que l'on constate entre vies humaines et animales est superficielle et ne révèle pas d'identité à quelque niveau que ce soit mais une simple analogie. Il soutient que si les animaux non humains possèdent bien la perception et agissent dans le monde, ce n'est pas au même sens que les humains rationnels. Car l'expérience au sens propre, c'est-à-dire l'expérience qui prétend accéder à la réalité objective, se trouve déjà dans l'espace des raisons, où elle peut être intégrée à un réseau de justifications. C'est en cela qu'elle se distingue d'une simple perception subjective. Il compare ainsi les comportements d'un individu humain et d'un chat dans une situation identique, par exemple celle de longer un mur et y trouver un trou. Certes, sous une certaine description, l'être humain et le chat perçoivent bien la même chose et font la même chose : ils répondent à une *affordance*. Le chat et l'humain, en passant par le trou, mettent en œuvre une réponse à leur milieu qui ne requiert aucune réflexion, mais qui est une manière de « gérer » (*coping*) leur environnement. Cependant, cette description minimale, valable pour chacun d'eux, ne rend pas compte, à proprement parler, de l'acte effectué. C'est à tort qu'elle nous apparaît comme une description objective car elle reste superficielle et manque ce qui distingue *coping* humain et *coping* félin.

1. J. McDowell, « Subjective, Intersubjective, Objective », in *The Engaged Intellect*, *op. cit.*, p. 152-159, p. 153-154.

> La réponse de l'être humain est, si l'on veut, indiscernable de celle du chat en tant que réponse à une *affordance* descriptible en ces termes. Mais il ne s'ensuit pas que la réponse de l'être humain ne puisse différer de celle du chat sous un autre rapport, à savoir comme rationalité de l'être humain en exercice [1].

Selon McDowell, les comportements du chat et de l'humain (de même que leurs perceptions respectives de la situation) diffèrent intrinsèquement. Car le comportement de l'être rationnel, même à son niveau le plus basique, est une forme d'exercice de la rationalité, non pas au sens où il reposerait sur une réflexion ou même une décision explicite mais au sens où il est d'emblée inscrit dans un certain rapport au monde. Ce rapport au monde est celui de l'espace des justifications et du sens, où l'individu peut reprendre à son compte pour lui donner sens le geste qu'il a fait sans y penser. Le chat ne peut faire cela. Vu leur proximité corporelle mais aussi phylogénétique et comportementale, il est cependant peu convaincant de postuler une ressemblance simplement analogique entre les capacités des animaux rationnels et celles des animaux non rationnels. Comme le souligne Arthur Collins, la thèse de la différence radicale ne laisse pas de demeurer contre-intuitive :

> Bien que les yeux de S [un sujet humain normal] fonctionnent en grande partie comme ceux de B [une bête sans parole], et bien qu'ils puissent être sensibles à l'exacte même gamme de stimuli et être capables des exactes mêmes déterminations, il n'y a aucun niveau auquel la perception est la même chose pour S et pour B [2].

Pour lui donner sens, McDowell s'appuie sur une distinction entre ouverture au monde et enfermement dans un milieu [3]. Cette distinction entre deux formes de rapport au monde vient appuyer

1. J. McDowell, « What Myth ? », *op. cit.*, p. 314.

2. A.W. Collins, « Beastly Experience », *Philosophy and Phenomenological Research*, vol. 58, n°2, 1998, p. 376.

3. Le terme utilisé par McDowell en anglais est « *environment* », terme que le traducteur de *L'Esprit et le monde* a logiquement rendu en français par « environnement ». Mais McDowell emprunte le concept à Gadamer qui le tire lui-même d'Uexküll : *environment* traduit l'allemand *Umwelt*, traduit en français par milieu.

l'hypothèse de deux modes de vie ou d'animalité distincts, c'est-à-dire la distinction entre deux formes hétérogènes de nature.

Deux modes d'existence : ouverture et enfermement

Jakob von Uexküll propose le concept de milieu (*Umwelt*), par distinction avec celui de monde (*Welt*). Il montre que toute vie animale est vie dans un milieu avec lequel l'individu interagit ; c'est dans ce rapport entre l'individu et le milieu que la vie animale prend sens. La reprise philosophique de la distinction uexküllienne entre milieu et monde a une longue histoire et a donné lieu à des interprétations radicalement divergentes. Tandis que certains penseurs, comme nous le verrons au prochain chapitre, trouvent chez Uexküll des outils pour penser des sujets animaux et donc une continuité forte entre animaux et humains, une tradition d'interprétation inaugurée par l'anthropologie philosophique allemande voit dans les concepts uexküllien le moyen de penser la différence anthropologique, différence qui est celle d'un certain rapport au monde pensé comme affranchissement à l'égard des contraintes du milieu. C'est cette seconde tradition que nous allons d'abord considérer, dans la reprise qu'en font McDowell et Bimbenet. Cette reformulation des concepts uexkülliens comme distinction entre deux formes de rapport au monde fut d'abord proposée par Max Scheler[1], puis reprise par Martin Heidegger, qui lui donna l'expression la plus célèbre et sans doute la plus aboutie dans son cours de 1929-1930[2]. Il est remarquable que ce soient les mêmes thèses, formulées de manière quasi identique, qui soient reprises

1. M. Scheler, *Die Stellung des Menschen im Kosmos*, Darmstadt, O. Reichl, 1928 ; trad. fr. M. Dupuy, *La Situation de l'homme dans le monde*, Paris, Aubier Montaigne, 1979.

2. M. Heidegger, *Die Grundbegriffe der Metaphysik : Welt, Endlichkeit, Einsamkeit*, Frankfurt am Main, V. Klostermann, 1983 ; trad. fr. D. Panis, *Les concepts fondamentaux de la métaphysique : monde, finitude, solitude*, Paris, Gallimard, 1992. Contrairement à Dreyfus, McDowell voit bien qu'il occupe une position très proche de celle de Heidegger (auquel il attribue désormais la distinction monde/milieu, « What Myth ? », *op. cit.*, p. 314).

pour penser la différence anthropologique, de Scheler à McDowell, de Heidegger à Bimbenet[1]. Cette constance témoigne d'abord de la permanence d'un problème : penser l'ancrage de l'être humain dans la nature et défendre en même temps la spécificité de la vie humaine, dans un contexte de prédominance du modèle explicatif des sciences naturelles. Nous soutiendrons qu'elle révèle aussi un défaut de réflexion sur la vie animale.

Dans *Milieu animal et milieu humain*, Uexküll introduit son analyse de la vie dans le milieu par l'exemple de la tique femelle. Une fois fécondée, la tique monte sur un arbre, d'où elle va guetter une proie, un mammifère dont le sang va nourrir ses œufs. Uexküll montre que, pour la tique, seules certaines perceptions et certaines actions existent. Les contours du milieu de l'animal sont définis par le champ de sa perception et de son action possibles, c'est-à-dire par ce qu'Uexküll appelle les « signes perceptifs » et les « signes actantiels ». Pour la tique femelle fécondée, les couples de signes perceptifs-actantiels sont au nombre de trois : elle perçoit l'odeur de l'acide butyrique qu'émettent les follicules sébacés (glandes sébacées de la peau) du mammifère qui passe sous sa branche et se laisse tomber sur lui, puis, là où elle ne sent pas de zone pileuse, elle perfore la peau, enfin, percevant que le liquide est chaud, elle l'absorbe. Ce sont les seules perceptions et actions qui existent pour elle. Voilà ce qui constitue le monde de la tique, c'est-à-dire précisément pas le monde au sens fort du terme, comme totalité, mais simplement son milieu, une *Umwelt*, littéralement : « le monde autour » d'elle, c'est-à-dire dont elle constitue le centre.

> Toute la richesse du monde [*Welt*] entourant la tique se racornit et se transforme en un produit pauvre, composé pour l'essentiel de seulement trois signes perceptifs et trois signes actantiels : c'est son milieu [*Umwelt*]. La pauvreté du milieu conditionne cependant

1. La plupart des concepts (et même formules) que McDowell trouve chez Gadamer (voir *EM*, p. 152 *sq*) viennent en réalité de Scheler. Sur la filiation de Bimbenet par rapport à Heidegger, voir *L'animal que je ne suis plus*, *op. cit.*, p. 109.

> la certitude de l'activité, et la certitude est plus importante que la richesse[1].

Contrairement au monde qui constitue une réalité objective, indépendante du sujet, le milieu est fondamentalement subjectif. Il est propre à l'animal qui le définit comme la sphère de ses perceptions et actions. Le milieu de la tique n'est donc pas celui dans laquelle la tique se trouve, mais plutôt, il est défini par la tique elle-même, par le cercle de ses intérêts. Par rapport au monde, le milieu est caractérisé par sa pauvreté : il n'est constitué que par certains traits du monde, ceux qui intéressent l'animal. En un autre sens, comme le précise Uexküll, cette pauvreté relative est d'une grande valeur vitale : elle confère à l'activité de l'individu une plus grande certitude et de plus grandes chances de réussite.

Or, c'est cette pauvreté du milieu animal par rapport au monde qui désigne, de Scheler à McDowell, la différence fondamentale de la vie humaine. La vie animale apparaît comme une modalité déficiente de vie dans le monde, tandis que la vie humaine s'en distingue par son aptitude à accéder au monde dans toute sa richesse. Dès lors, l'existence humaine est conçue comme une libération, un affranchissement à l'égard du milieu animal, pensé quant à lui comme le lieu de l'enfermement et de la contrainte. Ainsi, dans les termes d'abord de Scheler :

> Le caractère fondamental d'un être « spirituel » est son détachement existentiel, sa liberté, la possibilité qu'il a – ou qu'a du moins le centre de son existence – de se dégager de la fascination et de la pression de ce qui est organique, de se rendre indépendant de la « vie » et de tout ce qui relève de la « vie », par conséquent aussi de sa propre intelligence soumise aux tendances. Un tel être spirituel n'est plus assujetti au désir ni lié au milieu, il est « libéré

1. J. von. Uexküll, *Streifzüge durch die Umwelten von Tieren und Menschen : ein Bilderbuch unsichtbarer Welten*, Berlin, Springer, 1934 ; trad. fr. C. Martin-Fréville, *Milieu animal et milieu humain*, Paris, Payot et Rivages, 2010, p. 43. Nous reprendrons plus bas de manière détaillée la discussion des travaux d'Uexküll et n'en tirons pour l'instant que les éléments utilisés par les interprétations philosophiques mentionnées.

du milieu », nous dirons qu'il est « *ouvert au monde* », qu'il a un « *univers* »[1].

L'analyse uexküllienne semble justifier cette conception. Reprenons l'exemple de la tique. Son comportement est causé par des déterminants biologiques : si elle sent l'odeur de l'acide butyrique émis par un mammifère, elle se laisse tomber de sa branche. McDowell commente ainsi cette idée : chez les « simples animaux », le « mode de vie [est] structuré exclusivement par des impératifs biologiques immédiats. […] le milieu où elle vit ne peut pas être davantage qu'une succession de problèmes et d'occasions constitués comme tels par ces impératifs biologiques »[2]. Dans cette conception, la vie de l'animal est entièrement déterminée ; tous ses comportements servent la survie individuelle et de l'espèce. En effet, l'individu tique ne peut choisir de se comporter autrement ni même de s'abstenir. Certes, l'animal n'est pas déterminé mécaniquement de la manière qu'une pierre poussée par une autre roule le long d'une pente. Le comportement de l'animal possède bien une dimension subjective de réponse. Cependant, il est dépendant de ses besoins. De même, sa perception ne lui permet pas d'accéder à l'objectivité car elle est déterminée par les besoins qui s'imposent à lui. L'animal, dans les termes de Heidegger, est accaparé : « L'accaparement de l'animal désigne donc le mode d'être par lequel est prise à l'animal, dans son rapport à autre chose, la possibilité de se rapporter et de se relier à cette autre chose *en tant que* telle ou telle chose. »[3] L'abeille « est livrée »[4] au soleil, sans accéder au soleil *en tant que* source de lumière ou de chaleur. La perception n'ouvre nullement la possibilité de considérer ce qu'est l'objet en lui-même (par exemple

1. M. Scheler, *La Situation de l'homme dans le monde*, *op. cit.*, p. 53-54. Souligné par l'auteur.

2. *EM*, p. 152-153. Voir M. Scheler, *La Situation de l'homme dans le monde*, *op. cit.*, p. 53 *sq.*

3. M. Heidegger, *Les concepts fondamentaux de la métaphysique*, *op. cit.*, p. 361.

4. *Ibid.*, p. 288.

le mur que veut franchir le chat), indépendamment de la visée pratique immédiate sous laquelle l'animal le considère.

Dire que les animaux n'ont pas accès aux objets en tant que tels, c'est plus fondamentalement dire qu'ils n'ont pas de monde, au sens où le monde désigne la réalité objective indépendante du sujet percevant. Avoir un monde, c'est d'abord savoir que le monde existe au-delà de mon milieu et de mes possibilités immédiates d'action. Le milieu qui est celui de l'animal n'est pas identifié comme tel par l'animal ; il s'attache uniquement à certains aspects de son milieu en fonction de nécessités vitales qui s'imposent à lui. Plus profondément, le fait d'avoir un monde est lié aux pouvoirs symboliques et généralisant du langage. La forme du langage libère l'individu de son attachement à la situation ou aux choses présentes et lui permet de les penser. La possession du langage – du moins d'un langage suffisamment complexe pour être le lieu d'une pensée – donne aux êtres humains un rapport au monde d'un nouveau type, un rapport symbolique qui ouvre la voie au développement de la rationalité. L'animal, dans les termes de Heidegger, est « pauvre en monde »[1]. L'intérêt de ce concept est de posséder également une face positive : l'animal n'est pas « *privé* de monde », comme l'est la pierre, il est dans une relation active à son milieu. Dans les termes de McDowell, qu'un animal obéisse à l'impératif biologique de sa propre survie – instancié différemment selon les situations – caractérise un comportement actif qui n'est pas une réaction mécanique à ce qui l'entoure. Contrairement à la pierre ou au thermomètre, mécaniquement déterminés par leur environnement suivant les lois physiques, l'animal répond aux changements de son environnement[2]. Dans la modalité de la pauvreté en monde, la restriction du milieu est précisément ce qui, en un autre sens, fait sa richesse, comme le souligne Uexküll. L'accaparement qui empêche

1. M. Heidegger, *Les concepts fondamentaux de la métaphysique*, *op. cit.*, p. 277-396.

2. Brandom, notamment, ne rend pas compte de la différence entre animal et thermomètre : *Rendre explicite*, *op. cit.*, p. 108, p. 202-204.

l'abeille de voir à proprement parler la fleur elle-même est ce qui lui permet d'accomplir avec succès le ramassage du pollen.

À première vue, la distinction entre vie dans un environnement et ouverture au monde parvient donc à rendre compte du fait que l'animal possède une vie et des capacités qui lui sont propres, tout en marquant la différence avec la vie et les capacités humaines. Cependant, dans cette interprétation, la distinction uexküllienne entre monde et milieu se trouve investie par un dualisme qui ne s'y trouve initialement pas. Ainsi, le concept heideggérien de pauvreté en monde n'a de sens qu'en opposition à une modalité positive de rapport au monde qui est celle de l'être humain « configurateur de monde ». La vie dans le monde étant liée à la liberté et à la possibilité d'accéder à l'objectivité, la vie dans le milieu est, par contrecoup, pensée comme l'*absence* de liberté, une forme d'asservissement. Les individus rationnels, parce qu'ils sont capables de s'émanciper de la tyrannie du besoin, peuvent considérer les choses indépendamment de l'utilité qu'elles pourraient présenter pour eux. Puisqu'ils ne peuvent faire cela, les animaux sont renvoyés de l'autre côté de la partition dualiste, dans l'asservissement à des contraintes issues de leur environnement et des nécessités biologiques que leur impose leur propre survie. Là où Uexküll propose une caractérisation positive de la vie animale, comme vie dans un milieu, Scheler, Heidegger, Bimbenet ou McDowell enferment celle-ci dans une comparaison avec la vie humaine, dont elle ne serait qu'une modalité déficiente – le « pas-encore humain » si l'on peut dire. Cette conception de l'animal « pauvre en monde » ou « soumis à l'impératif » de sa propre survie n'est en réalité qu'un nouvel avatar de la conception traditionnelle de l'animal comme machine.

L'animal-machine ou la permanence du dualisme

Examinons un exemple proposé par McDowell, celui d'un animal qui s'enfuit face à un danger. Dès lors qu'un animal n'est pas capable de prendre du recul par rapport aux tendances naturelles qui motivent son comportement, d'en faire un objet de réflexion, « son comportement est », selon McDowell, « déterminé par sa nature »[1]. C'est ce qui marque la différence entre animaux rationnels et non rationnels. Il essaie néanmoins de préserver, d'un autre côté, la différence entre un animal et un objet inerte et écrit : « un animal, dans la mesure où il produit un comportement volontaire, ne saurait être simplement identifié avec les pulsions motivantes qui lui viennent naturellement ». Cette affirmation signifie qu'il y a bien une forme de subjectivité de l'animal qu'on ne saurait confondre avec les forces qui l'animent. Mais immédiatement après, il la vide de son sens : « mais dans ce genre de cas, la distinction entre l'animal qui se comporte d'une certaine manière et ses pulsions motivantes n'a pas d'importance particulière. Il n'y a pas d'intérêt particulier à dire que c'est l'animal lui-même qui détermine ce qu'il fait ». L'animal n'introduit pas une donnée supplémentaire, le mouvement est entièrement explicable par les forces qui s'appliquent à lui.

En fait, concevoir la vie de l'animal comme entièrement déterminée par une nécessité biologique revient à penser l'animal comme une machine. Certes, le type de machine sur lequel est modelée cette conception des animaux n'est pas une machine simple, comme un automate ou une horloge réglée par un mécanisme, mais une machine sophistiquée, cybernétique ou computationnelle – elle n'en reste pas moins une machine, c'est-à-dire un objet complexe capable de transformer une forme d'énergie en une autre et/ou d'utiliser cette transformation pour agir directement sur l'objet de travail afin de le modifier d'une manière fixée par avance. L'animal que décrit McDowell semble bien correspondre à cette définition de la machine : l'animal (disons un lapin), produit de l'évolution, est une *totalité complexe* ; et quand bien même il n'a pas été fabriqué par une intention, il doit être compris téléologiquement. L'organisme *transforme l'énergie* : dans exemple, l'influx nerveux produit par le stimulus (la perception du renard par le lapin) est transformé en énergie motrice. *L'objet de travail* est alors le lapin lui-même, ou plus précisément ses muscles ; *le but fixé* est une certaine contraction des

1. J. McDowell, « Les capacités conceptuelles… », *op. cit.*, p. 145.

muscles permettant la course. Dès lors qu'on considère que des forces extérieures agissent sur le système pour le mettre en mouvement – que ce soit par le biais des instincts ou des gènes – l'animal est considéré comme une machine. Les conditions d'effectuation du mouvement sont tout entières déterminées, indépendamment de toute impulsion venant de l'animal lui-même, par sa conformation et les processus biologiques qui régulent son organisme, analogues aux forces qui agissent sur la machine en laissant inchangées ses parties. Le lapin n'est plus qu'un système causal, sans qu'il y ait besoin d'un sujet pour expliquer le mouvement.

C'est précisément ce qui fait, d'après Dominique Lestel, la caractéristique de la conception de l'animal comme machine : l'animal est pensé comme un objet mais non comme un sujet.

> La thèse de l'animal-machine [...] ne dit pas seulement que tout animal est un ensemble de processus causaux, mais que tout animal peut être exhaustivement compris comme un pur système causal – c'est-à-dire qu'il n'existe aucun reste. [...] Il ne subsiste plus rien chez lui qui serait de l'ordre du désir ou du soi. Aucun sujet n'habite ce corps mécanique, qui devient du coup l'animal lui-même [1].

Le modèle mécaniste n'empêche pas qu'il y ait une différence infinie entre l'animal et la machine, à la mesure de la différence qui sépare leurs producteurs respectifs selon Descartes : « [on peut considérer] ce corps comme une machine qui, ayant été faite des mains de Dieu [ou de l'évolution, dans une version laïque], est *incomparablement* mieux ordonnée et a en soi des mouvements plus admirables qu'aucune de celles qui peuvent être inventées par les hommes » [2]. Il ne suffit donc pas, comme on pourrait le croire, d'éviter de concevoir les animaux comme de « simples automates » [3]

1. D. Lestel, *L'animal est l'avenir de l'homme : munitions pour ceux qui veulent (toujours) défendre les animaux*, Paris, Fayard, 2010, p. 54-55.

2. R. Descartes, *Discours de la méthode*, AT, VI, p. 55-56. Nous soulignons.

3. Sur la variété des conceptions de l'animal sur le modèle d'une machine, des cartésiens aux cognitivistes contemporains, voir D. Lestel, *L'animal est l'avenir de l'homme*, *op. cit.*, chap. 1.

pour s'affranchir de l'idée de l'animal-machine. Dans la conception proposée par McDowell, s'il y a bien dans l'animal un centre, c'est un centre de gestion automatisée des informations plutôt qu'une subjectivité. Par différence avec un animal rationnel, le lapin est assimilable à un mobile sur lequel s'appliquent des forces. Il n'y a pas besoin d'un sujet pour rendre compte du mouvement. Il n'y a d'ailleurs pas de place pour un sujet. Le problème de cette conception est qu'elle ne semble pas à même de rendre compte d'un certain nombre d'observations de la vie animale. Nombre de comportements animaux ne sont pas explicables dans le cadre d'un impératif de survie de l'individu ou de l'espèce. McDowell l'admet à la marge en concédant que certains comportements, comme le jeu, ne sont liés que « très indirectement »[1] à un impératif biologique et que cette relation indirecte est parfois sujette à caution, puisqu'il n'est pas clair que l'on puisse « rendre complètement compte du jeu en montrant, par exemple, qu'il consiste à développer des réflexes qui sont normalement nécessaires pour la survie »[2]. La concession faite dans cette note ouvre un gouffre : si certains comportements existent dont la valeur pour la survie de l'individu ou de l'espèce n'est pas apparente, comment faut-il en rendre compte ?

Or, ce type de cas est loin d'être marginal[3]. Dans nos relations et interactions habituelles avec les animaux, nous observons quantité de comportements où s'exprime une forme de subjectivité. L'éthologie de terrain a mis en lumière un certain nombre de comportements animaux dont les éthologues soutiennent qu'ils sont bien culturels. Richard Wrangham et ses collègues, dans leur somme *Chimpanzee Cultures*, définissent ainsi un comportement culturel : « la transmission culturelle du comportement se distingue de l'acquisition d'un comportement par apprentissage individuel ou par transmission génétique : la transmission culturelle implique que l'on apprenne des autres et, dans sa forme la plus efficace, que les

1. *EM*, p. 152.
2. *Ibid.*, n. 2.
3. Voir D. Lestel, *Les origines animales de la culture*, Paris, Flammarion, p. 122 *sq*.

autres nous enseignent »[1]. Un phénomène sera donc caractérisé de culturel lorsqu'il constitue une caractéristique observable à l'échelle d'une certaine population, variant entre des groupes appartenant à la même espèce et que la variation n'est explicable ni par une variation génétique ni par une variation écologique. On a observé chez les chimpanzés en particulier un répertoire complexe et propre à chaque groupe de techniques et d'usages – par exemple pour casser une noix, attraper des termites ou utiliser des plantes médicinales – qui constitue une véritable variation culturelle[2]. Comme le soulignent les auteurs, accorder aux chimpanzés une forme de culture ne signifie pas qu'il n'existe pas de différence profonde entre la culture humaine et les cultures possédées par certaines espèces animales. Mais ces observations viennent bouleverser une conception restrictive de la culture fondée sur la dichotomie entre nature et culture.

Or la conception de McDowell, fondée sur l'exclusivité mutuelle des deux rapports au monde, est incapable de rendre de compte de ce type de comportements, qui ne sont pas strictement déterminés par des nécessités biologiques. Cette incapacité vient de ce que McDowell, pour penser la vie animale, se place encore dans le cadre dualiste, un dualisme entre la raison (naturelle en un sens) et la nature. La prévalence du cadre dualiste apparaît explicitement lorsqu'il revient sur son usage du concept d'impératif biologique. Il écrit : « Tout ce que je veux dire est que les bêtes n'ont pas ce que Kant appelle la liberté »[3]. Il met donc en équivalence « ne pas être libre » et « être soumis à des impératifs biologiques ». Un autre passage le confirme : « [les buts qui contrôlent le comportement animal sont] l'effet immédiat de forces biologiques. Un simple animal ne pèse pas les raisons pour décider de ce qu'il faut faire. »[4] La seconde phrase a pour fonction d'expliquer la première : elle

1. R. Wrangham *et al.* (ed.), *Chimpanzee cultures*, Cambridge (Mass.), Harvard University Press, 1994, p. 1.

2. A. Whiten *et al.*, « Cultures in chimpanzees », *Nature*, vol. 399, n°6737, 1999, p. 682-685.

3. *EM*, p. 226.

4. *EM*, p. 152.

met en équivalence « être déterminé biologiquement » et « ne pas peser les raisons ». Or, dans cette équivalence, l'une des implications est vraie mais l'autre est fausse. Il est vrai que « peser les raisons » implique, entre autres choses, « ne pas être déterminé biologiquement » : c'est précisément la définition de l'autonomie. En effet, on entend par « être déterminé biologiquement » le fait que le comportement de l'individu est déterminé indépendamment de sa volonté par des facteurs biologiques. Peser les raisons, comme peut le faire un être rationnel, implique de prendre de la distance par rapport à nos inclinations. En revanche, « ne pas peser les raisons » n'implique pas nécessairement « être déterminé par des impératifs biologiques ». La vie de tout vivant est, en un sens, faite de processus biologiques. Mais cela ne signifie pas que tous les comportements de l'animal non rationnel soient déterminés par une force causale assimilable à une force mécanique. Le concept de nature utilisé par McDowell pour penser la vie animale est un concept réductionniste qui réduit le biologique au physique. En effet, il caractérise la nature comme « règne de la loi », reprenant simplement la distinction kantienne entre règne de la liberté et règne de la loi [1]. En réponse aux critiques, il a remplacé l'idée de légalité par la périphrase suivante : la « compréhension en sciences naturelles » en général [2]. Mais cette modification ne change pas la dichotomie entre le domaine des sciences, dont relève le vivant, et le règne de la liberté. La réduction de toutes les parties de la nature à la détermination causale ne permet pas de penser la subjectivité animale. Dans le cadre dualiste au sein duquel opère McDowell, la signification passe tout entière du côté de l'espace des raisons, tandis que la nature est le lieu d'une stricte détermination causale

1. Kant lui-même ne s'en tient pas à cette caractérisation, puisque, dans la deuxième partie de la *Critique de la faculté de juger*, il propose le concept de finalité externe pour penser l'organisme.

2. J. McDowell, « Response to Graham Macdonald », *in* C. Macdonald, G. Macdonald (eds.), *McDowell and his Critics*, Oxford, Blackwell, 2006, p. 235-239, p. 235.

mécanique. Les travaux d'Uexküll offrent en réalité une voie pour rénover le concept de nature pour y penser le vivant.

Subjectivité animale et subjectivité humaine

L'œuvre d'Uexküll ouvre la voie à des concepts de subjectivité et de signification transversaux aux différentes formes de vie humaine et animales et qui néanmoins n'effacent pas les différences. Parmi les philosophes qui s'inspirent d'Uexküll pour affirmer la différence anthropologique, le travail contemporain de Bimbenet se distingue par son attention portée à une caractérisation positive, et non seulement négative, de la vie animale. S'inscrivant quant à lui dans une perspective phénoménologique, il reconnaît comme McDowell que l'on ne peut défendre l'idée d'une différence anthropologique forte qu'en rendant compte de l'origine animale de l'être humain, c'est-à-dire, dans ses termes, du fait que les êtres humains sont issus d'une vie animale, sans plus toutefois être des animaux. Bien que l'un choisisse de conserver le terme d'animal et l'autre non, la thèse de Bimbenet selon laquelle nous ne sommes plus des animaux rejoint celle de McDowell selon laquelle nous sommes des animaux d'un genre tout à fait spécial. Mais dans le même temps qu'il affirme la différence entre vie humaine et vie animale, Bimbenet s'attache à proposer une conception satisfaisante de cette dernière en prenant acte des données biologiques et éthologiques contemporaines qui nous montrent la complexité et la richesse de la vie animale.

Comme le souligne Bimbenet, la méthode phénoménologique en première personne offre un point d'accès à la vie animale que manque le paradigme cognitif, qui se place au point de vue d'un observateur extérieur. C'est là retrouver l'un des points centraux de l'analyse d'Uexküll, qui présente ainsi sa méthode :

> Pour le physiologiste, chaque être vivant est un objet situé dans le monde humain. Il examine les organes des êtres vivants et leur synergie, tout comme un technicien explorerait une machine inconnue. À l'inverse, le biologiste se rend compte que chaque être vivant est un sujet qui vit dans le monde qui lui est propre et dont

> il forme le centre. Aussi ne doit-il pas être comparé à une machine, mais uniquement au machiniste qui pilote la machine [1].

Uexküll nous invite à considérer l'animal non comme un objet à connaître au sein de notre monde, un objet que l'on pourrait connaître en élucidant ses parties et leur fonctionnement, mais comme en lui-même un sujet. L'animal est un sujet parce qu'il est dans un rapport actif et formateur à l'égard de son milieu. Les concepts de milieu et de sujet animal sont le pendant l'un de l'autre. Comprendre la vie d'un animal implique de se décentrer du monde humain pour se rapporter à chaque fois au point de vue de l'animal en question, au sein du monde ou du milieu qui est le sien. Quoiqu'il conçoive, dans la droite ligne de Heidegger, la vie dans un milieu comme une modalité déficiente de la vie dans le monde, Bimbenet s'attache à penser le fait que « l'animalité est subjectivité » [2].

Pour comprendre la notion de milieu proposée par Uexküll et celle de subjectivité qui en est le corrélat, reprenons l'exemple de la tique. La tique femelle fécondée est postée sur un arbre, dans l'attente du mammifère dont le sang lui permettra de nourrir ses œufs. Les trois actions de la tique s'enchaînent dans une succession réglée, pour lui permettre d'arriver à ses fins. Uexküll montre qu'on ne peut rendre compte de ce comportement complexe simplement en postulant une série de mécanismes, mais qu'il faut poser un sujet qui perçoit et agit. En effet, le stimulus perçu par la tique – par exemple, l'odeur d'acide butyrique émis par les follicules sébacés du mammifère – fonctionne pour elle comme un « signal perceptif ». Or, ce signal ne va valoir que pour la tique : il faut non seulement qu'elle possède les organes perceptifs adéquats, mais surtout que cet événement (l'émission de l'odeur) s'inscrive dans un processus qui devient pour la tique un signal. Cependant, on pourrait objecter qu'il n'est pas nécessaire de faire intervenir une dimension de signification dans le concept de signal, et qu'il est possible de rendre compte de ce comportement plus simplement comme un processus

1. J. von Uexküll, *Milieu animal et milieu humain*, *op. cit.*, p. 33.
2. E. Bimbenet, *L'animal que je ne suis plus*, *op. cit.*, p. 123.

causal. Cela reviendrait à comprendre le rapport entre stimulus et réponse de l'organisme sur le modèle d'un réflexe, analogue à « la captation et le renvoi d'un rayon lumineux par un miroir ». Toutefois, répond Uexküll, cette analogie ne permet pas de rendre compte de la perception : en effet, « un stimulus doit être *perçu* par un sujet et ne s'offre pas à des objets »[1]. La perception n'est pas explicable par la simple transmission d'une force; elle est en elle-même active. Il est nécessaire de faire intervenir un sujet qui perçoit pour en rendre compte, contrairement à la surface réfléchissante qui renvoie le rayon lumineux, ou à la surface dure qui fait rebondir la balle.

On doit donc reconnaître à l'animal une certaine subjectivité. Cela n'empêche cependant pas, selon Bimbenet, de soutenir que celle-ci n'est pas du même ordre que la subjectivité humaine. Il s'efforce de tenir la ligne médiane d'abord explicitée par Heidegger : la pauvreté en monde et une certaine richesse vitale sont l'envers l'une de l'autre. L'animal « est un sujet [au sens où il] constitue activement son monde, ne perçoit au-dehors que ce qu'il a anticipé depuis ses propres valeurs vitales »[2]. Le milieu est ce qui fait sens pour l'animal. Mais cette subjectivité est fondamentalement différente de la subjectivité humaine parce qu'elle n'est pas corrélée à une objectivité véritable, qu'elle est dépourvue de conscience de soi et d'accès à l'objectivité du monde. L'animal est toujours intéressé à ce qu'il perçoit. D'un côté, cela signifie qu'il n'est pas inerte mais dans un rapport actif à son milieu, et même dans un rapport de signification. De l'autre côté, cela signifie qu'il ne parvient jamais à un rapport désintéressé à l'égard d'un objet, il est toujours pris dans une certaine perspective. Il ne parvient jamais à saisir le monde que sous l'angle de la visée particulière – ce n'est donc, en vérité, pas le monde qu'il atteint mais uniquement son milieu défini subjectivement par ce qui fait sens pour lui, dans la perspective d'une utilité pratique. L'objectivité demeure inaccessible à l'animal en ce qu'elle implique un détachement de sa perspective limitée,

1. J. von Uexküll, *Milieu animal et milieu humain*, *op. cit.*, p. 35. Souligné par l'auteur.

2. E. Bimbenet, *L'animal que je ne suis plus*, *op. cit.*, p. 124.

un objet indépendant du désir. La signification que peut avoir pour un animal un élément de son milieu est purement vitale. Ainsi, la subjectivité animale est sans profondeur : vécue « sur un mode pratique et immédiat », elle diffère de la subjectivité humaine « conquise par un acte de réflexion » [1].

S'appuyant sur des travaux classiques et contemporains d'éthologie, Bimbenet reconnaît aux animaux nombre de capacités complexes – mais ce n'est que pour mieux marquer la différence avec les capacités humaines correspondantes. Il remarque par exemple que la curiosité est un comportement manifesté par de nombreux animaux. Or, comme il le souligne en citant Konrad Lorenz, un comportement exploratoire tel que la curiosité est « fondamentalement objectif » [2] au sens où l'animal s'intéresse alors à l'objet pour lui-même, et non seulement pour l'utiliser. À première vue, la manifestation de curiosité semble dépasser les bornes d'une subjectivité animale uniquement intéressée à elle-même. Néanmoins, ce n'est pas encore l'expression d'une subjectivité véritable, affirme Bimbenet : si elle constitue une prémisse de comportement objectivant, cette curiosité en diffère radicalement et non simplement par degré parce qu'elle ne s'inscrit pas encore dans la visée d'un monde. Elle se rapporte toujours au possible intérêt qu'elle représente pour l'animal, et non à l'objet lui-même. Suivant Uexküll, Bimbenet nous invite à considérer toute forme de vie, qu'elle soit humaine ou animale, de manière holiste : les capacités de différentes espèces ne peuvent être comparées de manière absolue car elles ne prennent sens qu'au sein d'une certaine vie qui s'oriente au sein d'un milieu ou simplement d'intérêts relatifs à chaque espèce. Mais Bimbenet ajoute un point qui ne se trouve pas chez Uexküll : le passage de l'hominisation constitue un « saut qualitatif » qui rend la vie humaine non seulement différente de telle

1. E. Bimbenet, *L'animal que je ne suis plus*, *op. cit.*, p. 125.

2. K. Lorenz, *Die Rückseite des Spiegels : Versuch einer Naturgeschichte menschlichen Erkennens*, München, Piper, 1973 ; trad. fr. J. Etore-Lortholary, *L'Envers du miroir : une histoire naturelle de la connaissance*, Paris, Flammarion, 1990, p. 202. Cité par E. Bimbenet, *L'animal que je ne suis plus*, *op. cit.*, p. 66-67.

ou telle autre forme de vie animale, mais bien différente de *toutes les* vies animales. Avec l'hominisation, l'« intégration structurale du vivre dans une totalité nouvelle produit une "vie" qui n'est plus comparable à la vie animale » [1]. Cette totalité est celle du langage et de l'objectivité qu'il procure.

Dès lors, les ressemblances que l'on croit apercevoir entre telle espèce animale et l'espèce humaine sont fondées sur des anthropomorphismes : c'est « par homonymie seulement qu'on peut parler d'une "morale" chez le chimpanzé bonobo ou d'une "culture" chez le macaque japonais » [2]. Bimbenet fait d'abord allusion à la thèse de Frans de Waal selon laquelle on trouve chez certains animaux, et notamment les primates non humains, des comportements qui constituent les « bases » de la moralité au sens que nous lui conférons chez les humains [3]. La seconde référence est au cas des macaques japonais de l'île de Koshima dans les années 1950. Les chercheurs qui les étudient et les approvisionnent observent que la femelle F-111 lave une patate douce dans le ruisseau, et qu'au bout de deux ans, ce comportement s'est répandu à ses proches puis au reste du groupe. Il est ensuite transmis de génération en génération. Les primatologues n'hésitent pas à parler de « culture infrahumaine » [4]. Or, pour Bimbenet, quand on utilise les concepts de culture ou de morale pour caractériser ces phénomènes animaux, on reste là encore dans l'analogie. Remarquons néanmoins que les primatologues qu'il évoque ne soutiennent nullement que les phénomènes culturels ou moraux qu'ils affirment observer le soient au même sens que les phénomènes humains correspondant. Ils ne remettent pas en cause l'existence d'une différence profonde, soutenant que les premiers

1. *Ibid.*, p. 88.
2. *Ibid.*, p. 43.
3. F. de Waal, *Good Natured : the Origins of Right and Wrong in Humans and Other Animals*, Cambridge (Mass.), Harvard University Press, 1996; *Le bon singe : les bases naturelles de la morale*, Paris, Bayard, 1997. Voir également *infra*, chap. v.
4. J. Itani, A. Ishimura, « The Study of Infrahuman Culture in Japan : A review », *in* E.W. Menzel (ed.), *Precultural Primate Behavior*, Basel, S. Karger, 1973, p. 26-50.

sont évolutivement plus simples que les seconds. Ainsi, de Waal précise qu'il « hésite à qualifier les membres de toute autre espèce de la nôtre d'"êtres moraux" » [1]. Mais il soutient que certaines espèces possèdent les « éléments constitutifs » [2] de la moralité, éléments qui sont conservés en l'espèce humaine au cours de l'évolution et qui permettent de comprendre l'émergence de la morale, au sens propre du terme. Ainsi, tant Bimbenet et McDowell, d'une part, que des éthologues tels quels de Waal ou Itani, d'autre part, s'accordent à reconnaître qu'il y a à la fois continuité et différence entre l'espèce humaine et les autres espèces animales. Ils divergent quant à la manière de les concevoir. Pour les seconds, la ressemblance révèle une véritable parenté et une continuité forte. Pour les premiers, elle n'exprime qu'une simple analogie, fondée sur une rupture radicale, un « saut qualitatif » [3] au sein de la continuité évolutive.

La conception proposée par Bimbenet d'une forme de subjectivité animale semble néanmoins parvenir à éviter l'écueil sur lequel achoppait McDowell. Elle permet de penser la filiation des comportements proprement humains avec les comportements animaux, et donc de penser leur inscription au sein de l'évolution.

> Ainsi Lorenz réussit-il à décrire chacune des conditions hominisantes comme autant de comportements animaux avant d'être humains ; l'objectivation du donné ou le recul de la réflexion, pour être clairement reconnus comme notre privilège, se préméditent en réalité dans le songe de l'hippocampe ou les perplexités de l'orang-outan [4].

Les facultés humaines de langage et de réflexion ne sont pas mystérieuses parce qu'elles ne sont pas issues du néant : elles sont l'évolution logique de certains comportements primitifs dont l'on trouve des exemples chez certaines espèces animales. Il serait

1. J. Flack, J. de Waal, « Any Animal Whatever. Darwinian Building Blocks of Morality in Monkeys and Apes », *Journal of Consciousness Studies*, vol. 7, n°1-2, 2000, p. 1-29, p. 24.

2. *Ibid.*, p. 1.

3. E. Bimbenet, *L'animal que je ne suis plus*, *op. cit.*, p. 22.

4. *Ibid.*, p. 67.

donc possible d'affirmer une continuité verticale entre animaux et humains, dans le temps évolutionnaire, tout en soutenant une discontinuité horizontale, selon laquelle les comportements humains et animaux ne sont pas du même genre. L'hominisation apparaît alors comme un processus naturel. Il n'est cependant pas certain qu'il soit possible de mener les deux objectifs de la commune naturalité et de la différence radicale de front jusqu'au bout.

L'impossible objectivation de la subjectivité animale

Fidèle à la tradition occidentale qu'il entend moderniser, Bimbenet veut reconnaître aux animaux des capacités sophistiquées mais qui restent d'un ordre différent de l'humain. La tension entre ces objectifs apparaît souvent, au détour des phrases, dans la difficulté qu'il a à trouver des termes adéquats et précis pour décrire ces capacités animales qui ressemblent aux nôtres mais ne sont pas du même ordre. Ainsi, comme on l'a vu, il évoque la « curiosité » du corbeau, ou encore le « songe » de l'hippocampe ou les « perplexités » de l'orang-outan. Le lecteur ne peut lui-même que rester perplexe face à l'usage de ces termes, et en particulier des deux derniers : en effet, ces concepts, au sens propre, désignent des activités qui impliquent la mise en jeu d'une forme d'intelligence qui n'est pas seulement pratique mais bien dans une certaine mesure réflexive. Pourtant, l'auteur soutient que les animaux en question ne possèdent pas de telles capacités qui impliquent une subjectivité capable de se détacher des nécessités vitales. Joue-t-il alors de l'analogie poétique, attribue-t-il sur le mode métaphorique aux animaux qu'il contemple des émotions tout humaines ? Le choix de ces termes nous semble révéler une difficulté véritable et profonde, celle qu'il y a à trouver des termes qui caractérisent ce qui est à la fois le même et l'autre et, par suite, à penser la parenté profonde entre eux et nous qui resurgit malgré le soin que l'auteur met à souligner la séparation.

Par ailleurs, l'entreprise menée par Bimbenet recèle une difficulté méthodologique. Prônant la méthode phénoménologique pour mettre en lumière la subjectivité animale, il en note d'emblée les limites. Celle-ci requiert le passage à la première personne. Or l'animal ne possédant pas la conscience de soi ne peut opérer lui-même cette réflexion, et on ne peut pas recueillir son témoignage faute d'un langage adéquat partagé[1]. On ne peut pas davantage se mettre à la place de l'animal puisque le but est précisément de penser la subjectivité animale en évaluant ses différences avec la subjectivité humaine. Il entend toutefois suppléer cet impossible accès à la première personne par des observations extérieures objectivantes. Il postule « la possibilité là encore de venir conforter des intuitions difficiles, en les renflouant de catégories objectives »[2]. Cette proposition ne laisse cependant pas de soulever de sérieuses questions, que Bimbenet n'attaque pas de front. Tout d'abord, les intuitions en question, si elles doivent atteindre la subjectivité animale, ne sont pas seulement « difficiles », comme il l'écrit, mais même impossibles. Ensuite et surtout, qu'une subjectivité puisse être atteinte de l'extérieur, par le biais indirect d'objectivations, est un point tout à fait problématique qui mérite une solide justification. Essayons de comprendre en quoi peut consister ce « renflou[age] » bien imprécis.

Pour approcher ce qui constitue le sujet animal, Bimbenet nous invite à partir de ce dont nous disposons, c'est-à-dire d'observations faites en troisième personne, qui décrivent les comportements des animaux. Comme exemple d'aspects objectivables de la vie animale, Bimbenet indique « ce que perçoit l'animal », « d'où il perçoit », « ses motivations »[3]. Le contenu de la perception et sa localisation spatiale semblent être intégralement descriptibles par un observateur extérieur. Les motivations de l'animal, en revanche, semblent mettre en œuvre un élément subjectif qui n'est pas accessible à l'observateur extérieur – sauf à entendre le terme en un sens strictement objectivant, « en termes de succès biologique ».

1. Ou alors il faut passer par la tentative-limite de l'imagination littéraire pour donner à l'animal la parole en première personne. *Cf.* T. Garcia, *Mémoires de la Jungle*, Paris, Gallimard, 2010.

2. E. Bimbenet, *L'animal que je ne suis plus*, *op. cit.*, p. 135.

3. *Ibid.*

C'est ce que propose Bimbenet. La subjectivité animale dont il trace les contours dans son enquête est donc d'emblée singulièrement rétrécie : certains aspects qui semblent difficilement accessibles à l'objectivation – comme les émotions, la créativité, la personnalité – ne sont pas représentés. Bien rapidement après avoir affirmé le bien-fondé de la méthode phénoménologique pour penser l'animalité, Bimbenet la vide donc de sa substance pour réintroduire une conception tout à fait classique de l'animal. Il affirme que « de proche en proche, c'est le caractère proprement individuel d'une expérience qui se laisse approcher "de l'extérieur" » [1]. Mais il ne propose aucune justification qui autoriserait cette conclusion. Au contraire, les exemples qu'il donne montrent que le caractère individuel qui peut être atteint ainsi n'est pas celui d'une éventuelle individualité ou subjectivité véritable. C'est celle d'un individu pris comme représentant de l'espèce et interchangeable avec d'autres. Cela apparaît clairement dans l'énoncé suivant : « la fidélité à soi d'un animal se reflète ainsi à distance de soi dans la permanence d'un ordre biologique parfaitement repérable, indexé aussi bien sur un ensemble de constantes physiologiques quantifiables que sur les classes de stimuli composant l'environnement typique de l'animal » [2]. Le soi animal qu'identifie Bimbenet n'est pas une véritable subjectivité mais l'instanciation individuelle d'un ordre biologique. La phrase que nous venons de citer est présentée comme la conclusion de la démonstration qui s'appuie sur l'examen de cas de comportement animal. En vérité, le contenu de cet énoncé – l'idée que l'animal est entièrement connu par l'objectivation – a fonctionné comme prémisse du raisonnement et cadre interprétatif pour les observations, il n'a pas été démontré.

La méthode uexküllienne offre pourtant une autre voie pour reconquérir la dimension de la vie animale qui disparaît dans l'objectivation. C'est une troisième voie qui rend caduque l'apparente alternative entre des prémisses anthropocentriques qui

1. *Ibid.*
2. *Ibid.*, p. 134.

postulent une différence de nature entre humains et animaux et des prémisses anthropomorphiques qui nivellent les différences entre ces formes de vie. L'analyse d'Uexküll nous installe dans une différence qui n'est pas de type hiérarchique, en nous amenant à nous décentrer pour occuper à chaque fois le point de vue de l'animal. Pour ce faire, il faut éviter la confusion contre laquelle il nous met en garde, une confusion entre *Umwelt* (milieu) et *Umgebung* (environnement) : « Le milieu [*Umwelt*] de l'animal, que nous voulons justement étudier, est seulement une partie de l'environnement [*Umgebung*] que nous voyons s'étendre autour de l'animal, et cet environnement n'est rien d'autre que notre propre environnement humain. » [1] Partir, pour observer l'animal, de la prémisse de la différence avec l'humain ne peut que fausser l'observation. Cela revient en effet à considérer la vie d'une certaine espèce animale au sein du milieu humain conçu comme l'environnement en un sens absolu (le monde). Au contraire, Uexküll attire notre attention sur le fait que l'observation d'un animal doit s'inscrire dans le référentiel du milieu de l'animal en question. Tant que l'on part de notre point de vue humain, on ne peut que manquer le sens du comportement animal, qui n'apparaîtra qu'en se plaçant au point de vue adéquat. S'il y a bien un sens à considérer les différences entre la vie humaine et celle de telle ou telle espèce, voire celles de tous les animaux, elles ne peuvent être mises au jour que dans une approche comparatiste à l'issue de l'observation de chacune de ces formes de vie.

Bimbenet trahit la méthode uexküllienne dont il se revendique pourtant en cessant de suivre le fil du rapport subjectif d'un certain animal pour rendre compte de son milieu. Il subordonne l'analyse de la subjectivité animale en lien avec son milieu à l'incapacité de la subjectivité animale à atteindre l'objectivité du monde. En conséquence, il interprète toute caractéristique que certains animaux partagent avec les humains comme une caractéristique qui n'est déjà plus animale, affirmant par exemple que « la curiosité représente une animalité à tous égards suspendue » [2].

1. J. von Uexküll, *Milieu animal et milieu humain*, *op. cit.*, p. 48.
2. E. Bimbenet, *L'animal que je ne suis plus*, *op. cit.*, p. 67.

Cette interprétation de la manière dont les corbeaux font preuve de curiosité est étonnante : elle revient à dire que, dans ces occurrences, les corbeaux cessent de se comporter comme des corbeaux. Une conclusion alternative serait qu'il nous faut réviser notre concept de corbeau, et par suite d'animal, de façon à ce qu'il puisse inclure ces comportements que nous observons chez les corbeaux. La prémisse de la différence radicale conduit Bimbenet à inscrire les humains et les animaux dans une continuité verticale et téléologique et conditionne la manière dont il interprète les comportements animaux qu'il examine. Il interprète ceux qui témoignent d'une forme d'intelligence comme « précurseurs », « préfigur[ant] », « prémédit[ant] », « annon[çant] »[1] les comportements humains rationnels. S'il entend par là que les comportements animaux qui témoignent d'une intelligence rudimentaire nous donnent une idée de ce à quoi ressemblaient nos ancêtres dans les prémices du processus d'hominisation, le point est incontestable. Mais le choix des termes révèle un glissement, qui fait passer de cette observation juste à un énoncé qui place les espèces vivantes contemporaines dans un rapport de développement évolutif. Cette dernière idée est erronée : les animaux qui sont nos contemporains ne sont pas nos ancêtres évolutionnaires.

On peut s'affranchir de cette perspective hiérarchique et téléologique en suivant la méthode uexküllienne qui revient à considérer les traits de chaque espèce animale de manière holiste, dans sa relation à son propre milieu. C'est parce que le rapport d'une espèce à son milieu est singulier qu'on ne saurait aborder un milieu depuis un point de vue extérieur. « Nous ne demandons pas plus quelle odeur et quel goût a l'acide butyrique pour la tique »[2] : nos questions humaines sur notre milieu ne sont pas pertinentes pour la tique ou la chauve-souris. En revanche, on peut donner sens au comportement de l'animal, dès lors qu'on le replace dans son milieu. Le replacer dans son milieu, c'est le replacer dans une certaine relation de *signification* avec son milieu et donc, comme

1. *Ibid.*, p. 65 *sq.*
2. J. von Uexküll, *Milieu animal et milieu humain*, *op. cit.*, p. 47.

nous y invite Despret, à considérer le « point de vue de l'animal »[1]. Ce point de vue n'est pas seulement la localisation d'un centre spatial au sein du milieu, mais bien celui d'un sujet interprétant et se comportant en rapport à ce milieu qu'il définit et qui le définit. Dès lors, il est juste, comme le soutient Bimbenet, que chaque caractéristique d'une espèce doit être replacée au sein de la vie qui est la sienne, plutôt que de tenter une comparaison terme à terme. La curiosité du corbeau ne doit pas être traitée comme l'équivalent de la curiosité de l'être humain. Cependant, cet holisme n'invite pas à tracer une dichotomie entre la vie humaine et toutes les vies animales. Du point de vue de la définition uexküllienne de l'être vivant dans son milieu, ce collectif de tous les animaux n'a d'ailleurs guère de sens. On peut, en revanche, concevoir la différence entre l'être humain et n'importe quelle autre espèce animale comme une différence *spécifique*. Chaque espèce se caractérise par des caractères propres et il y a des degrés de ressemblance entre les espèces. En ce sens, il faudrait plutôt, comme le suggère Lestel, considérer l'être humain comme « un animal particulier et non un animal spécial »[2]. La spécificité humaine n'implique pas qu'elle se distingue de *toutes* les autres espèces animales.

L'échec de la seconde nature : la profondeur du dualisme

La naturalisation entreprise par McDowell déplace le dualisme plutôt qu'elle ne le supprime. En maintenant une distinction entre seconde nature et nature simple, il avalise ce que Philippe Descola a appelé le « grand partage »[3] établi dans la pensée occidentale entre nature et culture. Descola part de la même constatation que McDowell : à un moment de l'histoire occidentale a été opérée la « réduction de la multitude des existants à deux ordres de réalité hétérogènes »[4], l'ordre de la nature et celui de la raison ou de la

1. *Cf.* V. Despret, *Penser comme un rat*, *op.cit.* et *Que diraient les animaux, si on leur posait les bonnes questions ?*, Paris, La Découverte, 2012.
2. D. Lestel, *Les origines animales de la culture*, *op. cit.*, p. 323.
3. P. Descola, *Par-delà nature et culture*, *op. cit.*, p. 91.
4. *Ibid.*, p. 10.

culture. Tandis que McDowell lie cette séparation à l'avènement de la science moderne qui établit un concept de nature correspondant au domaine des phénomènes qu'elle peut expliquer, Descola montre que le processus est bien plus large et fondamental. La mise en place de la vision scientifique du monde à l'âge classique n'est que le coup final porté à un processus de plus longue durée, qui commence avec la philosophie grecque et se poursuit avec le christianisme. Aristote fait un pas décisif en formulant une taxonomie qui décontextualise les entités de la nature (espèces) pour établir un système de la nature. Puis, avec le christianisme, les humains sortent de la nature, à laquelle ils deviennent extérieurs et supérieurs. C'est ainsi que petit à petit se met en place ce que Descola appelle le paradigme « naturaliste »[1], vision du monde dans laquelle la nature est séparée de la culture. Or Descola, par les moyens de l'anthropologie, met en évidence le fait que ce paradigme n'a rien de nécessaire ni d'universel : ce n'est qu'une cosmologie parmi d'autres, l'une des manières dont les collectifs humains composent le monde. Si l'efficacité de cette cosmologie est indéniable par bien des côtés, son dualisme pose aussi d'importants problèmes métaphysiques et pratiques.

Or, le dualisme n'est pas un défaut qui serait facilement éliminable de ce paradigme d'opposition entre nature et culture. Son ontologie, basée sur une ressemblance des « physicalités » et une dissemblance des « intériorités », est *intrinsèquement* dualiste. Dès lors, le problème de la place de l'homme dans la nature, posé, comme le remarque Descola, par « ce vieil oxymore de l'Occident : la nature humaine »[2], est inhérent à cette conception du monde. Le rapport entre l'homme et l'animal est également problématique, ne pouvant être pensé que sous la forme de totale discontinuité ou continuité. La pensée occidentale louvoie entre ces deux conceptions antithétiques, celle d'un humanisme qui s'affirme par distinction d'avec l'animal, et celle d'un matérialisme qui réduit l'être humain

1. Descola baptise ce modèle « naturalisme », en un sens du terme qui n'est pas celui que nous avons utilisé.

2. P. Descola, *Par-delà nature et culture*, *op. cit.*, p. 249.

à son corps. Descola identifie comme « un paradoxe constitutif » de ce paradigme « [le fait qu'il] n'a cessé de voir en l'animal tantôt le plus petit commun dénominateur d'une figure universelle de l'humanité, tantôt le contre-exemple parfait permettant de caractériser la spécificité de celle-ci »[1]. Le concept de seconde nature hésite entre ces deux manières de penser l'animal : d'un côté, l'animalité est la forme de vie partagée par les êtres humains, de l'autre, l'animal est le non-humain. La tension interne au concept de seconde nature éclate dans le concept d'animal.

Le raisonnement visant à montrer que les capacités rationnelles sont des capacités naturelles, c'est-à-dire une seconde nature, prend chez McDowell la forme du syllogisme suivant :

> [M] Les exercices de la spontanéité relèvent de notre mode d'existence. [m] Et notre mode d'existence est une manière de nous actualiser en tant qu'animaux. [C] De sorte que nous pouvons reformuler cette idée en disant que les exercices de la spontanéité relèvent de notre manière de nous actualiser en tant qu'animaux[2].

La majeure décrit l'exercice de la raison. Être rationnel, c'est former des croyances et agir en fonction des critères de cette raison – critères que la raison se donne à elle-même, c'est en cela qu'elle est spontanéité. Nos capacités rationnelles sont des capacités que nous mettons en œuvre, elles font en ce sens partie de notre mode d'existence. La mineure ne paraît pas plus problématique, décrivant le mode d'existence des êtres humains comme une vie animale Et pourtant une difficulté est dissimulée sous l'apparente évidence. La mineure est la particularisation d'une proposition universelle : « pour tout animal, son mode d'existence est une manière de s'actualiser en tant qu'animal ». Telle quelle, la proposition ne pose pas de problème. Elle reprend le couple conceptuel aristotélicien de la puissance et de l'acte pour penser le développement de l'organisme animal : l'organisme animal adulte est en acte quand sont en acte toutes les capacités qui appartiennent à l'espèce et sont

1. P. Descola, *Par-delà nature et culture*, *op. cit.*, p. 249.
2. *EM*, p. 111-112. C'est nous qui délimitons les trois propositions.

contenus en puissance chez le petit. McDowell particularise cette proposition universelle pour les êtres humains : dans leur cas, il y a bien également un développement, une actualisation de capacités : c'est ce que réalise *naturellement* l'éducation (*Bildung*), c'est-à-dire sans intervention d'aucun élément surnaturel. Le petit humain apprend non seulement à marcher, à se servir d'outils, mais aussi à parler, calculer, argumenter. L'exercice de ces capacités constitue son mode d'existence, de même que la construction de nids relève du mode d'existence des hérons. En conséquence, il peut sembler parfaitement correct de dire que, par le développement de ces capacités (notamment rationnelles), nous nous actualisons en tant qu'animaux. Cependant, cela présuppose que l'être humain puisse être pensé comme un animal, au même sens que le héron. Or, c'est précisément ce qui fait problème dans le contexte dualiste : comment un être humain rationnel peut-il également être pensé comme un animal ? Dans le contexte dualiste, la mineure et la majeure mettent en jeu deux concepts d'animal *distincts* – celui d'animal et d'animal humain. Pour que le syllogisme soit valide, il faut disposer d'un concept d'animal permettant d'unifier les deux propositions, c'est-à-dire un concept d'animal qui permette de ressaisir aussi bien les propriétés des animaux rationnels que celles des autres animaux. C'est précisément ce que le dualisme empêche de penser.

Le naturalisme de la seconde nature relève d'une tentative de penser une voie moyenne identifiée ainsi par Descola.

> Bien des auteurs [...] ont tenté de trouver une voie moyenne, une issue dialectique permettant d'échapper à la confrontation des deux dogmatismes [...] Ils s'attachent à coupler l'idéel et le matériel, le concret et l'abstrait, les déterminations physiques et les productions de sens. Mais de tels efforts de médiation sont condamnés à rester vains tant qu'ils s'appuient sur les prémisses d'une cosmologie dualiste, tant qu'ils présument l'existence d'une nature universelle que codent, ou à laquelle s'adaptent, des cultures multiples [1].

1. P. Descola, *Par-delà nature et culture*, *op. cit.*, p. 121.

Le compromis auquel l'idée de seconde nature aboutit, parce qu'elle n'opère qu'une médiation superficielle qui ne remet pas en cause les présupposés du paradigme naturaliste, est inévitablement précaire. Elle ne constitue en réalité qu'un nouvel avatar du dualisme comme en témoigne le maintien de deux concepts de nature dont il est impossible de penser le lien. Finalement, d'une manière toute classique, la conception de la seconde nature revient à la culture, « entendue comme ce système de médiation avec la Nature que l'humanité a su inventer, un attribut distinctif d'*Homo sapiens* où interviennent l'habileté technique, le langage, l'activité symbolique et la capacité de s'organiser dans des collectivités en partie affranchies des continuités biologiques »[1]. Dès lors que toute spontanéité passe du côté de l'intériorité spirituelle, la nature devient matière inerte, et le phénomène même de la vie devient problématique : phénomène naturel, la vie, lieu d'une certaine finalité et spontanéité, ne peut pourtant être pensée dans le cadre de cette conception de la nature.

Les philosophies de McDowell ou de Bimbenet sont les représentantes d'une compréhension traditionnellement dominante de l'humanisme, selon laquelle la vie humaine se définit par distinction d'avec la vie animale. Le propre de l'homme est le défaut de l'animal. Dès lors, on ne s'intéresse pas véritablement à l'animal pour lui-même, pour comprendre les vies des animaux dans leur étrange proximité à la vie humaine, mais seulement pour en distinguer le mode d'existence humain. En vérité, le naturalisme de la seconde nature partage avec son adversaire, le naturalisme scientifique, un présupposé fondamental, à savoir un concept d'animal exclusivement biologique, en un sens qui exclut de penser l'animal comme un sujet[2]. Les deux positions ne sont en fait que les deux faces du même dualisme : une conception dans laquelle la subjectivité normative et la naturalité sont incompatibles, de sorte que

1. P. Descola, *Par-delà nature et culture*, *op. cit.*, p. 118.

2. Comme nous allons le voir dans le chapitre suivant, notamment à partir des travaux de De Waal, ce n'est pas une critique de la biologie elle-même, mais d'une certaine conception de la biologie.

seules deux voies apparaissent possibles pour penser leur relation : réduire la première à la seconde, ou les dissocier irréductiblement. Le dépassement du dualisme passe par une philosophie de l'animal, de l'animal comme sujet, qui permettra de penser tant l'animalité des animaux non humains que celle des animaux humains.

CHAPITRE V

LA VIE DANS LE LANGAGE

Une chose semble distinguer de manière incontestable les êtres humains des autres animaux, c'est la possession du *logos*, c'est-à-dire du langage comme lieu d'exercice de capacités rationnelles. C'est le point que McDowell ou Bimbenet entendent réaffirmer contre un mouvement de naturalisation scientifique qui refuse cette spécificité. Apprendre une langue change radicalement notre vie parce que cela nous ouvre à un rapport conceptuel et normatif au monde. Mais, comme on l'a vu, concevoir le *logos* comme une rupture introduit des difficultés qui ne paraissent guère surmontables, en particulier, le passage de l'état d'animal à celui d'être possédant le langage demeure inconcevable.

Il nous faut penser le langage comme le lieu d'une différence réelle mais non d'une différence radicale. La vie dans le langage est l'une des modalités d'une existence animale et non une sortie hors du règne animal. Dès lors que l'on reconnaît aux animaux non humains l'accès à une forme de signification, comme nous y engage l'éthologie, il devient possible de penser un animal qui accède à une forme supérieure de signification et à la normativité proprement dite, c'est-à-dire un animal de langage. C'est bien ce que visait McDowell. Ce que nous conservons du projet d'un naturalisme de la seconde nature, c'est la reconnaissance que le langage est un développement naturel de la vie humaine, que c'est la manière pour l'animal humain de vivre. Il faut conserver l'idée de développement ou d'acquisition qui est au cœur de l'idée de seconde nature sans maintenir l'idée de deux domaines séparés. Car il est impossible de faire droit à cette idée dans les termes du dualisme et, à partir du concept philosophique traditionnel de l'animal, dont est exclu l'accès à toute forme de signification ou de comportement réglé. Pour penser l'animal humain, il faut partir d'une conception de l'animalité où puisse prendre place le langage, sans que cela revienne à penser le langage comme le strict résultat de processus fonctionnels, comme le font les sciences cognitives.

Qu'est-ce que mener une *vie* dans le *langage* ? La réponse que peut offrir à cette question un naturalisme ouvert tient dans la réévaluation des concepts de vie et de langage. Là encore, nous allons nous appuyer sur la seconde philosophie de Wittgenstein, approfondissant l'analyse que nous avons menée au chapitre II. Son analyse du langage consiste, nous dit-il, à faire « des remarques sur l'histoire naturelle des hommes » (*RP*, § 415). L'idée de seconde nature, comme nous l'avons montré plus haut, exprime dans une certaine mesure cette idée d'histoire naturelle. Mais en réinstaurant le dualisme, elle en manque le sens véritable, que nous allons maintenant nous efforcer de dégager. Considérer que le langage s'inscrit dans une vie, c'est refuser de le considérer comme une pure logique qui pourrait être détachée de ses usages. Pour autant, ce n'est pas opérer une réduction du langage à un système cognitif. Nous allons montrer que l'on peut, comme nous y invite Wittgenstein, concevoir le langage comme un processus à la fois naturel et normatif, et comprendre la vie comme un phénomène biologique et le lieu d'apparition des normes. Nous allons, pour cela, nous attacher à certains concepts grâce auxquels Wittgenstein attire notre attention sur le lien intrinsèque entre normativité et vie : les formes de vie, les certitudes premières dans le langage, et les jeux de langage. Cette perspective sur le langage n'en fait pas le lieu d'une distinction radicale entre humains et animaux. Comprendre en quoi les remarques de Wittgenstein s'appliquent aussi aux animaux non humains nous permettra de saisir en quoi la vie humaine, dans sa normativité, est naturelle.

Formes de vie

Wittgenstein nous invite parfois à replacer nos usages du langage au sein d'une forme de vie.

> L'expression « jeu de langage » doit ici faire ressortir que parler un langage fait partie d'une activité ou d'une forme de vie. (*RP*, § 23)

Comment comprendre cette expression ? Nombre de lecteurs de Wittgenstein mettent l'accent sur la notion de *forme*. Selon cette lecture, lorsque Wittgenstein affirme que parler un langage est une activité ou une forme de vie, il entend nous rappeler que le langage est une institution et un ensemble de pratiques [1]. Cela s'oppose à une manière de concevoir le langage uniquement comme médium de la pensée. C'est vrai, bien entendu. Mais cela signifie-t-il pour autant que le terme de culture pourrait se substituer à celui de forme de vie ? Dans cette perspective, parler de forme de vie permettrait de renvoyer aux pratiques culturelles dans lesquelles s'inscrit le langage, en soulignant la totalité constituée par nos usages et leur caractère pratique. De fait, Wittgenstein met en équivalence « notre coutume » et « un fait de notre histoire naturelle » [2]. On peut comprendre par là que la nature des humains est la coutume ou la culture. Cela revient à concevoir les êtres humains comme ceux qui sont sortis de la nature pour entrer dans l'ordre de la culture. Selon cette interprétation, la dimension strictement biologique disparaît donc de la notion de vie, celle-ci prenant plutôt le sens d'existence. Cependant, si Wittgenstein avait voulu parler de culture, n'aurait-il pas utilisé le terme de culture plutôt que celui de forme de vie ? À l'opposé, on pourrait interpréter l'équivalence entre « culture » et « histoire naturelle » comme une manière de penser la culture humaine comme un système biologique, produit par l'évolution. En ce sens, souligner la naturalité de la culture humaine reviendrait à la réduire à des processus relevant de la causalité biologique.

L'une et l'autre interprétation passent à côté de la difficulté mise en lumière par Wittgenstein au lieu de la résoudre. Il n'y a pas à choisir entre biologie et culture : la difficulté est de les penser ensemble, de penser la dimension vitale de nos usages normatifs.

1. *Cf.* notamment G.P. Baker, P.M.S. Hacker, *Wittgenstein : Rules, Grammar and Necessity*, Oxford, Blackwell, 1985 ; H.-J. Glock, *A Wittgenstein Dictionary*, Oxford, Blackwell, 1996. Sur les diverses interprétations du concept de forme de vie chez Wittgenstein, *cf.* D. Moyal-Sharrock, « Wittgenstein on Forms of Life, Patterns of Life, and Ways of Living », *Nordic Wittgenstein Review*, vol. 4, 2015, p. 21-42, ainsi que les autres contributions dans le même numéro.

2. *RFM*, VI, § 49.

Wittgenstein insiste en effet à de multiples reprises sur l'aspect proprement vital de nos vies, dans leur normativité même. Pour désigner la totalité d'une vie, dans laquelle il nous invite à replacer les phénomènes qu'il évoque et les mots que nous employons, il utilise également la métaphore du « tapis d'une vie ». Par exemple :

> Le mot « chagrin » décrit un motif qui réapparaît dans diverses variations sur le tapis de la vie. Si les expressions corporelles de la tristesse et de la joie se succédaient au rythme du tic-tac d'une horloge par exemple, nous n'aurions pas affaire au déroulement caractéristique du motif de la tristesse ou de la joie. (*RP*, II, I, p. 247)

> Quelqu'un pourrait-il éprouver pendant une seconde un amour ou un espoir intenses, – *indépendamment de ce* qui précède ou suit cette seconde ? Ce qui se produit en ce moment a une signification – dans ce contexte. C'est le contexte qui lui confère son importance. Et le terme « espérer » se rapporte à un phénomène de la vie humaine. (Une bouche souriante ne *sourit* que dans le visage d'un homme.) (*RP*, § 583, L.W. souligne)

Ces remarques visent à souligner que tout phénomène d'une vie humaine – par exemple une émotion ou une pensée – ne prend sens que dans un certain contexte, qui n'est pas seulement celui de la situation qui lui donne sens mais, plus profondément, celui de la temporalité concrète d'une vie. Wittgenstein nous enjoint de voir que le phénomène mental « espérer » est « un phénomène de la vie humaine » : son sens est lié à la vie individuelle dans laquelle il s'inscrit, elle-même rattachée à la vie d'une espèce. Les deux paragraphes cités suggèrent en outre que cette totalité n'est pas seulement chronologique mais qu'elle renvoie à une dimension corporelle ou biologique de l'existence[1]. C'est ce qu'indique l'explicitation de la remarque sur l'acte d'espérer par analogie avec le sourire. La signification d'un sourire est doublement liée à la vie

1. *Cf.* D. Finkelstein, « Holism and Animal Minds », *in* A. Crary (ed), *Wittgenstein and the Moral Life : Essays in Honor of Cora Diamond*, Cambridge (Mass.), The MIT Press, 2007, p. 272-273. Wittgenstein nous invite, au-delà d'un holisme du mental, à penser la signification selon un holisme de la vie.

humaine : d'une part, savoir sourire et reconnaître un sourire est le résultat d'une éducation humaine, que le nourrisson apprend en imitant ses parents. D'autre part, le sourire dépend d'une certaine conformation du corps et du visage humains, et le sentiment qui s'exprime dans le sourire est lié à certains aspects biologiques d'une vie humaine. Montrer les dents, chez les autres mammifères, sera au contraire généralement un signe d'agression. De même, la signification de l'espoir, de la tristesse ou de la joie dépendent aussi des « expressions corporelles », spécifiquement humaines, de chacune de ces pensées et émotions. On cesse d'en comprendre le sens si on les détache de la vie dans sa concrétude.

Revenons au concept de forme de vie. Reconnaître l'importance du terme de vie signifie-t-il qu'il faut lui donner la prééminence ? Faisant de « forme » une simple locution, on verrait alors dans le concept de forme de vie l'indication d'un niveau pré-normatif, qui constituerait un arrière-plan biologique aux normes et au langage. Cette lecture pourra à première vue s'autoriser de remarques telles que la suivante : « Ce que l'on doit accepter, le donné, ce sont, pourrait-on dire, des *formes de vie* »[1]. Les caractéristiques biologiques de notre vie – le donné – détermineraient nos capacités d'ordre supérieur, capacités intellectuelles et normatives. Mais cette lecture revient purement et simplement à voir dans l'idée de règles une illusion : nous ne suivons pas à proprement parler la règle en tant que telle mais sommes déterminés à y répondre d'une certaine manière. Là encore, l'interprétation revient à évacuer la difficulté au lieu d'y répondre.

Comment penser la vie humaine dans le langage dans sa dimension biologique, sans la réduire à des processus biologiques qui détermineraient nos jugements et nos actions ? C'est précisément le problème que soulève Wittgenstein avec le concept de forme de vie. Il est important de voir qu'avec cette notion, il nous indique quelque chose de difficile, qui reste à penser, plutôt qu'il n'offre

1. *RP*, II, p. 226.

une réponse toute prête[1]. Le problème est qu'il faut penser la vie humaine comme l'association d'aspects formels et vitaux et que, pourtant, on ne peut donner sens à cette expression avec des concepts dualistes. Les deux lignes interprétatives évoquées, privilégiant tantôt le côté de la forme tantôt celui de la vie, pèchent par le même défaut en faisant du dualisme leur prémisse. Dans les termes du dualisme, il est impossible de donner un sens plein aux deux parties de l'expression de forme de vie. Un phénomène ne peut relever à la fois de la nature et de la culture. Ces interprétations passent à côté de ce que Wittgenstein nous invite à tenter de penser, à savoir la naturalité des normes et en particulier du langage. Pour comprendre en quoi consiste cette naturalité, examinons maintenant en quoi l'apprentissage humain des premières certitudes du langage est un phénomène vital. Nous reviendrons ensuite au concept de forme de vie pour l'appliquer aux animaux non humains.

Entrer dans le langage : les certitudes premières

Wittgenstein analyse le statut de ces étranges propositions, telles que celle énoncée par G. E. Moore : « ceci est une main »[2]. Celles que les commentateurs de Wittgenstein ont par la suite appelées « propositions-gonds »[3] ont un statut tout à fait particulier dans le langage : elles ne peuvent jamais faire l'objet d'un doute. Non parce qu'elles feraient l'objet d'une intuition directe mais à cause de la place qu'elles occupent dans l'architecture du langage : « Ce qui est fixé ne l'est pas parce qu'intrinsèquement manifeste ou évident,

1. Comme cela a souvent été remarqué, le concept de forme de vie n'apparaît guère qu'une demi-douzaine de fois dans l'œuvre de Wittgenstein. Cela suggère que son intérêt n'est pas tant pour le concept même que pour le problème auquel il renvoie.

2. G.E. Moore, « Proof of an External World », in *Philosophical Papers*, London, Allen and Unwin, 1959.

3. À partir de la métaphore du § 341 de *De la certitude : Über Gewissheit – On Certainty*, transl. G.E.M. Anscombe et D. Paul, New York, Harper & Row, 1969; trad. fr. D. Moyal-Sharrock, Paris, Gallimard, 2006 (désormais *DC*). Nous éviterons l'expression de propositions-gonds fondée, comme nous allons le montrer plus bas, sur un contresens.

mais parce que tenu immobile par tout ce qui l'entoure »[1]. En voici un exemple :

> Il est tout à fait sûr que les automobiles ne poussent pas dans la terre. – Il nous semble que si quelqu'un pouvait croire le contraire, il pourrait ajouter foi à *tout* ce que nous déclarons faux, et remettre en question tout ce que nous tenons pour certain.
> Mais comment cette croyance *isolée* est-elle reliée à toutes les autres ? On aimerait dire que celui qui pourrait croire cela n'admet pas notre système entier de vérification.
> Ce système est quelque chose qu'un être humain acquiert par le biais de l'observation et de l'instruction. C'est intentionnellement que je ne dis pas « apprend ». (*DC*, § 279, L.W. souligne)

Pourquoi ces croyances tiennent-elles une place particulière dans notre langage, telle qu'elles n'obéissent pas au régime général de la croyance et du doute qui gouverne nos autres croyances ? Cela tient à leur caractère primitif. Mais en quoi sont-elles primitives ? Danièle Moyal-Sharrock commente ainsi cette idée :

> la croyance commence dans le domaine non intellectuel, non conceptuel de l'instinct et de l'action. La croyance, à ce niveau primitif, est une attitude *non propositionnelle*. [...] Notre ordonnancement basique ou primitif du monde est [...] une *Einstellung*, une attitude (inexorable), non une compréhension raisonnée[2].

Elle entend, à travers ce commentaire, adresser une critique à Richard Rorty et à McDowell. Reconnaître que le langage est humain revient, pour Rorty, à l'assimiler à la convention, c'est-à-dire le soustraire à la nature. Ce faisant, il en reste à une conception du langage « sans vie parce qu'il *refuse* de se lier à la vie »[3]. Or, souligne Moyal-Sharrock, les deux termes ne sont pas exclusifs l'un de l'autre. C'est ce que montrent les certitudes-gonds qui constituent bien une partie du langage mais sont de l'ordre d'une

1. *DC*, § 144. Voir également § 152.
2. D. Moyal-Sharrock, *Understanding Wittgenstein's* On Certainty, Basingstoke, Palgrave, 2004, p. 9. Souligné par l'auteur.
3. *Ibid.*, p. 11.

attitude, sont vitales. Rorty introduit entre nature et culture une séparation artificielle qui méconnaît la naturalité de notre langage : « notre communauté n'est pas [comme il le prétend] "la *nôtre* plutôt que celle *de la nature*", "*formée* plutôt que *trouvée*". Elle est à la fois la nôtre et de nature, à la fois formée et trouvée » [1]. Le langage humain est à la fois le produit de la convention et de la nature.

McDowell, en soutenant que l'espace du sens est entièrement conceptuel, semble commettre la même erreur et faire passer le langage entièrement du côté de la convention. Cependant, telle qu'elle est formulée ici, l'idée selon laquelle nous avons une confiance non propositionnelle en ce qui fait l'objet des certitudes-gonds n'a rien pour inquiéter McDowell. En effet, celui-ci ne nie pas qu'à un niveau *primitif*, la croyance soit une attitude non propositionnelle. Pour qu'il en soit autrement, il faudrait supposer que l'enfant humain, dès son plus jeune âge, soit capable de former des propositions – ce qu'il ne peut qu'à partir du moment où il maîtrise le langage. McDowell ne commet pas la même erreur que Rorty, qui affirme que « la connaissance, la conscience, les concepts, le langage, l'inférence, la justification et l'espace logique des raisons tombent sur les épaules de l'enfant alors qu'il a environ quatre ans et sans que rien de tout cela ait eu, jusque-là, la moindre existence pour lui (même sous une forme très élémentaire) » [2]. Que la raison et le langage soudainement « descendent sur les épaules de l'enfant » apparaît comme rien moins qu'un miracle. Au contraire, McDowell s'attache précisément à montrer en quoi le langage humain, sans être réductible au biologique, s'ancre dans une vie. Comme on l'a vu plus haut, c'est tout l'objet de l'idée de seconde nature que de penser cette accession au domaine du propositionnel par un petit humain qui, tout d'abord, n'y a pas accès. Cette idée

1. D. Moyal-Sharrock, *Understanding Wittgenstein's* On Certainty, *op. cit.*, p. 11. *Cf.* R. Rorty, *Consequences of Pragmatism : Essays 1972-1980*, Minneapolis, University of Minnesota Press, 1982 ; trad. fr. J.-P. Cometti, *Conséquences du pragmatisme : essais, 1972-1980*, Paris, Seuil, 1993. Souligné par l'auteur.

2. R. Rorty, *Philosophy and the Mirror of Nature*, Princeton, Princeton University Press, 1979 ; *La philosophie et le miroir de la nature*, trad. fr. T. Marchaisse, Paris, Seuil, 2010, p. 213.

vise à penser le devenir humain comme un développement naturel et non un miracle.

Cependant, Moyal-Sharrock et McDowell se séparent sur la teneur de cette vie humaine qui se tient dans le langage, sur la naturalité qui est la sienne. Tandis que la seconde nature humaine est pour McDowell entièrement dans le concept, Moyal-Sharrock soutient que notre compréhension première du monde n'est pas de l'ordre du concept. La différence entre leurs deux lectures est entre deux conceptions de la vie humaine dans le langage. Elle apparaît dans l'interprétation des certitudes-gonds. Selon McDowell, ces certitudes primitives mises en lumière par Wittgenstein ne constituent pas une partie du langage qui resterait en dehors de l'espace du sens conçu comme espace des raisons, c'est-à-dire l'espace de ce qui est justifiable.

> Une grande partie de la connaissance que nous obtenons par le langage n'a certainement pas été acquise par la compréhension d'une production langagière. [...] Le corps de phrases que nous acceptons de nos aînés doit être devenu fort vaste avant qu'aucune d'elles ne soit comprise. « La lumière se fait graduellement sur le tout » (*DC*, § 141)[1].

Selon McDowell, ces premières certitudes diffèrent du reste du langage par leur caractère primaire mais non par leur nature. En effet, comme toute autre croyance, elles peuvent être interrogées réflexivement, justifiées et donc véritablement comprises. C'est en cela précisément que consiste la rationalité : c'est une relation critique à ce que l'on tient pour vrai[2]. Ces certitudes de base doivent donc à bon droit être appelées « connaissance[s] » et « propositions »[3]. Cette interprétation paraît conforme au premier commentaire que

1. J. McDowell, « Knowledge by Hearsay », in *Meaning, Knowledge, and Reality*, *op. cit.*, p. 414-443, p. 414-415. C'est le passage de *De la certitude* qu'il cite le plus souvent.

2. On retrouve ici le problème de la tradition : bien que l'on naisse inévitablement au sein d'une tradition, il est possible de la critiquer de l'intérieur une fois que l'on a développé les capacités rationnelles adéquates. Cf. *supra*, chap. I et II.

3. J. McDowell, « Knowledge by Hearsay », *op. cit.*, p. 414-415.

donne Wittgenstein de son exemple, dans le paragraphe 279 cité plus haut : « On aimerait dire que celui qui pourrait croire cela n'admet pas notre système entier de vérification. » Cette remarque suggère que les certitudes appartiennent bien à l'espace de ce qui peut être justifié. Leur spécificité tient au fait qu'elles occupent dans cet espace la place de pierre angulaire, de sorte que le système entier en est solidaire, alors que les autres croyances peuvent être abandonnées sans que cela ait de conséquence sur le reste du système.

Cependant, cette première hypothèse n'est pas le dernier mot de Wittgenstein, comme l'indique l'emploi du conditionnel : « on aimerait le dire » – et pourtant ce n'est pas tout à fait juste. On aimerait le dire car il est vrai que l'énoncé de ces certitudes ressemble à celui de propositions. Mais en vérité, comme le montre Moyal-Sharrock, ces énoncés qui, dans la réception de l'œuvre de Wittgenstein, ont reçu le nom malheureux de « propositions-gonds », ne sont pas des propositions du tout. Il faut d'abord noter avec elle que les traductions (anglaises ou françaises) ont tendance à introduire un concept de proposition là où il n'y en a pas, le terme allemand de *Satz* pouvant signifier « phrase » aussi bien que « proposition ». Surtout, Wittgenstein maintient tout au long de sa carrière une définition bien précise de ce qu'est une proposition, définition à laquelle ne correspondent pas les supposées propositions-gonds. Une proposition est caractérisée par sa bipolarité, c'est-à-dire par le fait qu'elle peut être vraie et qu'elle peut être fausse. En conséquence, une tautologie ou tout énoncé qui ne peut pas être nié *ressemble* à une proposition mais n'en est pas une. Par exemple, « 2 + 2 = 4 » ne peut pas être nié. Par conséquent, malgré les apparences, ce n'est pas une proposition. Toutes les phrases qui n'obéissent pas au régime habituel du doute et de l'énonciation ne sont pas réellement des propositions. Ce sont des règles grammaticales qui régissent notre langage et constituent les cadres de l'expérience. « Nous n'en sommes pas *venus* à la conclusion que 2 + 2 = 4 avec le temps ou par l'expérience. […] [Mais ces règles sont] des *stipulations* ou *conditions* qui doivent être acceptées sans question si l'on veut jouer au jeu »[1].

Tandis que les propositions disent quelque chose, les règles régulent. Et pourtant, ces règles, nous parvenons bien à les énoncer : cela ne signifie-t-il pas qu'elles sont des propositions ? Wittgenstein écrit qu'« une proposition comme "Il existe des objets physiques" ne peut être formulée » (*DC*, § 36). Il y a apparemment une contradiction performative ici, puisqu'en écrivant cette phrase, il la formule, et que nous avons l'impression de la comprendre en la lisant. Mais en vérité, en prononçant cette phrase, il n'a encore rien dit, et c'est à tort que nous croyons avoir compris quelque chose. Ces mots n'auraient de sens que s'ils étaient employés dans un contexte bien précis, comme l'indique Wittgenstein au début du paragraphe 36 :

> Nous n'enseignons « A est un objet physique » qu'à celui qui ne comprend pas encore soit la signification de « A », soit celle d'« objet physique ». C'est donc un enseignement à propos de l'utilisation des mots, et « objet physique » est un concept logique. (Comme couleur, mesure…)

Nous n'utilisons le terme d'objet physique que dans un contexte bien précis pour dire quelque chose dans une certaine situation. Nous ne pouvons pas imaginer de contexte pour une phrase d'une généralité absolue comme « il existe des objets physiques ». En fait, explique Moyal-Sharrock, c'est exactement le point soulevé par la célèbre remarque de Wittgenstein selon laquelle « la signification d'un mot est son emploi dans le langage » (*RP*, § 43). On a l'impression que l'on dit quelque chose en prononçant les phrases énonçant nos certitudes de base, parce que l'on comprend les mots utilisés et que la syntaxe est correcte. Mais ces mots sont détachés de tout usage possible car les phrases en question ne peuvent pas être

1. D. Moyal-Sharrock, *Understanding Wittgenstein's* On Certainty, *op. cit.*, p. 40. Souligné par l'auteur.

utilisées dans un contexte mais elles donnent les cadres du langage. En conséquence, Moyal-Sharrock nous invite à faire une distinction lumineuse entre dire (*say*) et prononcer (*speak*)[1]. Ce qui donne l'impression que les certitudes exprimées par les propositions-gonds sont des propositions, c'est que nous pouvons les prononcer. Mais ce faisant, nous ne *disons* rien. Ce qui est dicible a un sens. Un énoncé tel que « 2 + 2 = 4 » fixe un usage et n'énonce pas le genre de choses qu'il y aurait à comprendre. Comme l'indique Moyal-Sharrock, ce sont « des certitudes dont l'articulation verbale *n'*est *jamais* une *occurrence* de certitude »[2]. La certitude que j'ai à leur égard – c'est-à-dire en fait ma connaissance des règles – se montre dans ce que je fais.

> « Je sais tout cela. » Et cela se manifeste dans ce que je fais et dans ce que je dis à propos de ces choses. (*DC*, § 395)

Une situation où quelqu'un énoncerait une règle plutôt que de la mettre directement en pratique, ou même en la mettant en pratique, serait très bizarre. De cette personne, on se dirait qu'elle n'a pas bien compris la règle : elle n'a pas compris que la règle *va sans dire*, pour les autres comme pour celui qui l'applique, et que c'est cela précisément qui en fait une règle.

Si ces certitudes ne sont pas d'ordre propositionnel, elles sont, selon Moyal-Sharrock, « animales »[3]. C'est en effet ce que suggère Wittgenstein dans les paragraphes 358 et 359 de *De la certitude*. Dans les paragraphes précédents, il imagine une situation où un psychiatre me demanderait si je sais ce qu'est cet objet et où je répondrais : « je sais que c'est une chaise ». Le « "Je sais que c'est…" implique qu'il y aurait *stupéfaction* si ma déclaration n'était pas confirmée » (*DC*, § 355). Ici, le verbe savoir exprime une certitude qui n'est pas de l'ordre du savoir au sens ordinaire puisque ce savoir ne peut faire l'objet d'un doute. Il énonce ce qui

1. D. Moyal-Sharrock, *Understanding Wittgenstein's* On Certainty, *op. cit.*, p. 45-46.

2. *Ibid.*, p. 8. Souligné par l'auteur.

3. *Ibid.*

va de soi et pour lequel je n'ai, normalement, pas à rendre compte. Wittgenstein essaie ensuite de caractériser la certitude en question :

> Je veux voir cette certitude [*Sicherheit*] [1] non comme quelque chose qui s'apparente à de la précipitation ou à de la superficialité, mais comme (une) forme de vie. (Cela est très mal exprimé et sans doute mal pensé aussi.) (*DC*, § 358)

> Mais cela signifie bien que je veux la concevoir comme quelque chose qui se trouve au-delà du justifié et du non justifié ; et donc, pour ainsi dire, comme quelque chose d'animal. (*DC*, § 359)

Cette certitude est particulière puisqu'elle est première et qu'elle n'est pas tempérée par un doute. En effet, je n'envisage pas que l'objet ne soit pas une chaise. Or, ne pas l'envisager n'est pas un défaut de ma part : ce n'est pas parce qu'en répondant trop rapidement et de manière inconsidérée, je n'ai pas pris en compte les raisons de douter. Cette certitude est d'un autre ordre que ce qui peut être mis en doute. S'il n'est pas envisageable pour le locuteur que son savoir soit faux, ce n'est pas parce qu'il aurait des justifications imparables mais parce que ce n'est pas quelque chose pour lequel on pourrait demander une justification. On ne peut même parvenir à énoncer cette certitude qu'en imaginant un contexte *extra*-ordinaire *ad hoc* (par exemple, une situation où un psychiatre, aux intentions obscures pour le patient, poserait la question). C'est donc en un sens une certitude absolue, mais par conséquent pas une certitude au sens habituel. C'est une certitude de l'ordre de ce que nous tenons pour allant de soi, ce qui définit les contours de notre vie.

Wittgenstein écrit que cette certitude se tient « *au-delà* du justifié et du non justifié » et non *en deçà*. S'il s'agit bien d'une forme première de certitude, ce n'est pas une forme primitive de certitude qui serait vouée à être dépassée une fois que l'on accède au langage et à l'ordre de la justification. Cette certitude-gond désigne une forme

1. Comme le note J.-P. Narboux, Wittgenstein emploie ici le terme de *Sicherheit* plutôt que *Gewissheit* (« Jeux de langage et jeux de dressage », *op. cit.*). Contrairement à lui, nous suivons cependant Moyal-Sharrock qui traduit encore par certitude, la nuance étant difficile à rendre en français. On pourrait également traduire par « assurance ».

d'engagement avec le monde qui n'est pas de l'ordre de la réflexion ou du propositionnel, mais qui est pourtant bien de l'ordre du sens. Wittgenstein tente aussi de caractériser cette certitude comme une forme de vie. Il précise que ce point est « très mal exprimé ». En effet, il est étrange de vouloir considérer cette certitude comme, elle-même, une forme de vie car, grammaticalement, les deux catégories ne sont pas sur le même plan. Un sujet a une certitude au sens où il l'entretient en pensée ; il a une forme de vie au sens il mène cette vie. On s'attendrait plutôt à ce que Wittgenstein dise que la certitude est liée à une forme de vie ou qu'elle est la tonalité d'une forme de vie. L'hésitation dans l'expression suggère la difficulté de dire cette certitude[1]. Elle ouvre néanmoins une piste importante pour la penser, suggérant que la clé est qu'elle est de l'ordre de la vie, « quelque chose d'animal », alors même qu'elle appartient bien à la forme, au sens.

Moyal-Sharrock propose de caractériser cette forme de croyance basique non propositionnelle comme une « Ur-confiance [*Ur-trust*] » ou « confiance originelle » ainsi définie : c'est « une croyance en quelque chose [et non *que*…], non cognitive, qui est plus comme le fait de *compter sur* que comme une inclination profonde ; une confiance qui est une manière de *se reposer sur* »[2]. Cette confiance est originelle parce qu'elle définit les contours même de notre vie, y compris notre vie dans le langage. Quant au fait que ces croyances sont « quelque chose d'animal », cela ne revient pas à les « réduire à […] des impressions brutes », précise-t-elle. « Animal » ne veut pas dire mécanique mais signifie plutôt, selon Moyal-Sharrock, qu'elles sont « non réfléchies soit en ce qu'elles sont des certitudes instinctives (ou innées) (telles que "j'ai un corps") soit en ce qu'elles sont ou sont devenues des certitudes automatiques (quasi réflexes) »[3]. Cette explicitation n'est cependant pas complètement

1. Ajoutons que la parenthèse mise par Wittgenstein autour de l'article « (une) forme de vie » ouvre la possibilité supplémentaire de penser la pluralité des formes de vie humaines.

2. D. Moyal-Sharrock, *Understanding Wittgenstein's* On Certainty, *op. cit.*, p. 193. Elle renvoie à *DC*, § 603.

3. *Ibid.*, p. 8.

satisfaisante. En effet, caractériser le concept d'animal par les notions d'instinct et d'automatisme, c'est le ramener du côté de la causalité physiologique et d'une conception déterministe de la vie. Or, une telle conception de la vie qui n'a pas de place pour le sens est précisément ce que Moyal-Sharrock s'efforce de récuser. On aperçoit là une difficulté à exprimer dans notre langage une animalité qui est aussi le lieu du sens. Si Moyal-Sharrock ne parvient pas à exprimer de manière satisfaisante l'idée introduite par le concept d'animalité, c'est parce qu'elle inscrit encore sa réflexion dans un cadre dualiste. Il lui manque les termes adéquats pour décrire cet espace de sens qui n'est pas celui du langage. Il lui manque un concept d'animal qui ne soit pas pris dans le dualisme de la nature brute et de la raison. C'est bien cela, soutenons-nous, que Wittgenstein nous invite à penser.

Or, les travaux d'Uexküll nous indiquent une voie fructueuse pour comprendre littéralement la phrase de Wittgenstein, pour comprendre que cette certitude est une forme de vie en un sens non réductionniste du terme. Revenons-en au passage d'Uexküll cité plus haut, passage qui, comme on l'a vu dans le chapitre précédent, a donné occasion à certains philosophes de concevoir la vie animale comme une modalité déficiente de la vie humaine.

> Toute la richesse du monde [*Welt*] entourant la tique se racornit et se transforme en un produit pauvre, composé pour l'essentiel de seulement trois signes perceptifs et trois signes actantiels : c'est son milieu [*Umwelt*]. La pauvreté du milieu conditionne cependant la certitude de l'activité, et la certitude est plus importante que la richesse [1].

Depuis notre point de vue humain, le milieu de la tique nous apparaît comme une version amputée du monde, tandis que nous sommes capables d'accéder par la pensée à la totalité de ce qui existe. Au milieu de la tique appartiennent seulement les propriétés qui sont pour elles des signes perceptifs et actantiels. Pour la tique, le mammifère lui-même n'existe pas en tant que tel ; il existe seulement par le biais de celles de ses propriétés qui sont signifiantes pour elle.

1. J. von Uexküll, *Milieu animal et milieu humain*, *op. cit.*, p. 43.

Cependant, le milieu de la tique n'est pauvre que relativement à un autre milieu, plus complexe, comme celui du chien, du rouge-gorge ou de l'homme. En tant que tel (c'est-à-dire tel qu'il existe pour elle) le milieu de la tique est non seulement riche mais même parfait. « Tous les sujets animaux, les plus simples comme les plus complexes, sont imbriqués dans leurs milieux avec la même perfection. » [1] En effet, tous les signes perceptifs et actantiels qui importent à la vie de la tique constituent son milieu. C'est ainsi que le rapport de l'animal à son milieu est par définition un rapport de certitude [2]. C'est parce que l'espèce est adaptée à son milieu que sa vie est possible – la cessation de cette adaptation réciproque signe la disparition de l'espèce. Plus le milieu est simple, plus le degré de certitude de l'activité est élevé [3].

Cette certitude de l'animal dans son milieu est pratique ; néanmoins, elle est déjà dotée de signification – c'est ce qui justifie que l'on parle de certitude et non simplement d'instinct. En suivant ce modèle animal, on peut comprendre les certitudes-gonds humaines comme des certitudes « dont la seule occurrence, *en tant que certitudes*, est *dans l'action* » et dont l'énonciation langagière est « artificielle » [4]. Pour autant, montre Uexküll dans son analyse du milieu, cette certitude de l'individu par rapport à son milieu n'est pas le sentiment de sécurité donné par l'ignorance, l'abrutissement ou l'instinct : c'est un état subjectif actif et doté de signification. Le milieu est un espace de sens dans lequel l'animal inscrit sa propre existence. Les certitudes premières d'un individu humain participent de la construction de son milieu comme espace du sens. Elles constituent le cadre dans lequel peuvent émerger l'action ainsi que l'activité symbolique qu'est le langage. Ainsi, on peut dire que la vie elle-même *est* certitude ; mais cela ne signifie nullement que cette certitude soit en dehors du sens. Wittgenstein en pensant le langage et les certitudes-gonds comme une forme de vie

1. J. von Uexküll, *Milieu animal et milieu humain*, *op. cit.*, p. 40.
2. « *Sicherheit* ». Sur la traduction du terme chez Uexküll, *cf.* N.d.T., *ibid.*, p. 42.
3. *Cf. ibid.*, p. 43.
4. D. Moyal-Sharrock, *Understanding Wittgenstein's* On Certainty, *op. cit.*, p. 8.

nous indique qu'il n'y a pas d'opposition entre la vie et le sens, et que la vie, en son sens biologique même, doit être comprise comme lieu de sens. Pour pouvoir penser un tel concept de vie, il nous faut examiner plus avant l'idée de forme de vie dans son application aux humains mais aussi aux animaux non humains.

Comparaisons entre humains et animaux

Stanley Cavell, le premier, a insisté sur le fait que les *formes* de vie dont parle Wittgenstein sont aussi formes de *vie* [1]. À l'« acception ethnologique ou horizontale » des formes de vie s'ajoute une « acception biologique ou verticale » [2] à laquelle il faut tout autant faire droit. On peut comprendre ces deux sens comme l'axe des abscisses et celui des ordonnées dans un système de coordonnées. Au point de croisement se trouve une forme de vie particulière.

> Ce qui est en cause dans [cette acception biologique de la forme de vie], ce ne sont pas seulement des différences entre promettre et avoir l'intention de tenir, entre un couronnement et une entrée en fonction [...], différences qui se situent dans le plan, ou l'horizon, du social, de la société humaine. L'acception biologique ou verticale de la forme de vie rappelle des différences entre les formes de vie humaines et celles qu'on appelle « inférieures » ou « supérieures », entre, disons, piquer votre nourriture, peut-être avec une fourchette, et y mettre la patte ou le bec [3].

Cavell nous invite à reconnaître l'importance d'une dimension vitale, corporelle, naturelle dans les pratiques humaines langagières, conceptuelles, sociales. Ainsi, manger est un acte profondément social, qui implique certaines techniques et certains ustensiles, et qui est gouverné par des normes sociales déterminant par exemple qui peut partager la table de qui, ou le genre de sujet de conversation approprié. Mais nos manières de manger constituent aussi un trait biologique de notre existence : les humains utilisent pour manger

1. S. Cavell, « Une nouvelle Amérique encore inapprochable », *op. cit.*, p. 61.
2. *Ibid.*, p. 59.
3. *Ibid.*, p. 59-60.

leurs mains, au lieu de saisir directement la nourriture par la bouche, comme le font la plupart des animaux. Cette dimension vitale, suggère Cavell, est partagée par les humains et les autres vivants, et c'est en comparant les formes de vie des humains avec celles d'autres animaux, comme des mammifères non humains ou des oiseaux, que l'on peut mettre en évidence les contours de la forme de vie humaine. Cavell utilise dans le passage cité un procédé constamment employé par Wittgenstein lui-même, celui de la comparaison entre humains et animaux. Cette comparaison constitue également un *topos* du langage ordinaire. Quel est le sens de cette comparaison avec les animaux, que peut-elle nous apprendre sur nos propres vies ? Cavell suggère une différence verticale, c'est-à-dire hiérarchique, entre les vies humaines et animales. Cela indique une différence de valeur, contrairement aux usages humains variés qui sont présentés comme étant d'égale valeur, sur un plan horizontal. Pour désigner la différence entre humains et animaux, il recourt également aux termes évaluatifs de formes « supérieures » et « inférieures ». L'usage des guillemets témoigne cependant d'un certain malaise par rapport à ces distinctions, et à raison nous semble-t-il, car on ne trouve pas chez Wittgenstein d'effort de hiérarchisation. La comparaison entre humains et animaux est traditionnellement (c'est-à-dire dans la philosophie occidentale et dans certains usages du langage ordinaire [1]) une mise en opposition : les humains se définissent *par distinction* avec les animaux. Ce qui est véritablement humain – le « propre de l'homme » – est ce que les animaux ne possèdent pas. Et quand on découvre que les animaux savent faire certaines choses que l'on croyait réservées aux humains (par exemple utiliser des outils [2]) on déplace le critère de différence : c'est désormais une manière spécifique d'utiliser les outils, ou tout autre chose, qui sera la marque distinctive de l'humanité. Les animaux nous servent de contrepoint

1. Tant notre langage que nos rapports ordinaires aux animaux foisonnent de contradictions. Or, ces contradictions elles-mêmes sont pleines de sens, révélatrices de l'entre-deux ambigu dans lequel se meut notre relation aux animaux, des êtres à la fois si proches de nous et si différents.

2. J. Goodall, « Tool-Using and Aimed Throwing in a Community of Free-Living Chimpanzees », *Nature*, vol. 201, n°4926, 1964, p. 1264-1266.

pour faire apparaître, en négatif, la forme humaine. Comme c'est déjà apparent dans le commentaire de Cavell, ce n'est pas du tout en ce sens que Wittgenstein utilise la comparaison avec les animaux. La comparaison va nous donner d'autres enseignements sur notre langage, et sur sa naturalité.

On trouve chez Wittgenstein tout un bestiaire. Revenons d'abord sur le paragraphe 25 des *Recherches philosophiques*.

> [1] On dit parfois : Les animaux ne parlent pas, parce que les capacités intellectuelles leur font défaut. Et cela signifie : « Ils ne pensent pas, et par conséquent, ils ne parlent pas ». Mais : ils ne parlent pas en effet. Ou mieux : Ils n'emploient pas le langage – si nous faisons abstraction des formes de langage les plus primitives. – [2] Donner des ordres, poser des questions, raconter, bavarder, tout cela fait partie de notre histoire naturelle, tout comme marcher, manger, boire, jouer.

Comme nous l'avons montré plus haut [1], la seconde partie de cette remarque permet de comprendre que les capacités langagières des êtres humains sont naturelles. L'analogie avec les capacités physiques indique que la possession des premières n'est pas plus problématique que celle des secondes : nous acquérons nos capacités normatives par un développement naturel au sein d'un environnement humain. Nous apprenons à donner des ordres ou à raconter de la même manière que nous apprenons à manger ou à jouer. Voilà exactement le résultat négatif que McDowell vise avec l'idée de seconde nature : les capacités langagières et conceptuelles ne sont *pas surnaturelles*. Mais il est très révélateur qu'il ne cite jamais que la seconde partie du paragraphe, en omettant la première partie qui porte sur les animaux. Celle-ci introduit une relation entre langage et pensée qui aide à comprendre en quoi ces activités langagières font partie de notre histoire naturelle, en quoi elles sont *naturelles* en un sens positif. Cette naturalité est distincte de la seconde nature proposée par McDowell qui constitue une forme de nature en totale rupture avec la vie animale proprement dite.

1. Voir *supra*, chap. II.

Le point de départ, ce que l'on peut observer, c'est que les animaux ne parlent pas ou, plus exactement, n'emploient pas le langage (du moins sous une forme dont la complexité approche celle du langage humain), et que les êtres humains emploient le langage (de multiples manières). Quel enseignement peut-on tirer de cette double observation ? Selon une conception traditionnelle, le langage est conçu en lien avec la pensée, l'un et l'autre constituant deux faces du *logos*. L'absence de langage est conçue comme le révélateur de l'absence de pensée conceptuelle. La possession ou non du langage apparaît alors comme une différence de nature entre humains et animaux : entre ceux qui sont dotés de la pensée et ceux qui ne le sont pas. Or, Wittgenstein nous avertit de ne pas faire d'implication entre le langage et les capacités intellectuelles, tant pour les animaux que pour les humains. Cela a des conséquences pour notre conception des uns et des autres.

Premièrement, il remarque que tout ce que l'on peut dire, c'est que les animaux n'utilisent pas le langage – au moins sous une forme suffisamment élaborée qui se manifeste notamment par la parole articulée. Cela ne nous permet pas de tirer de conclusion sur leur capacité à penser ou du moins à avoir certaines capacités mentales. Dans cette différence factuelle entre les animaux et les humains, il ne voit pas un critère pour établir une différence globale entre deux manières d'être au monde, ou deux formes de nature, pour reprendre les concepts mcdowelliens. Si les activités langagières sont des traits de la forme de vie humaine que ne possèdent pas les autres espèces vivantes, cela ne constitue pas une raison suffisante pour tracer une ligne de démarcation entre les humains et le reste du vivant.

Deuxièmement, la juxtaposition, dans ce paragraphe, d'une remarque sur l'histoire naturelle des animaux et d'une remarque sur l'histoire naturelle des humains semble nous inviter à penser les deux de la même manière. La remarque faite à propos des animaux vaut aussi pour les êtres humains et sert à souligner que ce que le langage ne doit pas être abordé par son lien avec la pensée ou les capacités mentales : pas davantage (développe la deuxième partie du paragraphe) pour les êtres humains en un sens positif que pour les animaux en un sens négatif. Ce que nous devons examiner pour comprendre le langage humain, ce sont les formes de vie humaines : avoir le langage fait partie de notre forme de vie, de même que ne pas avoir le langage fait partie des formes de vie des animaux. Cette remarque fait donc apparaître le langage comme un trait naturel des vies de certains animaux, les animaux humains, qui n'est pas possédé par d'autres animaux. La comparaison telle qu'elle est utilisée par Wittgenstein n'a donc pas de valeur normative, elle ne vise pas à établir une hiérarchie au sein du règne animal. Elle a une valeur descriptive, elle vise à faire apparaître les contours de la vie humaine. Examinons un autre exemple pour mieux comprendre ce que nous enseigne ce genre de comparaison.

> « Les hommes pensent, les sauterelles non. » Ce qui veut dire à peu près : « penser » est un concept qui se rapporte à la vie des hommes, non à celle des sauterelles. C'est là une information que l'on pourrait donner à quelqu'un qui ne comprendrait pas le mot français « penser » et qui croirait à tort qu'il se rapporte à quelque chose que font les sauterelles.
> « Les sauterelles ne pensent pas. » Où placer ce genre de déclaration ? – Est-ce un article de foi, ou bien a-t-elle sa place dans l'histoire naturelle ? Dans ce dernier cas, il devrait exister une phrase du genre : « Les sauterelles ne peuvent ni lire ni écrire. » Celle-ci a un sens clair, et quand bien même on ne l'emploie sans doute jamais, du moins est-il aisé de se figurer un emploi pour elle [1].

« "Les sauterelles ne pensent pas. Où placer ce genre de déclaration ? » Et quel genre de connaissance est exprimé par là ? Wittgenstein envisage qu'une telle déclaration soit prononcée comme un article de foi – l'énoncé de cette incapacité des sauterelles relèverait de la conviction personnelle de l'énonciateur puisqu'elle n'est en aucune manière observable ni, par conséquent, contestable. Il remarque ensuite que cet énoncé a certes la forme d'un énoncé

1. L. Wittgenstein, *Remarques sur la philosophie de la psychologie, II*, *op. cit.*, § 23-24.

d'« histoire naturelle », c'est-à-dire un énoncé qui prétend nous apprendre quelque chose sur l'espèce sauterelles. Pour qu'il en soit vraiment un, il faut néanmoins substituer à l'assertion initiale un énoncé dont le contenu est observable, tel que : « les sauterelles ne savent pas lire ni écrire ». Mais, bien que l'on puisse imaginer un contexte dans lequel cette phrase pourrait être employée et donc aurait un sens (par exemple, dite par un enfant plus âgé à un enfant qui essaierait d'apprendre à lire à la sauterelle qu'il a capturée), elle ne nous dit pas grand-chose sur les sauterelles et, pour cette raison, ne peut être tenue pour un fait d'histoire naturelle. En effet, elle pourrait être appliquée à une infinité de choses, plus exactement à tout ce qui n'est pas *nous*. Ce genre d'énoncé ne nous apporte aucune connaissance sur l'animal en question, il le place uniquement en relation et en comparaison avec nous. Il nous apprend quelque chose sur ce qu'est lire et sur ce que nous faisons quand nous lisons. En fait, la remarque ne porte pas sur les sauterelles mais sur les usages humains. Les sauterelles jouent, en quelque sorte, le rôle d'un groupe témoin qui permet de mettre en lumière un trait possédé par les êtres humains et non par les sauterelles, en l'occurrence la pensée. Les formes de vie animales constituent un objet de comparaison qui aide à distinguer les traits de notre propre « forme de vie » humaine.

Or, ce n'est pas un hasard que ce soit une sauterelle et non, par exemple, une table, que Wittgenstein propose comme objet de comparaison. La proposition selon laquelle « les êtres humains pensent, les tables non » est tout aussi vraie que celle sur les sauterelles. Mais énoncer la différence avec les sauterelles définit notre concept d'être humain d'une manière que ne pourrait faire l'énoncé de notre différence avec les tables. Certes, on pourrait imaginer un contexte où il serait pertinent de comparer les êtres humains et les tables. Mais la comparaison n'est pas immédiatement signifiante, tandis qu'il semble qu'en un sens minimal au moins (dans un grand nombre de contextes), il est pertinent de nous comparer aux animaux. Ainsi, la raison pour laquelle Wittgenstein utilise comme point de comparaison les animaux n'est pas parce qu'ils sont radicalement différents de nous et qu'ils pourraient nous donner en négatif une image de l'homme. Au contraire, c'est parce qu'ils partagent avec nous une ressemblance fondamentale : non seulement, le fait d'avoir une *vie* (statut aussi partagé par les végétaux), mais surtout le fait de posséder des *formes* de vie qui sont, au moins dans une certaine mesure, semblables aux nôtres [1]. La différence au sein de la ressemblance est précisément ce qui fait que les animaux peuvent servir de contraste pour mettre en lumière certains traits propres à la forme de vie humaine. Pour reprendre l'expression de Donna Haraway [2], ils sont pour nous des « autres signifiants » ou nos autres privilégiés. C'est pour cela qu'ils peuvent nous servir de compagnons quotidiens mais aussi nous représenter symboliquement, dans les totems, les fables ou les contes.

On voit ainsi apparaître tout ce que la forme de vie humaine partage avec les formes de vie des animaux et par où elle en diffère. D'une part, la forme de vie humaine (nos jeux de langage) est *naturelle* et, d'autre part, elle possède une forme spécifique. C'est une manière parmi d'autres d'habiter le monde et de lui donner sens. Donnons à l'adjectif « spécifique » son sens étymologique – la forme de vie humaine est celle d'une espèce – tout en nous rappelant que la caractérisation biologique n'exclut pas le sens. Pour comprendre cette unité de la biologie et du sens, il faut comprendre qu'elles ne constituent pas deux couches séparées dans la vie des individus. Pour cela, il nous faut voir que le sens apparaît dans certaines sociétés animales d'une manière non pas identique mais du moins continue avec son institution complexe dans les sociétés humaines. Examinons pourquoi l'on peut dire que certains animaux suivent des règles.

1. Si l'idée de forme de vie s'applique aussi en droit aux végétaux et aux microorganismes comme les bactéries, on concédera que leur capacité à *donner une forme* à leur vie est très différente de la nôtre et moins instructive pour notre propos.

2. D.J. Haraway, *Manifeste des espèces de compagnie*, *op. cit.* Le concept dit à la fois la signification intellectuelle et l'importance affective et morale, suggérant le lien étroit des deux dimensions.

Le suivi des règles dans les sociétés animales

L'éthologie contemporaine offre des exemples de comportements animaux qui relèvent bien d'une *forme* de vie. Nous soutiendrons que le concept doit ici être utilisé au même sens que pour les êtres humains, au sens où la vie des animaux implique la mise en jeu de certaines règles. C'est ici particulièrement l'éthologie de terrain qui nous intéresse, dans la mesure où l'observation des animaux dans leur milieu prend en compte leurs structures sociales, qui se trouvent détruites ou reconfigurées en milieu artificiel. Nous suivrons ici Frans de Waal, qui a montré que les primates non humains forment de véritables communautés au sein desquelles les relations sont régies par un système de règles développées et complexes. Leur comportement n'est pas l'instanciation passive d'une loi biologique, mais résulte du fait qu'ils se conforment volontairement à des prescriptions. Ainsi, les primates forment des groupes coopératifs dont ils travaillent activement à maintenir la cohésion, notamment par des efforts de réconciliation. De Waal observe notamment ce phénomène chez les chimpanzés du zoo d'Arnhem, dont nous allons prendre l'exemple [1]. Il décrit ici une situation représentative de ce qui peut, soutient-il de manière convaincante, être caractérisé comme un processus de réconciliation après un conflit :

> Nikkie, le leader du groupe, avait frappé Hennie au cours d'une charge d'intimidation. Hennie, une jeune femelle adulte de neuf ans, s'assoit à l'écart pendant un moment pour toucher avec sa main l'endroit de son dos où Nikkie l'a frappée. Puis elle semble oublier l'incident ; elle s'allonge dans l'herbe, regardant au loin. Plus de quinze minutes plus tard, Hennie se lève lentement et

1. F. de Waal, *Peacemaking Among Primates*, Cambridge (Mass.), Harvard University Press, 1989 ; trad. fr. M. Robert, *De la réconciliation chez les primates*, Paris, Flammarion, 2002, p. 60-72. Comme le souligne de Waal, seules certaines espèces ont un sens des règles : les chiens ou les primates, par exemple, mais pas les chats. Les animaux capables de suivre des règles sont capables de former des alliances avec d'autres individus. Les données sur lesquelles porte l'analyse sont issues de six ans d'observation (1975-1981) de la vingtaine de chimpanzés qui vivent sur une île de 0,7 ha.

> marche droit vers un groupe où se tiennent Nikkie et la femelle la plus âgée, Mama. Hennie s'approche de Nikkie et le salue par une série de grognements doux et haletants. Puis elle tend son bras pour offrir le dos de sa main à baiser. Le baisemain de Nikkie consiste à s'emparer sans cérémonie de la main tout entière de Hennie et à la mettre dans sa bouche. Ce contact est suivi d'un baiser sur la bouche. Puis Hennie se dirige vers Mama avec une grimace nerveuse. Mama place une main sur le dos de Hennie et la tapote doucement jusqu'à ce que la grimace disparaisse [1].

Plusieurs aspects de la scène observée indiquent qu'il s'agit d'un processus socialement codifié. D'abord, les gestes et attitudes adoptés sont adressés à un individu précis, l'ancien adversaire, et sont très différents des gestes et attitudes habituels : le geste de bras tendu avec la main ouverte, le contact visuel, les petits cris assourdis et le baiser. De plus, il apparaît que les chimpanzés qui entreprennent un processus de réconciliation le font activement et non par réaction à leur environnement. En effet, vu la taille de leur enclos, Hennie aurait aisément pu continuer à ignorer Nikkie. De manière générale, de Waal indique que, dans quarante pour cent des conflits, les opposants entrent en contact l'un avec l'autre dans la demi-heure qui suit le conflit, alors qu'ils pourraient s'éviter. Il remarque également que les chimpanzés « diffèrent souvent leur réponse à une situation particulière, attendant patiemment la meilleure occasion. Ils testent aussi l'ambiance avant de faire un mouvement social » [2]. La spécificité des comportements adoptés dans des circonstances particulières ainsi que leur répétition dans des situations semblables tend à indiquer qu'ils sont bien déterminés par une règle. La mise en œuvre des comportements appropriés requiert en outre de la part des individus certaines compétences particulières, qui sont proprement sociales, comme la capacité à reconnaître individuellement l'adversaire et la conscience de sa propre place au sein du groupe. De Waal note d'ailleurs que c'est à partir du moment où les primatologues ont identifié individuellement les

1. *Ibid.*, p. 63.
2. *Ibid.*, p. 62.

primates qu'ils observaient qu'ils ont pu apercevoir le réseau social dans lequel s'inscrivent les individus d'un groupe et découvrir « à quel point il importe aux primates de savoir avec lequel de leurs partenaires du groupe ils sont en relation »[1]. Enfin, le sens du processus de réconciliation implique que l'individu soit capable d'envisager aussi bien le passé que l'avenir. Ainsi, la capacité d'entreprendre un acte de réconciliation, compris comme tel par le partenaire, implique des capacités cognitives complexes mais aussi une intelligence sociale.

Si les chimpanzés s'engagent volontairement dans des séquences ritualisées de réconciliation, que visent-ils par là? Si c'était seulement un confort psychologique que recherchait Hennie, on peut supposer qu'elle se serait dirigée vers un autre individu que son vainqueur, et en particulier vers la femelle âgée et protectrice à son égard qui se trouve à proximité, Mama. Cela signifie que le geste a une autre fonction que celle de réconfort. De Waal note d'ailleurs que, statistiquement, l'initiative de la réconciliation vient tout autant des dominants que des subordonnés (sauf dans le cas d'une lutte pour le pouvoir). Ce que le rapprochement et les gestes accomplis visent, c'est donc bien la réconciliation elle-même et, en dernière instance, la stabilité sociale ainsi préservée[2]. Le dominé cherche à conserver son appartenance à la société par l'initiative ou l'acceptation de la réconciliation, mais il en va de même pour le dominant, poussé par les autres à entamer le processus de réconciliation. Or, le processus de réconciliation n'est pas un phénomène isolé. De Waal parle d'« un sens de la convenance sociale » qu'il observe dans le comportement des chimpanzés, concept qu'il définit de la manière suivante : « Il s'agit de la façon normale dont les individus (isolément ou avec d'autres) attendent d'être traités et escomptent que les ressources soient réparties »[3]. La vie des chimpanzés est réglée par certaines attentes partagées les uns à l'égard des autres. Ces attentes ne sont pas les mêmes que dans un autre groupe de primates et ne sont pas

1. F. de Waal, *De la réconciliation…*, *op. cit.*, p. 60.
2. *Ibid.*, p. 61.
3. F. de Waal, *Le bon singe*, *op. cit.*, p. 121.

non plus forcément identiques d'un groupe de chimpanzés à l'autre ni au cours du temps.

Mais parler de réconciliation, et plus généralement de convenance sociale, pour des chimpanzés, n'est-ce pas sombrer dans l'anthropomorphisme? Les réconciliations effectuées par les chimpanzés ne sont pas verbales. En cela, elles diffèrent des actes humains de même type et on concèdera sans peine qu'elles ne présentent pas le même niveau de complexité que ces derniers. Pour autant, il semble bien que les processus décrits par de Waal et qu'il caractérise comme réconciliation jouent le même rôle entre les individus chez les chimpanzés et chez les humains, et que ces processus se déroulent de manière analogue dans les deux cas. Cela n'est étonnant, remarque de Waal, que si l'on aborde la réconciliation comme un processus mettant en jeu certaines capacités, mentales et relationnelles, propres aux êtres humains. En revanche, écrit-il,

> je m'attendrais à rencontrer [la réconciliation] chez toute espèce vivant en groupes cohérents, avec des relations à long terme qui méritent d'être réparées après des désaccords. Les seules capacités strictement nécessaires sont la reconnaissance individuelle et une bonne mémoire; les deux sont présentes dans de nombreuses sociétés animales, des hyènes aux éléphants et des dauphins aux zèbres [1].

À l'instar de Wittgenstein, de Waal nous invite à replacer les phénomènes de réconciliation au sein d'une forme de vie. De Waal ne considère pas le phénomène de réconciliation de manière abstraite à partir de capacités qui permettraient ou non à l'espèce d'adopter un tel comportement – que ces capacités soient pensées en termes normatifs (il faudrait posséder le langage ou la rationalité pour pouvoir adopter ce comportement) ou en termes biologiques (le phénomène de réconciliation serait par exemple l'expression d'un gène de l'altruisme). Le concept de forme de vie permet de penser comme totalité unifiée des traits de la vie des animaux (humains et non humains) qui relèvent de logiques différentes :

1. F. de Waal, *De la réconciliation…*, *op. cit.*, p. 119-120.

ceux qui appartiennent à la constitution biologique des animaux et à leur milieu naturel (les lois physiques, les conditions géologiques et météorologiques, les espèces végétales et animales partageant leur milieu), et ceux qui relèvent de leur vie sociale (les règles gouvernant la vie de l'individu au sein du groupe). Tous ces éléments forment une structure complexe et définissent ce que c'est que mener une vie de chimpanzé (ou d'humain ou de zèbre…) dans tel ou tel groupe. Dès lors, il n'y a rien d'étonnant à ce que des phénomènes de réconciliation analogues se rencontrent au sein de formes de vie qui présentent des traits en commun. S'il s'agit bien du même concept de réconciliation chez les singes et les humains, malgré les différences qui les séparent, c'est parce que dans chacun des cas, le phénomène a la même fonction dans leurs formes de vie respectives. La réconciliation sera instanciée par des procédures différentes dans chacun des cas, dépendant des aspects pertinents de la forme de vie de chaque espèce comme le corps, le langage, la hiérarchie sociale. Chez les animaux non humains et non langagiers, cette structure relationnelle ne passe pas par des institutions. Néanmoins, elle est sociale dès lors qu'elle est faite de relations signifiantes complexes que les individus s'efforcent de perpétuer.

Jeux de langage

Allons plus loin : même si les chimpanzés ne possèdent pas le langage verbal, dans les procédures de réconciliation, la manière dont ils suivent la règle semble analogue à la manière dont les êtres humains suivent les règles dans leurs divers jeux de langage. En fait, il semble que l'ensemble des actes qui constituent l'épisode de réconciliation décrit plus haut constitue une sorte de jeu de langage, au sens où le définit Wittgenstein. Ce dernier introduit ainsi l'idée de jeu de langage dans le *Cahier bleu* :

> J'attirerai désormais constamment votre attention sur ce que j'appellerai des jeux de langage. Ce sont des manières d'utiliser des signes qui sont plus simples que notre langage ordinaire, lequel est extrêmement compliqué. Les jeux de langage sont les formes de langage au moyen desquelles un enfant commence à faire usage des

> mots. L'étude des jeux de langage est l'étude de formes primitives de langage ou de langages primitifs [1].

Les jeux de langage, au sens stipulé par Wittgenstein, sont des formes circonscrites de signification, bien plus simples que le langage humain ordinaire et qui, pour cette raison, peuvent servir de point de comparaison pour comprendre le langage. Le jeu de langage consistant à transporter des dalles, décrit au début des *Recherches*, en est un exemple. Mais la définition qu'en donne Wittgenstein semble également convenir au processus de réconciliation des chimpanzés. Ce processus manifeste certaines caractéristiques des jeux de langage, qui mettent en relation des individus dans un échange réglé avec une visée expressive.

Dans la réconciliation, les chimpanzés utilisent des gestes bien particuliers qui expriment l'offre de réconciliation et son acceptation. Ces gestes sont des *signes*, des phénomènes dont le sens demande à être interprété de manière conventionnelle. Les signes sont en nombre beaucoup plus limité que dans le langage humain ordinaire, où la réconciliation peut être effectuée d'une très grande variété de manières, verbales et non verbales. En ce sens, le jeu de langage chez les chimpanzés est « plus simple » ou constitue une « forme primitive de langage » : une communication obéissant à certaines règles, maîtrisées par les participants, et qui produit des significations, mais qui reste primitive par rapport à la complexité du langage verbal humain.

L'attribution aux animaux non humains d'une certaine forme de communication réglée et signifiante, primitive par rapport au langage humain, est également suggérée par cette autre remarque de Wittgenstein :

> Je veux considérer l'homme ici comme un animal ; comme un être primitif à qui l'on accorde l'instinct mais non le raisonnement. Comme un être dans un état primitif. En effet, quelle que soit la logique qui suffise pour un moyen de communication primitif, nous n'avons pas à avoir honte. Le langage n'émerge pas du raisonnement. (*DC*, § 475)

1. L. Wittgenstein, *Le cahier bleu et le cahier brun*, *op. cit.*, p. 17.

L'état « primitif » qui est celui de l'animal n'est pas un état pré-logique. Fondée sur l'instinct et non le raisonnement, la forme de pensée à l'œuvre n'en est pas moins une véritable logique. Cet état est celui d'un animal non humain mais aussi du jeune enfant humain, qui n'est pas encore capable de raisonner. Or, de cette logique, ajoute Wittgenstein, « nous n'avons pas à avoir honte ». Le terme « primitif » ne doit pas être pris en un sens axiologique : il caractérise une forme de vie plus simple que la nôtre (qui est la nôtre en son commencement), qui ne présente pas encore le raisonnement, mais n'en est pas moins déjà complète à sa façon.

L'existence de formes primitives de logiques est précisément ce qui permet de rendre compte du développement de capacités normatives en l'être humain, tant au niveau de l'individu qu'à celui de l'espèce. C'est parce qu'existent ces formes intermédiaires qu'il est possible de penser que l'être humain *devient* humain : de penser comment, de l'animal qu'il est en naissant, il devient un humain possédant le *logos*. Ce passage n'est pas une étrange métamorphose, comme a tenté de la penser la dialectique, c'est un développement graduel et par paliers. L'enfant humain, très tôt dans son développement et bien avant d'entrer dans le langage, commence à répondre aux règles qui lui sont petit à petit inculquées par dressage par les êtres humains qui s'occupent de lui et avec lesquels il interagit. Les premiers pas dans le langage constituent ensuite un degré supplémentaire dans ce développement. Examinons un exemple proposé par Cavell. Il note qu'à quinze mois, sa fille a appris le mot « chat » ; en effet, elle l'a utilisé à bon escient. Mais peu de temps après, elle l'applique à une fourrure. Cela signifie-t-il qu'elle a fait illusion la première fois et n'a en réalité pas appris le sens du mot chat ? On ne peut pas dire qu'elle n'a rien appris car elle confère bien un certain sens au mot « chat » en l'utilisant dans certaines circonstances appropriées. Mais Cavell remarque combien il est difficile de comprendre ce qu'elle a appris exactement : peut-être, en appliquant à la fourrure le terme de chat, dit-elle alors « Regarde ce drôle de chaton », ou « C'est bon, hein, quand c'est doux ! »[1]. L'enfant, sans doute, n'a pas encore appris le mot « chat » au même sens que nous, ni même le jeu de langage qui consiste à désigner un objet par son nom (un jeu que les adultes eux-mêmes ne jouent d'ailleurs qu'avec de jeunes enfants en train d'apprendre à parler). Mais c'est précisément par ces essais qu'elle apprend à manier les concepts et qu'elle apprend notre monde (un monde dans lequel le chat est une entité et une entité qui a une certaine importance). Elle a commencé, commente Alice Crary, à rentrer dans l'« accord sur la question "qu'est-ce que nous dirions quand" »[2]. Elle n'en est pas encore complètement partie prenante mais c'est précisément par ce genre de tentatives qu'elle en viendra petit à petit à rentrer dans l'accord. Ainsi, l'enfant qui est en train de développer ses capacités rationnelles n'est pas dans une phase pré-normative, elle se trouve d'emblée intégrée à l'espace du sens. Mais elle n'est pas non plus pleinement dans l'espace partagé des normes au sens où la rationalité implique de pouvoir expliciter et critiquer les normes que l'on suit. Elle est dans une phase intermédiaire.

Or, le même type d'analyse, remarque Crary, vaut également pour certains animaux non humains. Elle prend l'exemple de l'attitude de sa chienne, Sitka, face à un jouet électrique. Les premières fois, Sitka réagit avec surprise et effroi. Mais au bout d'un certain temps, son comportement change et elle ne manifeste plus de crainte face à un nouvel objet de ce type. « De même que Sitka en est sans doute venue à reconnaître divers genres de choses (p. ex. les chiens, les écureuils, les humains, les voitures, les escaliers, [...] etc.), elle a fini par reconnaître les jouets électriques. »[3] Elle manifeste des comportements de « faire-au-moment-approprié [*doings-appropriate-when*] »[4] qui impliquent qu'elle utilise une forme de catégorisation, qui constitue une norme pour son comportement : face à un objet relevant de la catégorie « jouet électrique », elle réagit de la manière appropriée, c'est-à-dire sans peur. Ces catégorisations

1. S. Cavell, *Les voix de la raison*, *op. cit.*, p. 263.
2. A. Crary, « Dogs and Concepts », *Philosophy*, vol. 87, n°2, 2012, p. 231.
3. *Ibid.*, p. 233.
4. *Ibid.*, p. 231.

restent primitives par rapport à nos concepts, puisqu'il leur manque de pouvoir être soumises à l'épreuve de la justification. Cependant, elles constituent une forme de pensée primitive [1].

Reconnaître des degrés dans la maîtrise conceptuelle et langagière, chez l'enfant et chez l'animal, est ce qui permet de penser le développement d'un enfant en adulte rationnel et l'évolution d'un animal en être humain pensant [2]. Ce faisant, on ne suggère pas que telle ou telle espèce animale constitue un précurseur de l'espèce humaine ; mais leur existence constitue la possibilité logique de penser des degrés dans le développement de l'espèce humaine au cours de l'évolution. Or, bien loin gommer les différences, cette conception repose sur l'existence de différences qui constitueront autant de degrés. Il existe une immense différence entre l'activité conceptuelle de l'être humain mature et celle de l'enfant, et plus encore entre celle de l'enfant et celle du chien. Dans le premier cas, c'est cette différence qui rend l'apparition des capacités rationnelles difficile à concevoir. Cavell parle de « sauts » [3] pour caractériser le passage d'une étape à l'autre dans le progrès de l'enfant, ce qui laisse encore subsister une sorte de boîte noire. On préférera parler de paliers ou d'effets de seuil : l'acquisition du langage par l'enfant est continue, se consolide au fur et à mesure, mais marque des étapes : à certains moments de l'acquisition, un pan entier d'expérience ou de langage prend sens en se trouvant éclairé sous un jour nouveau.

De même, accorder à certains animaux non humains des capacités mentales, conceptuelles en un sens primitif du terme, ne veut pas dire

1. D'aucuns tenteront sans doute d'expliquer le comportement observé par un conditionnement. Mais cette hypothèse ne rend pas compte de la variation parmi les objets auxquels Sitka réagit et donc de sa capacité à fournir la même réaction appropriée à des stimulations différentes.

2. Crary affirme proposer ici un prolongement et non une critique du travail de McDowell. En un sens, il est vrai qu'elle développe la voie de la seconde nature. Cependant, son élargissement de la notion de concept déstabilise profondément la manière dont McDowell conçoit celle-ci. En fait, son analyse met au jour la tension irréductible qui existe entre le conceptualisme de McDowell et l'objectif de la seconde nature.

3. S. Cavell, *Les voix de la raison*, *op. cit.*, p. 264.

que ce soient les mêmes que celles des humains ni qu'elles leur soient facilement comparables. Nombre d'expériences psychologiques et éthologiques ont tenté de comparer les capacités cognitives de certains animaux, notamment des primates non humains, avec celles de jeunes enfants. Par exemple, le bonobo Kanzi, élevé en captivité au sein de l'équipe de Sue Savage-Rumbaugh, a appris sous sa conduite à utiliser des symboles pour communiquer. Ses performances sont spectaculaires. Un test, effectué lorsqu'il avait huit ans a montré que sa compréhension était comparable à celle d'un enfant de deux ans [1]. Mais tandis que Kanzi atteint sa limite, l'enfant n'en est qu'au tout début de son apprentissage du langage. La divergence ne révèle non pas tant les limites cognitives de Kanzi que les limites de la comparaison elle-même. En effet, il n'y a de sens à parler de l'intelligence des humains ou des bonobos que dans le contexte de leur forme de vie – c'est-à-dire non seulement relativement à leurs capacités, mais surtout à ce qui fait sens pour eux. Vouloir les comparer de manière absolue, c'est imposer des critères qui ne sont nullement neutres mais présupposent un certain cadre au sein duquel les comportements évalués prennent sens. Chercher chez les animaux non humains des versions primitives de notre propre vie, c'est manquer le sens de notre proximité évidente. Cette proximité est une proximité dans l'évolution : issus des mêmes ancêtres évolutionnaires, les différentes formes du vivant ont en commun des traits dont la ressemblance est plus ou moins marquée. Mais cette proximité n'est pas le fait d'un rapport téléologique, comme si l'intelligence humaine était le point d'aboutissement du développement du vivant sous toutes ses formes. La comparaison n'a pas de valeur hiérarchique mais elle permet de faire apparaître par contraste les aspects saillants des vies de chaque espèce.

1. S. Savage-Rimbaugh, R. Lewin, *Kanzi : The Ape at the Brink of the Human Mind*, New York, Wiley, 1996. *Cf.* aussi D. Lestel, *Paroles de singes : l'impossible dialogue homme-primate*, Paris, La Découverte, 1995, p. 7

CONCLUSION

L'ESPRIT NATURALISTE

Nous sommes en un sens revenus à notre point de départ, à l'endroit qu'avait indiqué McDowell : pour comprendre comment des êtres vivants en viennent à acquérir le langage et la raison, il suffit de regarder la manière dont nous sommes éduqués dans un monde humain. Mais là où McDowell voit le dernier mot de l'enquête, nous y voyons le premier. Avec l'idée de seconde nature, McDowell entend apaiser « certaines inquiétudes caractéristiques de la philosophie moderne »[1] en montrant qu'il s'agit de faux problèmes : nous n'avons pas besoin de montrer comment la raison s'inscrit dans la nature puisque nous développons naturellement la rationalité. Mais c'est méconnaître la profondeur du problème. Celui-ci n'est pas simplement illusoire. L'idée d'animal humain, si elle n'est pas tout à fait un oxymore, est bien l'expression d'une difficulté véritable, une difficulté qui résiste : nous sommes des animaux *mais en même temps* nous ne sommes pas des animaux. Nous sommes des êtres de nature mais, par le langage et la raison, nous accédons à un autre ordre du réel. Nous sommes différents du reste du vivant. Il y a dans cette réalité quelque chose de fondamentalement choquant et merveilleux dont nous faisons tous l'expérience. Cette difficulté n'est pas seulement un problème théorique, quelque chose dont il faut rendre compte, c'est un trait de notre expérience humaine, une « difficulté de la réalité »[2], comme l'écrit Cora Diamond.

1. *EM*, p. 19.

2. C. Diamond, « The Difficulty of Reality and the Difficulty of Philosophy », *in* S. Cavell *et al.*, *Philosophy and Animal Life*, Columbia University Press, 2008, p. 43-89; trad. fr. E. Halais, « La difficulté de la réalité et la difficulté de la philosophie », dans *L'importance d'être humain : et autres essais de philosophie morale*, Paris, P.U.F., 2011, p. 271-306.

Diamond explicite cette idée à partir notamment du roman de J.M. Coetzee, *Elizabeth Costello*[1]. La romancière Elizabeth Costello est venue donner une conférence à l'université où travaille son fils, conférence qui porte sur le traitement que nous réservons aux animaux dans notre industrie agroalimentaire, ou plus exactement sur « les vies des animaux ». Son exposé est déroutant pour ses auditeurs car, au lieu de développer un argument, elle tente de dire aux autres sa propre souffrance face au sort que nous, humains, réservons aux animaux. À travers la souffrance morale qu'elle ressent pour les animaux, c'est sa propre vulnérabilité qu'elle éprouve. Sa vulnérabilité passe d'abord par le défaut de langage : « Quand je pense aux mots, ils me paraissent tellement outrés qu'il vaut mieux les prononcer la tête dans un coussin ou dans un trou dans la terre, comme faisait le roi Midas »[2]. Les mots familiers sont devenus méconnaissables et ne lui permettent plus de communiquer. Mais sa vulnérabilité n'est pas seulement celle d'un être de langage : dans les termes de Diamond, « elle se décrit elle-même comme un animal montrant sans montrer, à une assemblée d'érudits, une blessure »[3]. Le texte, en effet, est ponctué de notes où est mise à nu son animalité. « De temps en temps, poursuit sa mère, je sais ce que c'est qu'être un cadavre »[4]. Loin d'être la conclusion d'un raisonnement, ce savoir de son animalité se manifeste par la vulnérabilité dont elle fait l'épreuve. C'est un savoir proprement incarné. Et pourtant, si Costello est elle-même un animal blessé, elle n'est pas *à la place* de ces animaux, dans l'élevage intensif ou à l'abattoir. Elle appartient au monde de ceux qui dirigent l'abattoir. Et alors même qu'elle appartient à ce monde, elle ne parvient pas à convaincre ceux qui l'écoutent du mal moral dont elle est le témoin. Les contradictions qui apparaissent avec acuité dans le personnage d'Elizabeth Costello ne sont pas des accidents à

1. J.M. Coetzee, *Elizabeth Costello : Eight lessons*, London, Secker & Warburg, 2003 ; trad. fr. C. Lauga du Plessis, *Elizabeth Costello : huit leçons*, Paris, Seuil, 2004.

2. *Ibid.*, p. 156.

3. C. Diamond, « La difficulté de la réalité… », *op. cit.*, p. 275.

4. J.M. Coetzee, *Elizabeth Costello*, *op. cit.*, p. 105.

la surface de l'existence humaine, mais elles sont au cœur même de notre existence d'animaux de langage.

Or, montre Diamond, parce que cette difficulté de la réalité est difficile à penser, on tend à l'« esquiver » plutôt qu'à l'affronter. Les difficultés de la réalité sont aussi des « difficultés de la philosophie ». L'esquive, explique Diamond en empruntant le concept à Cavell, est « ce qui arrive quand nous passons de l'appréciation, ou de la tentative d'appréciation, d'une difficulté de la réalité, à un problème philosophique ou moral se trouvant, en apparence, à proximité »[1]. C'est ce que font les intellectuels qui constituent l'auditoire d'Elizabeth Costello dans le roman, mais aussi les philosophes qui commentent ensuite le texte *Elizabeth Costello*[2]. La plupart des philosophes réels comme des philosophes fictifs considèrent la difficulté mise en lumière par le roman comme une difficulté théorique : question d'éthique, de politique ou de langage selon les points de vue.

La problématique du dualisme entre raison et nature, dans laquelle s'inscrivent le dualisme aussi bien que le naturalisme scientifique ou celui de la seconde nature qui s'y opposent, est une manière d'esquiver la difficulté inexpugnable que constitue notre fragilité de vivants, alors même que nous pouvons par la pensée et le langage nous élever au-dessus de nos vies. L'esquive est une manière de déplacer ce paradoxe vers un terrain théorique où les questions sont maîtrisées. La difficulté de la réalité est alors traduite en problèmes ontologiques et épistémiques portant sur le rapport entre nature et raison. Alors même qu'il indique ce paradoxe de la vie humaine, le concept mcdowellien de seconde nature revient lui aussi à le traduire dans les termes du débat ontologique entre nature

1. C. Diamond, « La difficulté de la réalité... », *op. cit.*, p. 287. *Cf.* S. Cavell, *Dire et vouloir dire*, *op. cit.*, chap. 9.

2. Un appareil critique a été joint à la première publication du texte « Les vies des animaux », qui est ensuite devenu une partie du roman *Elizabeth Costello* : J.M. Coetzee, *The Lives of Animals*, Princeton, Princeton University Press, 1999. Le volume par S. Cavell *et al.*, *Philosophy and Animal Life*, *op. cit.* contient également des commentaires philosophiques du texte de Diamond, « La difficulté de la réalité... », *op. cit.* qui ont trait au texte de Coetzee.

et raison. Mais l'idée de seconde nature ou d'animal rationnel ne peut être le lieu où se dissolvent les difficultés : elle est le lieu même de cette tension. Il n'est donc pas surprenant que l'hydre du dualisme ne cesse de resurgir quand on croit lui avoir coupé la tête : le fond de vérité du dualisme est d'exprimer ce paradoxe de l'humaine animalité.

Mais comment aborder cette difficulté de la réalité en philosophes sans l'esquiver? Car la philosophie consiste précisément à tenter de conceptualiser et de penser les problèmes plutôt que de les vivre. Il nous faut faire preuve d'un « esprit naturaliste » au sens où Diamond parle d'« esprit réaliste », à partir notamment de la remarque suivante de Wittgenstein :

> Si je suis porté à admettre qu'une souris naît par génération spontanée de chiffons gris et de poussière, il sera bon que j'examine attentivement ces chiffons pour savoir comment une souris a pu s'y cacher, comment elle a pu s'y introduire, *etc.* Mais si je suis convaincu qu'elle ne peut venir ainsi à l'existence, un tel examen sera peut-être superflu.
> Mais il faut d'abord que nous apprenions à comprendre ce qui s'oppose, en philosophie, à une telle prise en considération des détails. (*RP*, § 52)

L'esprit réaliste est « une attitude à l'égard du réel : du réel suffisamment réel pour qu'on n'ait pas à se poser la question de ce qui lui manque » [1]. De manière semblable, un esprit naturaliste implique un changement d'orientation par rapport aux thèses naturalistes. La problématique philosophique du dualisme et des thèses naturalistes qui s'y rapportent est centrée sur le problème du propre de l'homme ou de la différence anthropologique. Mais pour elles, ce problème ne constitue pas tant une question qu'un présupposé. L'affirmation d'un propre de l'homme ou son rejet ne sont pas des thèses démontrées ou mises en question, ils sont pris comme préalables à l'argumentation. Ces présupposés déterminent les questions qu'il est pertinent de

1. C. Diamond, *The Realistic Spirit : Wittgenstein, Philosophy, and the Mind*, Cambridge (Mass.), The MIT Press, 1991 ; trad. fr. E. Halais et J.-Y. Mondon, *L'Esprit réaliste : Wittgenstein, la philosophie et l'esprit*, Paris, P.U.F., 2004, p. 63.

poser et celles qui ne se posent pas. Dans la perspective rationaliste, un être possédant des capacités normatives ne peut être un animal. Dans la perspective d'un naturalisme scientifique réducteur, un animal ne peut développer des capacités irréductibles aux processus biologiques. Comme d'autres opinions qui nous tiennent à cœur parce qu'elles contribuent à définir la manière dont nous nous concevons en tant qu'humains, ces présupposés s'accompagnent de passions qui s'expriment aujourd'hui dans la défense d'un humanisme perçu comme menacé et, à l'opposé, dans l'accusation de spécisme, sans possibilité d'ouvrir sur un véritable débat. Mais la question du propre de l'homme n'est *pas la bonne question.* Le programme théorique qu'elle définit réduit immensément notre champ de vision.

Dans un esprit naturaliste, on laisse de côté cette question pour tourner le regard vers les détails, comme nous y invite Wittgenstein, c'est-à-dire vers l'animalité humaine et non humaine dans leur détail concret : l'animalité humaine qui, en l'enfant humain, se dote de capacités langagières et normatives, et l'animalité animale, si l'on peut dire, en laquelle la signification se manifeste au sein du biologique. À partir de là, on peut penser un concept d'animal dont la signification n'est pas exclue et qui peut donc convenir à l'humain comme à l'animal. Dès lors, il n'y a plus besoin d'un miracle pour expliquer la rationalité et le langage humains. On peut, avec Lestel, concevoir la culture comme « un phénomène [...] intrinsèque au vivant dont elle constitue une niche particulière [et dont] on trouve les prémices dès les débuts de la vie animale » [1]. Cela signifie-t-il qu'il n'y a plus de problème pertinent et donc la fin de la théorie ou de la philosophie ? Aucunement : l'attitude naturaliste n'est pas une attitude de repos. En refusant de préjuger de la signification des concepts de nature et d'animalité, on n'entend pas les vider de leur substance et suggérer que tout peut être nature ou animalité. La question de ce que sont la nature et l'animalité reste ouverte parce que c'est précisément l'objet de la recherche.

1. D. Lestel, *Les origines animales de la culture*, *op. cit.*, p. 8.

La différence cruciale de cette perspective avec les thèses naturalistes ou rationalistes est que la différence entre espèces n'est pas un donné de la théorie. C'est au cours de la recherche que l'on pourra établir les différences entre espèces, à partir de l'examen de leurs vies. Ainsi, dire que le langage et le sens sont des phénomènes intrinsèques au vivant, ce n'est pas, au rebours d'une affirmation de la différence anthropologique, placer sur le même plan les formes culturelles animales et humaines. Au contraire, puisque les traits propres à une certaine forme de vie ne prennent sens qu'en son sein et non de manière absolue, l'idée même de forme de vie maintient une différence entre les manières de vivre. Dire que les animaux humains et non humains possèdent une forme de vie qui relève à la fois de la biologie et du sens ne nous dit rien encore de leur articulation au sein d'une forme de vie particulière. Mais cela donne un cadre conceptuel fécond pour l'exploration des diverses vies humaines et animales dans des programmes de recherche particuliers. S'ouvre en particulier une voie féconde pour un pluralisme méthodologique dans l'étude de la nature et une collaboration entre sciences humaines et sociales, d'une part, et sciences de la nature, d'autre part.

En philosophie, c'est par l'examen de ce qu'est mener une vie animale et de ce qu'est mener une vie dans le langage que l'on procédera. Dans le détail de nos usages ordinaires, montre Wittgenstein, apparaît toute la complexité de notre « histoire naturelle ». À partir du récit d'apprentissage de Victor, l'enfant sauvage, et des récits éthologiques, nous avons tenté de suivre la méthode wittgensteinienne pour observer les formes prises par la vie humaine et animale. Les récits littéraires comme le texte de Coetzee utilisé par Diamond ou cinématographiques constituent d'autres lieux possibles d'observation pour penser les « manières d'être humain »[1] et d'être vivant. Enfin, dans nos observations et nos réflexions, nous avons des choses à apprendre du chien et du

1. P. Donatelli, *Manières d'être humain : une autre philosophie morale*, trad. fr. S. Chavel, Paris, Vrin, 2015.

chimpanzé et non seulement de l'être humain, nous avons à apprendre des choses de ce qu'est réciter une comptine et non seulement de ce qu'est faire une démonstration. Cela nous invite à mettre au centre de notre réflexion ceux qui se sont traditionnellement trouvés relégués aux confins de la raison, dans la nature, et ont été délaissés par la philosophie : l'enfant et l'animal. On les considérera non comme des figures limites, des lieux où la raison peut se contempler en négatif, mais comme témoignant d'une forme de logique. Si ces logiques sont primitives, sans doute, par rapport à ce que nous appelons le *logos*, nous n'avons pas à en avoir honte, nous dit Wittgenstein. Car dans chacune d'elles nous trouvons une forme d'articulation des règles et de la vie qui en apprend un peu plus sur ce que c'est que d'être un animal humain.

BIBLIOGRAPHIE

ALLAN D.J., « Aristotle's Account of the Origin of Moral Principles », in *Proceedings of the XIth International Congress of Philosophy*, 1953, XII, p. 120-127.

– « The Practical Syllogism », dans *Autour d'Aristote. Recueil d'études de philosophie ancienne et médiévale offert à Monseigneur Mansion*, Louvain, Publications Universitaires de Louvain, 1955, p. 325-340.

ANDLER D., *La silhouette de l'humain : Quelle place pour le naturalisme dans le monde d'aujourd'hui ?*, Paris, Gallimard, 2016.

ARISTOTE, *Marche des animaux; Mouvement des animaux*, trad. fr. P. Louis, Paris, Les Belles Lettres, 1973, p. 60-61.

– *De l'âme*, trad. fr. J. Tricot, Paris, Vrin, 1995.

– *Éthique à Nicomaque*, trad. fr. R. Bodéüs, Paris, Flammarion, 2004.

ASSMANN A., *Construction de la mémoire nationale : une brève histoire de l'idée allemande de Bildung*, trad. fr. F. Laroche, Paris, Maison des sciences de l'homme, 1994.

AUBENQUE P., *La prudence chez Aristote*, Paris, P.U.F., 1963.

AUGUSTIN, *Les confessions*, trad. fr. L. Jerphagnon, « Bibliothèque de la Pléiade », Paris, Gallimard, 1998.

AYERS M., « Sense Experience, Concepts, and Content. Objections to Davidson and McDowell », *in* R. Schumacher (ed.), *Perception and Reality : From Descartes to the Present*, Paderborn, Mentis, 2004.

BARALE E., « Le "Prologue du translateur" des Éthiques et des Politiques d'Aristote par Nicole Oresme (1370-1374). Une illustration "nécessaire" des possibilités du vulgaire », *Corpus Eve. Émergence du Vernaculaire en Europe*, 2013.

BENOIST J., « Le naturalisme, avec ou sans le scepticisme ? Après Hume », *Revue de métaphysique et de morale*, vol. 38, n°2, 2003, p. 127-144.

– « L'esprit et son monde », *Critique*, vol. 730, n°3, 2008, p. 235-242.

– *Concepts : introduction à l'analyse*, Paris, Le Cerf, 2010.

BIMBENET E., *L'animal que je ne suis plus*, Paris, Gallimard, 2011.

BRANDOM R.B., *Rendre explicite : raisonnement, représentation et engagement discursif*, trad. fr. I. Thomas-Fogiel (dir.), Paris, Le Cerf, 2010.

BRISART R. et C. GAUVRY (dir.), *Perception et concept : le conceptualisme en question*. Bruxelles, Ousia, 2016.

BUÉE J.-M., E. RENAULT, O. TINLAND et D. WITTMANN (dir.), « Hegel pragmatiste », *Philosophie*, vol. 99, n°3, 2008, p. 3-4.

BUFFON G.-L. Leclerc de, *Histoire naturelle, générale et particulière*, t. I, Paris, H. Champion, 2007 ; t. IV, Paris, H. Champion, 2010.

BURGAT F., *Une autre existence : la condition animale*, Paris, Albin Michel, 2011.

CAVELL S., *Les voix de la raison : Wittgenstein, le scepticisme, la moralité et la tragédie*, trad. fr. S. Laugier et N. Balso, Paris, Seuil, 1996.

– *Dire et vouloir dire*, trad. fr. S. Laugier et C. Fournier, Paris, Le Cerf, 2009.

– « Une nouvelle Amérique encore inapprochable : de Wittgenstein à Emerson », dans *Qu'est-ce que la philosophie américaine ? de Wittgenstein à Emerson*, trad. fr. C. Fournier et S. Laugier, Paris, Gallimard, 2009.

— et C. DIAMOND, J. MCDOWELL, I. HACKING, C. WOLFE, *Philosophy and Animal Life*, New York, Columbia University Press, 2008.

CHAUVIRÉ C., *Le moment anthropologique de Wittgenstein*, Paris, Kimé, 2004.

CICÉRON, *Des termes extrêmes des biens et des maux*, tome II : livres III-V, trad. fr. J. Martha, Paris, Les Belles Lettres, 1989.

COETZEE J.-M., *The Lives of Animals*, Princeton, Princeton University Press, 1999.

– *Elizabeth Costello : huit leçons*, trad. fr. C. Lauga du Plessis, Paris, Seuil, 2004.

COLLINS A.W., « Beastly Experience », *Philosophy and Phenomenological Research*, vol. 58, n°2, 1998, p. 375-380.

CRARY A., « Dogs and Concepts », *Philosophy*, vol. 87, n°2, 2012, p. 215-237.

CRUBELLIER M. et P. PELLEGRIN, *Aristote : le philosophe et les savoirs*, Paris, Seuil, 2002.

DAVIDSON D., « Animaux rationnels », dans *Paradoxes de l'irrationalité*, trad. fr. P. Engel, Combas, L'Éclat, 1991, p. 63-75.

DE CARO M. et D. MACARTHUR (eds.), *Naturalism in Question*, Cambridge (Mass.), Harvard University Press, 2004.

— (eds.) *Naturalism and Normativity*, New York, Columbia University Press, 2010.

DESCARTES R., *Discours de la méthode*, *Œuvres complètes*, éd. par C. Adam et P. Tannery, vol. VI, Paris, Vrin, 1965.

– *Méditations métaphysiques*, *Œuvres complètes*, éd. par C. Adam et P. Tannery, vol. IX-I, Paris, Vrin, 1964.

– *Le monde*, *Œuvres complètes*, éd. par C. Adam et P. Tannery, vol. XI, Vrin, 1986.

DESCOLA P., *Par-delà nature et culture*, Paris, Gallimard, 2005.

DESPRET V., *Penser comme un rat*, Versailles, Quae, 2009.

– *Que diraient les animaux, si on leur posait les bonnes questions ?*, Paris, La Découverte, 2012.

DIAMOND C., *L'Esprit réaliste : Wittgenstein, la philosophie et l'esprit*, trad. fr. E. Halais et J.-Y. Mondon, Paris, P.U.F., 2004.

– « La difficulté de la réalité et la difficulté de la philosophie », dans *L'importance d'être humain : et autres essais de philosophie morale*, trad. fr. E. Halais, Paris, P.U.F., 2011, p. 271-306.

DITTMAR P.-O., *Naissance de la bestialité. Une anthropologie du rapport homme-animal dans les années 1300*, Thèse de doctorat soutenue à l'INHA, 2010.

DOMENACH É., « Naturalisme et scepticisme chez Cavell, McDowell et Strawson », *Revue de métaphysique et de morale*, vol. 38, n°2, 2003, p. 159-179.

DONATELLI P., *Manières d'être humain : une autre philosophie morale*, trad. fr. S. Chavel, Paris, Vrin, 2015.

DREYFUS H.L., « Overcoming the Myth of the Mental : How Philosophers Can Profit from the Phenomenology of Everyday Expertise », *Proceedings and Addresses of the American Philosophical Association*, vol. 79, n°2, 2005, p. 47-65.

– « The Return of the Myth of the Mental », *Inquiry*, vol. 50, n°4, 2007, p. 352-365.

DUPRÉ J., « The Miracle of Monism », *in* M. de Caro et D. Macarthur (eds.), *Naturalism in Question*, Cambridge (Mass.), Harvard University Press, 2004, p. 36-58.

FINKELSTEIN D., « Holism and Animal Minds », *in* A. Crary (ed), *Wittgenstein and the Moral Life : Essays in Honor of Cora Diamond*, Cambridge (Mass.), The MIT Press, 2007, p. 251-278.

FLACK J. et F. DE WAAL, « Any Animal Whatever : Darwinian Building Blocks of Morality in Monkeys and Apes », *Journal of Consciousness Studies*, vol. 7, n°1-2, 2000, p. 1-29.

FREUD S., « Considérations actuelles sur la guerre et la mort », dans *Anthropologie de la guerre*, trad. fr. M. Crépon et M. de Launay, Paris, Fayard, 2010.

GADAMER H.-G., *Vérité et méthode : les grandes lignes d'une herméneutique philosophique*, trad. fr. P. Fruchon, J. Grondin et G. Merlio, Paris, Seuil, 1996.

GARCIA T., *Mémoires de la Jungle*, Paris, Gallimard, 2010.

GLOCK H.-J., *A Wittgenstein Dictonary*, Oxford, Blackwell, 1996.

GOODALL J., « Tool-Using and Aimed Throwing in a Community of Free-Living Chimpanzees », *Nature*, vol. 201, n°4926, 1964, p. 1264-66.

HARAWAY D.J., *Manifeste des espèces de compagnie : chiens, humains et autres partenaires*, trad. fr. J. Hansen, Paris, L'Éclat, 2010.

HEGEL G., *Préface et introduction de la « Phénoménologie de l'esprit »*, trad. fr. B. Bourgeois, Paris, Vrin, 1997.

– *Encyclopédie des sciences philosophiques, Philosophie de l'esprit*, trad. fr. B. Bourgeois, Paris, Vrin, 1988, vol. 3.

– *Principes de la philosophie du droit*, trad. fr. A. Kaan, Paris, Gallimard, 1940.

HEIDEGGER M., *Les concepts fondamentaux de la métaphysique : monde, finitude, solitude*, trad. fr. D. Panis, Paris, Gallimard, 1992.

HÉRAN F., « La seconde nature de l'habitus : Tradition philosophique et sens commun dans le langage sociologique », *Revue française de sociologie*, vol. 28, n°3, 1987, p. 385-416.

HUSSERL E., *La crise des sciences européennes et la phénoménologie transcendantale*, trad. fr. G. GRANEL, Paris, Gallimard, 1989.

ITANI J. et A. ISHIMURA, « The Study of Infrahuman Culture in Japan : A review », *in* E.W. Menzel (ed.), *Precultural Primate Behavior*, Basel, S. Karger, 1973, p. 26-50.

ITARD J., *Victor de l'Aveyron*, préf. F. Dagognet, Paris, Allia, 1994.

KANT E., *Critique de la raison pure*, *Œuvres philosophiques*, t. 1, trad. fr. F. Alquié (dir.), « Bibliothèque de la Pléiade », Paris, Gallimard, 1980.

– *Critique de la faculté de juger*, *Œuvres philosophiques*, t. 2, trad. fr. F. Alquié (dir.), « Bibliothèque de la Pléiade », Paris, Gallimard, 1985.

KENNY A., « Happiness », *Proceedings of the Aristotelian Society*, vol. 66, 1965, p. 93-102.

KRIPKE S.A., *Règles et langage privé : introduction au paradoxe de Wittgenstein*, trad. fr. T. Marchaisse, Paris, Seuil, 1996.

LAUGIER S., *Du réel à l'ordinaire : quelle philosophie du langage aujourd'hui ?*, Paris, Vrin, 1999.

– « Deux ou trois naturalismes », *Revue de métaphysique et de morale*, vol. 38, n°2, 2003, p. 117-125.

– « Où se trouvent les règles ? », dans S. Laugier et C. Chauviré (dir.), *Lire les « Recherches philosophiques »*, Paris, Vrin, 2006, p. 131-156.

– *Wittgenstein : les sens de l'usage*, Paris, Vrin, 2009.

LE GOFF A., « Aller au bout de la critique du mythe du donné : McDowell avec et contre Sellars », *Les Études philosophiques*, vol. 103, n°4, 2012, p. 493-514.

– et AL-SALEH C. (dir.), *Autour de l'Esprit et le monde de John McDowell*, Paris, Vrin, 2013.

LESTEL D., *Paroles de singes : l'impossible dialogue homme-primate*, Paris, La Découverte, 1995.

– *Les origines animales de la culture*, Paris, Flammarion, 2001.

– *L'animalité : essai sur le statut de l'humain*, Paris, l'Herne, 2007.

– *L'animal est l'avenir de l'homme : munitions pour ceux qui veulent (toujours) défendre les animaux*, Paris, Fayard, 2010.

LORENZ K., *L'Envers du miroir : une histoire naturelle de la connaissance*, trad. fr. J. Etore-Lortholary, Paris, Flammarion, 1990.

LUKÁCS G., *La Théorie du roman*, trad. fr. J. Clairevoye, Paris, Gallimard, 1989.

MARROU E., « Le truisme de Wittgenstein revisité par McDowell », dans C. Chauviré et S. Plaud (dir.), *Lectures de Wittgenstein*, Paris, Ellipses, 2012, p. 251-270.

MARX K., *Les manuscrits économico-philosophiques de 1844*, trad. fr. F. Fischbach, Paris, Vrin, 2007.

MCDOWELL J., *L'Esprit et le monde*, trad. fr. C. Al-Saleh, Paris, Vrin, 2007.

– *Meaning, Knowledge, and Reality*, Cambridge (Mass.), Harvard University Press, 1998 (*MKR*).

– « Knowledge by Hearsay », in *MKR*, p. 414-443.

– *Mind, Value, and Reality*, Cambridge (Mass.), Harvard University Press, 1998 (*MVR*).

– « The Role of Eudaimonia in Aristotle's Ethics », in *MVR*, p. 3-22.

– « Some Issues in Aristotle's Moral Psychology », in *MVR*, p. 23-49.

– « Virtue and Reason », in *MVR*, p. 50-73.

– « Two Sorts of Naturalism », in *MVR*, p. 167-97.

– « Wittgenstein on Following a Rule », in *MVR*, p. 221-62.

– « Meaning and Intentionality in Wittgenstein's Later Philosophy », in *MVR*, p. 263-78.
– « Comment on Hans-Peter Krüger's paper », *Philosophical Explorations*, vol. 1, n°2, 1998, p. 123.
– « Responses », *in* M. Willashek (ed.), *John McDowell : Reason and Nature. Lecture and Colloquium in Münster, 1999*, Münster, LIT Verlag, 2000.
– « Non-cognitivisme et règles », trad. fr. J.-P. Narboux, *Archives de Philosophie*, vol. 64, n°3, 2001, p. 457-77.
– « Responses », *in* N.H. Smith (ed), *Reading McDowell : On « Mind and World »*, London, Routledge, 2002.
– « Response to Graham Macdonald », *in* C. Macdonald et G. Macdonald (eds.), *McDowell and his Critics*, Oxford, Blackwell, 2006, p. 235-239.
– « Self-Determining Subjectivity and External Constraint », in *Having the World in View : Essays on Kant, Hegel, and Sellars*, Cambridge (Mass.), Harvard University Press, 2009, p. 90-107.
– *The Engaged Intellect : Philosophical Essays*, Cambridge (Mass.), Harvard University Press, 2009 (*EI*).
– « Eudaimonism and Realism in Aristotle's Ethics », in *EI*, p. 23-40.
– « Deliberation and Moral Development in Aristotle's Ethics », in *EI*, p. 41-58.
– « How Not to Read "Philosophical Investigations" : Brandom's Wittgenstein », in *EI*, p. 96-111.
– « Subjective, Intersubjective, Objective », in *EI*, p. 152-59.
– « Naturalism in the Philosophy of Mind », in *EI*, p. 257-75.
– « What Myth ? », in *EI*, p. 308-23.
– « Response to Dreyfus », in *EI*, p. 324-28.
– « Réponses », dans A. Le Goff et C. Al-Saleh (dir.), *Autour de* L'Esprit et le monde *de John McDowell*, trad. fr. A. Le Goff et C. Al-Saleh, Paris, Vrin, 2013.
– « Les capacités conceptuelles dans la perception », dans R. Brisart et C. Gauvry (dir.), *Perception et concept : le conceptualisme en question*, trad. fr. A. Le Goff, Bruxelles, Ousia, 2016, p. 143-69.
MCGINN M., « Wittgenstein and Naturalism », *in* M. de Caro et D. Macarthur (eds.), *Naturalism and Normativity*, New York, Columbia University Press, 2010, p. 322-351.
MOORE G.E., « Proof of an External World », *Philosophical Papers*, London, Allen and Unwin, 1959.
MONTAIGNE M. de, *Les Essais*, éd. P. Villey, Paris, P.U.F., 2004.

MOREL P.-M., « L'habitude : une seconde nature ? », dans P.-M. Morel (dir.), *Aristote et la notion de nature : enjeux épistémologiques et pratiques*, Bordeaux, Presses universitaires de Bordeaux, 1997, p. 131-148.

– « Vertu éthique et rationalité pratique chez Aristote. Note sur la notion d'*hexis proairetikê* », *Philonsorbonne* 11, 2017, p. 141-153.

MOYAL-SHARROCK D., *Understanding Wittgenstein's* On Certainty, Basingstoke, Palgrave, 2004.

– « Wittgenstein on Forms of Life, Patterns of Life, and Ways of Living », *Nordic Wittgenstein Review* 4, 2015, p. 21-42.

NAGEL T., « Quel effet cela fait-il d'être une chauve-souris ? », dans *Questions mortelles*, trad. fr. P. Engel et C. Tiercelin, Paris, P.U.F., 1983.

NARBOUX J.-P., « Jeux de langage et jeux de dressage : Sur la critique éthologique d'Augustin dans les *Recherches philosophiques* », *Europe*, 2004, p. 128-140.

NUSSBAUM M., « Non-Relative Virtues : An Aristotelian Approach », *Midwest Studies in Philosophy*, vol. 13, n°1, 1988, p. 33.

– *Frontiers of Justice : Disability, Nationality, Species Membership*, Cambridge (Mass.), Harvard University Press, 2006.

– *La fragilité du bien : fortune et éthique dans la tragédie et la philosophie grecques*, trad. fr. G. Colonna d'Istria et R. Frapet, Paris, L'Éclat, 2016.

PAPINEAU D., *Philosophical Naturalism*, Oxford, Blackwell, 1993.

PASCAL B, *Pensées*, Paris, Seuil, 1978.

PIC DE LA MIRANDOLE J., *Œuvres philosophiques*, trad. fr. O. Boulnois et G. Tognon, Paris, P.U.F., 2004.

PIPPIN R.B., « Leaving Nature Behind », *in* N.H. Smith (ed.), *Reading McDowell : on « Mind and World »*, London, Routledge, 2002, p. 58-75.

PLUTARQUE, *Œuvres morales*, trad. fr. D. Ricard, Paris, Lefevre, 1844, vol. 1.

PROUST M., *Sodome et Gomorrhe, À la recherche du temps perdu*, t. III, « Bibliothèque de la Pléiade », Paris, Gallimard, 1983.

PUTNAM H., « McDowell's Mind and McDowell's World », *in* N.H. Smith (ed.), *Reading McDowell : on « Mind and World »*, London, Routledge, 2002, p. 174-190.

RÖDL S., « La seconde nature », dans A. Le Goff et C. Al-Saleh (dir.), *Autour de* L'Esprit et le monde *de John McDowell*, trad. fr. A. Le Goff, Paris, Vrin, 2013, p. 137-150.

RORTY R., *La philosophie et le miroir de la nature*, trad. fr. T. Marchaisse, Paris, Seuil, 2010.

– « Pragmatisme, relativisme, irrationalisme », dans *Conséquences du pragmatisme : essais, 1972-1980*, trad. fr. J.-P. Cometti, Paris, Seuil, 1993.

– « McDowell, Davidson, and Spontaneity », in *Philosophy and Phenomenological Research*, vol. 58, n°2, 1998, p. 389-394.

SAVAGE-RUMBAUGH S. et R. LEWIN, *Kanzi : The Ape at the Brink of the Human Mind*, New York, Wiley, 1996.

SCHELER M., *La Situation de l'homme dans le monde*, trad. fr. M. Dupuy, Paris, Aubier Montaigne, 1979.

SELLARS W., *Empirisme et philosophie de l'esprit*, trad. fr. F. Cayla, Combas, L'Éclat, 1992.

SMITH N.H. (ed.), *Reading McDowell : On « Mind and World »*, London, Routledge, 2002.

TESTA I., « Criticism from within Nature : The Dialectic between First and Second Nature from McDowell to Adorno », *Philosophy and Social Criticism*, vol. 33, n°4, p. 473-497.

TINLAND O., « Le serpent contre la tortue : portraits post-sellarsiens de Hegel en "grand adversaire de "l'immédiateté" », *Les études philosophiques*, vol. 103, n°4, 2012, p. 533-554.

UEXKÜLL J., *Milieu animal et milieu humain*, trad. fr. C. Martin-Fréville, Paris, Payot et Rivages, 2010.

WAAL F. de, *De la réconciliation chez les primates*, trad. fr. M. Robert, Paris, Flammarion, 2002.

– *Le bon singe : les bases naturelles de la morale*, Paris, Bayard, 1997.

WHITEN A., J. GOODALL, W.C. MCGREW, T. NISHIDA, V. REYNOLDS, Y. SUGIYAMA, C.E.G. TUTIN, R.W. WRANGHAM et C. BOESCH, « Cultures in Chimpanzees », *Nature*, vol. 399, n°6737, 1999, p. 682-685.

WIGGINS D., « Deliberation and Practical Reason », *Proceedings of the Aristotelian Society*, vol. 76, 1975, p. 29-51.

WILLASCHEK M. (ed.), *John McDowell : Reason and Nature. Lecture and Colloquium in Münster, 1999*, Münster, LIT Verlag, 2000.

WILLIAMS B., *L'Éthique et les limites de la philosophie*, trad. fr. M.-A. Lescourret, Paris, Gallimard, 1990.

WITTGENSTEIN L., *Remarques sur les fondements des mathématiques*, trad. fr. M.-A. Lescourret, Paris, Gallimard, 1983.

– *Remarques sur la philosophie de la psychologie*, trad. fr. G. Granel, 2 tomes, Mauvezin, T.E.R. bilingue, 1989 et 1994.
– *Les cours de Cambridge : 1932-1935*, trad. fr. É. Rigal, Mauvezin, Trans-Europ-Repress, TER bilingue, 1992.
– *Le cahier bleu et le cahier brun*, trad. fr. M. Goldberg et J. Sackur, Paris, Gallimard, 1996.
– *Recherches philosophiques*, trad. fr. F. Dastur, M. Élie, J.-L. Gatero, D. Janicaud et É. Rigal, Paris, Gallimard, 2005.
– *De la certitude*, trad. fr. D. Moyal-Sharrock, Paris, Gallimard, 2006.
– *Fiches*, trad. fr. J.-P. Cometti et É. Rigal, Paris, Gallimard, 2008.
WRANGHAM R.W., W.C. MCGREW, F. DE WAAL et P. HELTNE (eds.), *Chimpanzee Cultures*, Cambridge (Mass.), Harvard University Press, 1994.
WRIGHT C., *Wittgenstein on the Foundations of Mathematics*, London, Duckworth, 1980.
– « Kripke's Account of the Argument against Private Language », in *Rails to Infinity*, Cambridge (Mass.), Harvard University Press, 2001, p. 91-115.
– « Excerpts from a Critical Study of Colin McGinn : Wittgenstein on Meaning », in *Rails to Infinity*, *op. cit.*, p. 143-169.
– « Human Nature ? », *in* N. Smith (ed.), *Reading McDowell : on « Mind and World »*, London, Routledge, 2002, p. 140-159.

INDEX DES NOMS

Remerciements

C'est avec un grand plaisir et une immense gratitude que je remercie tous ceux qui ont encouragé, nourri et soutenu ce travail. Je voudrais adresser un remerciement particulier à Sandra Laugier, Christophe Al-Saleh, Vincent Descombes, Piergiorgio Donatelli, Claude Gautier, Layla Raïd, Nicolas Delon, Charlotte Gauvry, Jocelyn Benoist, Alice Crary, Baptiste Bondu et Hélène Valance. Les recherches qui ont conduit à ce livre ont été possibles grâce à l'accueil généreux du CURAPP-ESS (UMR 7319), de l'Université de Picardie Jules Verne, des Archives Husserl de Paris et de la New School for Social Research à New York, et je leur exprime toute ma reconnaissance.

Merci enfin à ma famille et à mes amis pour leur soutien à tout moment de ma recherche et de mon écriture, notamment à Aurélie Brochard et Murielle Cadiou, et tout particulièrement à Claire Orget et Rishi Manepalli. Mes pensées vont à mon père, qui a vu le début de ce travail ; j'aurais voulu qu'il puisse en tenir le résultat entre ses mains. Enfin, je partage ce travail avec Ilan et Soen pour un jour quand, assez avancés dans le langage pour vous intéresser aux rayons supérieurs de notre bibliothèque, vous ouvrirez ce livre.

TABLE DES MATIÈRES

Achevé d'imprimer en août 2020 par La Manufacture - Imprimeur – 52200 Langres
N° 200563 – Imprimé en France – Dépôt légal : août 2020